EQ | 決定一生幸福與成就的永恆力量

Emotional Intelligence

丹尼爾．高曼 Daniel Goleman —— 著
張美惠 —— 譯

目錄

CONTENTS

2 EQ的含義 67

3 EQ的應用 185

目錄

CONTENTS

5 情緒識字率 305

目錄

CONTENTS

REVIEW

各界推薦

本書的內容兼及廣度與深度，寓意深遠，引導世人以全新的角度思索家庭與社會諸多弊病的根源。

——卡巴辛博士（Jon Kabat-Zinn, Ph.D.），著有《喚醒你的知覺》（*Coming to Our Senses*）

高曼宛如一個高明的導師，而且教導的是他最拿手的科目……本書深入探究人類的情感領域，在豐富的新知識與博大的舊智慧之間出入自得，左右逢源。

——《紐約時報》書評

這是一本極具可讀性的好書，作者廣泛探究當代心理學與教育學界最先進的研究結果，就智能的真義提出精闢的見解。

——《舊金山紀事報》（*San Francisco Chronicle*）

幾千年來無數思想家苦思一個問題而不得其解——人類如何運用情感來理解自身的處境並參與群體生活？高曼超越了記者的角色，提出前人未有的創見。

——克拉馬醫學博士（Peter D. Kramer, M.D.），著有《神奇百憂解》（*Listening to Prozac*）

終於出現一本深入探究情緒智商的心理學書籍。高曼原本就以寫作與觀念整合見長，這項才華在這本書裡得到最好的發揮。

——霍華德・嘉納（Howard Gardner），著有《破解App世代》

作者提出一個打破典範的革命性觀念——不僅能豐富人類的對話，更將永遠改變人們對話的內容。

——《哈佛商業評論》（*Harvard Business Review*）

這是一本聰慧而大膽的書……高曼在此為調和科學與常識而奮鬥。

——《費城詢問報》（*Philadelphia Inquirer*）

INTRO.

序

一九九〇年，我在《紐約時報》擔任科學記者，偶然在一份小型學術刊物看到兩位心理學家寫的一篇文章，一位是目前任教新罕布夏大學的約翰・梅耶（John Mayer），另一位是耶魯的彼得・沙洛維（Peter Salovey）。最早提出「情緒智慧」（Emotional Intelligence，又譯情緒智能、情緒智力、情緒智商等）這個概念的，正是這兩位。

在那個時代，ＩＱ仍被奉為衡量人生成就的最高標準，這一點絲毫不曾受到質疑，唯一引起爭辯的是，ＩＱ究竟要歸因於基因或經驗。上述那篇文章卻提出一種探討人生成就的全新角度，讓我受到很大的震撼，並因而於一九九五年寫成《ＥＱ》一書。我和梅耶與沙洛維一樣，運用ＥＩ一詞來統合廣泛的科學發現與多種不同的研究路線——除了各派理論之外，我更廣泛關注其他有趣的科學發展，以專門探討腦部情緒調節的情感神經學為例，我便特別注意這個新領域的最新研究成果。

十年前《EQ》未出版時，我就有一個想法：如果有一天我可以聽到兩個陌生人，在聊天時提到EI一詞且彼此都知道那是什麼意思，那就表示我已成功將這個概念傳播出去了。後來的發展完全超乎我的想像。

EI（或是它更為常見的略稱：EQ）成了無所不在的通用語，甚至出現在讓人意想不到的地方：如漫畫《呆伯特》（*Dilbert*）、《怪頭西皮》（*Zippy the Pinhead*）、蘿絲·查斯特（Roz Chast）在《紐約客》（*The New Yorker*）刊載的漫畫。我還看過聲稱可提高小孩EQ的玩具；婚友廣告裡也常有人以高EQ自我吹噓。有一次我在飯店裡看到洗髮精瓶子上的說明，竟也和EQ扯上關係。

EQ的概念幾乎已傳播到地球各個角落，據說德文、葡萄牙文、中文、韓文、馬來文的使用者都認得EQ這個詞（不過我還是偏好以EI做為情緒智商的縮寫）。我的電子郵件信箱常塞滿來自世界各國各行各業人士的詢問，包括保加利亞的博士班學生、波蘭的小學老師、印尼的大學生、南非的企業顧問、阿曼的管理專家、上海的高階主管等。印度的商學系學生熱中閱讀與EI及領導力相關的書籍；阿根廷的一位企業執行長推薦大家閱讀我後來寫的一本書。我還聽說基督教、猶太教、回教、印度教、佛教的許多學者都認為，EI的概念與他們的教義有許多共通之處。

最讓我感到安慰的是，教育界的反應非常熱烈，後來更發展出「社會能力與情緒能力學習課程」，簡稱SEL。在十年前這類兒童EI教育課程並不多，今天，全球已有數以萬計的學校提供SEL課程。在美國，目前有很多地區乃至整個州將SEL列為必修課。也就是說，學生除了算術和語文之外，還必須學習EI這種基本生活技巧並達到一定的水準。

以伊利諾州為例，從幼稚園到中學畢業，每個年級都規定必須達到一定的SEL能力。課程內容設計得相當周全，小學低年級學生必須能分辨並精確說出自己的情緒，而且要能知道這些情緒如何影響他的行為。小學高年級另有同理心課程，教導他們依據非語言訊息了解別人的感覺；初中生要懂得分析自己的壓力來源，知道哪些因素可激發最佳的表現。高中的SEL課程則會教導學生如何透過傾聽與對話化解衝突，創造雙贏。

新加坡是全世界最早積極推動SEL的國家，馬來西亞、香港、日本、韓國的某些學校也不落人後。在歐洲走在最前面的是英國，另外在十幾個歐洲國家及紐澳、拉丁美洲、非洲都有學校推動EI教育。二〇〇二年，聯合國教科文組織（UNESCO）在全球發起推動SEL的計畫，向一四〇個國家的教育部發布一份宣示，提出實施SEL的十項基本原則。

在某些國家，SEL已成為最高教育指導原則，涵蓋人格教育、暴力防範、反霸凌、反毒、學校管教等內容。目標不只是減少這些問題，更要改善學習環境，最終目的是提高學生的學業表現。

我在一九九五年提出初步的證據，證明以SEL為主的課程確實有助於提升兒童的學習能力，同時可預防暴力及其他問題。現在專家更已透過科學方法證明：只要能幫助兒童提高自覺與自信，學習管理負面的情緒與衝動，提升同理心，成果不僅會顯現在行為的改善上，也可具體提升學業表現。

最近完成的一份整合分析報告提出上述重要的發現，該報告分析六六八份學齡前到高中的SEL課程評估研究，主導研究的羅傑．魏斯柏格（Roger Weissberg）在芝加哥伊利諾大學擔任學業、社會與情緒學習組織的主持人——這個組織正是將SEL推廣到全球各學校的先驅。

研究資料顯示SEL對學業成績幫助很大，這可以從學習成效檢測成績與各科平均級分得到證明。在參與研究的學校裡，五〇%的學生學習成效檢測分數都提高了，三八%平均級分有所改善。此外，SEL也讓學校變得更安全：品行不端比率減少二八%；隔離處分（suspension）減少四四%；其他處分減少二七%。同時出席率也提高了，六三%的學生行為表現明顯變得較正面。在社會科學研究的領域裡，任何促進行為改變的計畫能獲得如此成效都屬難能可貴。SEL顯然達到了預期的效果。

一九九五年我另外提出一個論點：SEL能有如此明顯的成效，一部分是因為能夠形塑兒童正在發展的神經路徑，尤其是前額葉皮質的執行功能——這部分主司工作記憶（working memory，編註：將資訊暫時登錄於腦中，是一種隨時間不斷變動的暫存記憶），並可抑制負面的情緒衝動。現在我們終於看到初步的科學證據，賓州大學的馬克．葛林柏格（Mark Greenberg）指出，由他共同為小學ＳＥＬ課程設計的另類思考策略訓練（PATHS）確能提升學業成績，更重要的一點是，學業成績的進步已證明與專注力及工作記憶的提升有關，而這正是前額葉皮質的兩項主要功能。足證神經可塑性——即透過重複的經驗形塑腦力——是ＳＥＬ得以奏效的主因。

最讓我驚訝的是ＥＩ對商業界的影響，尤其是在領導力與員工發展方面（後者可視為成人教育的一種形式）。《哈佛商業評論》（*Harvard Business Review*）盛讚ＥＩ是「突破性的新觀念，完全打破既有的典範」，是十年來最具影響力的商業概念之一。

在商業界這類讚譽後來往往證明只是一時的流行，背後根本沒有實質內容。但我們看到來自各個領域的研究人員齊心投入，致力為ＥＩ的運用尋求堅實的實證基礎。羅格斯（Rutgers）大學的組織內部情緒智慧研究協會（CREIO）尤其發揮了帶頭的作用，與其合作的組織非常多，從聯邦政府的人事管理局到美國運通（American Express）都有。

今天，全球的企業普遍以ＥＩ為基礎來進行員工的聘雇、擢升與培訓。舉例來說，嬌生公司（CREIO成員之一）觀察全球各分公司的員工發現，具領導潛能的員工明顯較同儕具有更高的ＥＩ。CREIO目前仍持續進行這方面的研究，希望能提供實證的方針協助企業達成目標或使命。

沙洛維與梅耶在一九九〇年發表那篇影響深遠的文章時，誰也沒料到他們所創立的這個學術領域在十五年後會如此蓬勃發展。在一九九五年關於ＥＩ的科學文獻幾乎是零，現在相關研究領域可謂人才濟濟。搜尋與ＥＩ相關的博士論文資料庫會發現，目前已完成的有七百多篇，尚在進行中的更多，這還不包括教授的研究及該資料庫未收入者。

這些發展都要歸功於梅耶與沙洛維，他們與企業顧問大衛．克魯索（David Caruso）為促成ＥＩ能被科學界接受一直努力不輟，不僅研究出科學上站得住腳的一套理論，也為ＥＩ在生活上的效益提供嚴謹的評量方式，為ＥＩ的研究奠定了無懈可擊的標準。

ＥＩ的學術研究能夠快速開花結果，另一個重要功臣是目前任教休斯頓德州大學醫學院的魯文．巴昂（Reuven Bar-On），他的獨到理論與高度的熱忱激勵了許多人利用他設計的評量方式進行研究。他的另一個貢獻是設計與編寫相關學術書籍如《ＥＱ手冊》（*The Handbook of Emotional Intelligence*），為這個領域累積關鍵的支持力量。

不過，研究智商的學術圈相當狹隘，ＥＩ的蓬勃發展在此遭遇若干根深柢固的反對勢力，尤其有些人堅信ＩＱ是衡量性向的唯一標準。但ＥＩ的研究儼然已成為堅實的典範。

科學哲學家湯瑪斯．孔恩（Thomas Kuhn）說，任何重要的理論模型都應該經得起愈來愈嚴格的檢驗，據以持續進行修正與改進。這顯然正是ＥＩ的發展方向。

目前大約可整理出三種主要的ＥＩ模型，次要者尚有數十種，每一種代表不同的觀點。沙洛維與梅耶的模型以傳統的智力觀為基礎，基本上仍是由百年前的ＩＱ研究所建立起來的。巴昂的模型係建立在他對人類福祉的研究。本人的模型則是著重工作表現與組織領導，將ＥＩ理論與數十年來關於工作表現能力的研究結合起來。

遺憾的是，本書也引發一些誤解與迷思，我希望藉此機會澄清。首先是一個奇怪但被廣泛散播的謬論，「八〇％的成就靠ＥＱ」。這種論點實在很荒謬。

引發此一誤解的原因是，曾有資料指出二〇％的事業成就與ＩＱ有關（這其實也只是一個估計）。這個資料只提到二〇％，那麼剩餘的八〇％當然需要找出其他的解釋。但這並**不**表示二〇％以外的部分全都可以由ＥＩ來解釋：這部分當然受到很多因素影響，除了ＥＩ之外，還有家庭的財力與教育程度、性格特質、運氣等等。

誠如梅耶所說的，「未加細思的讀者聽到『成就差異有八〇％非導因於ＩＱ』，可能以為真的有某種至今未被發現的因素可預測一個人的成就。果真如此當然很好，然而百年來的心理學研究似乎還無法做出這麼大的貢獻。」

另一個常見的誤解是貿然將本書舊版的副標題——為什麼EQ比IQ更重要——套用到學術成就上，事實上這恐怕需要做一些審慎的界定。有些人的觀念更極端，誤以為在任何領域裡EI都比IQ更重要。

基本上，「EI比IQ更重要」這句話只適用於IQ對成就影響相對較小的「軟性」領域，例如在某些領域情緒的自我調節與同理心，便比純粹的認知能力更重要。

有些軟性領域對我們的生活非常重要。馬上可以想到的一個例子是醫療保健領域（詳見第十一章），專家發現負面的情緒與人際關係甚至會提高致病的風險。情緒管理較平和且富自覺能力的人明顯比較健康，這一點已得到多項研究的證實。

另一個領域是愛情與人際關係（參見第九章），我們知道在這些地方聰明人也會做出很笨的事。第三個領域是高度競爭事業的高階層級，如世界級的運動比賽（這部分本書並未探討）。一位曾輔導美國奧運隊的運動心理學家告訴我，到了這個層級，每個人都會投入無數的練習時數，因此成敗主要繫於運動員的心理戰力。

關於事業領導力的研究結果更為複雜一些（參見第十章）。若要預測一個人是否具備特定職位所需的認知能力，IQ是很準確的依據。已有數百份甚至數千份研究顯示，IQ可預測一個人能夠勝任的職等，這一點毫無疑義。

但如果範圍**限定**在一種需要具備高智能的職業，便很難用IQ來預測一群優秀的人才將來誰能勝出。其中一個原因是所謂的「地板效應」（floor effect）：特定職業或企業的高階人才在智能與專業能力方面本來就經過嚴格的篩選，具備高IQ只算跨過「門檻」，是進入與維持在這個層級裡的基本條件。

如同我在一九九八年所寫的《EQⅡ：工作EQ》（*Working with Emotional Intelligence*）裡所說的，若要預測一群非常聰明的人將來誰最具有領導能力，EI比IQ或技能更適合做為「差異化」的特質。觀察世界各組織如何客觀判斷領導者的條件會發現，在愈高的職位上，IQ與技能所占的重要性愈低（IQ與專業技能較能預測低階職位的表現能力）。

這個議題我在二〇〇二年與理查・波雅齊（Richard Boyatzis）及安妮・麥基（Annie McKee）合著的《先決領導》（*Primal Leadership: Learning to Lead with Emotional Intelligence*）裡有更詳盡的討論。最高層級的領導力大約有八〇至一〇〇%與EI有關。就像某國際高階人力公司的研究主管所說的，「一個人能夠被聘雇擔任執行長，通常是因為具備高智能與專業能力，會被炒魷魚則多是因為EI不足。」

我寫《EQ》時是秉持科學記者的角色報導心理學一個重要的新趨勢，尤其是神經科學與情緒研究的結合。但當我更深入這個領域後，我又退回原本的心理學家角色，就EI

的模型提供個人的淺見。因此在成書之後，我的觀念仍在持續演變。

我在《ＥＱⅡ：工作ＥＱ》中提出一個更寬廣的架構，探討基本的ＥＩ——如自覺、自我管理、社會覺察力、人際關係的處理能力——如何轉化為職場上的優勢。我借用了讀研究所時的老師、哈佛心理學家大衛・麥克里蘭（David McClelland）的**職能概念**（competency）。

情緒**智商**決定我們是否能學會自我管理等基本ＥＩ，但要將學得的能力轉化為職場的優勢，還要仰賴情緒**才能**。要掌握客戶服務或團隊合作之類的情緒才能，首先必須具備基本的ＥＩ，尤其是社會覺察力與人際管理能力。但情緒才能要靠後天培養：一個人就算具備社會覺察力與人際管理能力，也未必能帶給客戶滿意的服務或妥善解決衝突，只能說具有這方面的潛能。

也就是說，基本的ＥＩ特質是展現特定才能或工作能力的必要條件，但並不是充分條件。這就好像一個學生可能具備優異的空間概念但從來沒學過幾何學，當然也絕不可能成為建築師。同樣的，一個具備高度同理心的人若從未學習客戶服務的技巧，實際與客戶應對時便未必能有很好的表現（讀者若有興趣了解我如何依據四種ＥＩ特質整理出近二十種情緒才能，可參考《先決領導》的附錄）。

一九九五年我提出一份資料——由專家取樣全美具人口代表性的三千多名兒童(年齡在七到十六歲),請父母與師長進行評量——結果顯示從一九七〇年代中到八〇年代中,美國小孩的情緒狀況明顯惡化。情緒困擾與各種問題愈來愈多,包括孤單、焦慮、不服從、吵鬧等(當然,不論整體數字如何,我們總可以看到一些個別的例外,有些孩子長大後還是非常優秀)。

值得注意的是,後來有一個年代的孩子(一九九九年)明顯表現較佳,評量分數雖未回復七〇年代中的水準,但比八〇年代末好很多。父母對孩子的一般評價還是有很多不滿意的地方,也仍然會擔憂子女受到「不好的影響」,孩子吵鬧的問題甚至比以往更糟。不過整體趨勢是明顯向上的。

坦白說,這種現象讓我不解。我原以為今天的孩子是經濟與科技進步的無辜受害者,以下種種原因導致孩子的EI不足——例如這一代的父母比上一代花更多時間工作,社會流動性的提高導致與家族的聯繫變得薄弱,「休閒」時間變得過度規律、過度被規畫。以前的人多是透過日常生活將EI的教育傳承給下一代——例如透過孩子與父母及親人的相處,透過看似沒有規則的自然玩耍——現在的孩子往往太早失去這類機會。

其次還有科技的因素。今天的孩子是人類歷史上花最多時間獨自對著螢幕的一代,這種現象相當於在進行一場規模空前的自然實驗。這些熟諳科技產品的孩子長大後與人互動時，能夠像面對電腦一樣自在嗎？沉浸在虛擬世界的童年，難道不會讓我們的年輕人將來變得不知如何與人相處？

這樣推論下去，近十年來的情況似乎沒有什麼理由可以扭轉趨勢。但值得慶幸的是，這一代孩子的表現似乎並不差。

進行這些研究的佛蒙特大學心理學家湯瑪斯・艾宣巴赫（Thomas Achenbach）推斷，九〇年代的經濟繁榮對成人與小孩同樣有益；就業率增加與犯罪率降低有助於孩子的教養。但他擔憂若萬一再來一次重大的經濟衰退，孩子的生活能力可能又會大幅減退。這不無可能，但也只能留待時間來證明。

由於ＥＩ在短時間內快速成為各領域極受重視的議題，要進行預測並不容易，下面且談談我對ＥＩ未來的發展有哪些期望。

過去，真正因培養ＥＩ而獲益的主要是掌握優勢的人，如企業高階主管和私校的小孩。當然，很多貧窮地區的孩子也是受益者——如果他們的學校有實施ＳＥＬ課程的話。但我希望ＥＩ能力的發展將來能更民主化，能夠擴及更多普遍受忽略的角落，如貧窮家庭（這些家庭的孩子往往因承受情緒的傷害而使處境更艱難）、如監獄（年輕的受刑人尤其可能因強化憤怒管理、自覺、同理心等能力而獲益深遠）。若能給予適當的協助，這些人的生活必然能獲得改善，相對也可以讓社會更祥和。

此外，我希望大家在思考ＥＩ這個概念時能夠更寬闊，不要只是局限在個人能力的探討，而能擴及人與人的互動（不論是一對一或大的群體）。目前已有一些研究完美地跨越到這個層次，尤其值得稱道的是，新罕布夏大學心理學家凡妮莎．杜魯斯凱特（Vanessa Druskat）關於團隊如何提高ＥＩ的研究。

最後，我期待有一天ＥＩ能成為大家都了解的概念，我們甚至不須再提到ＥＩ一詞，因為它已完全融入我們的生活。屆時ＳＥＬ將成為所有學校的標準課程。自覺、破壞性情緒的管理能力、同理心等ＥＩ特質，將成為職場上人才聘雇與升遷的「必備條件」，未來的領導者尤其不可或缺。如果ＥＩ能夠變成像ＩＱ一樣普及，在社會上理所當然被視為衡量個人能力的標準，我相信我們的家庭、學校、職場、社區必然會變得更美好、更人性化。

PREFACE

致中文版讀者序——人生的處方

本人撰寫《EQ》一書時，深感美國社會危機四伏，犯罪、自殺與吸毒的比率急遽升高，其他的情緒健康指標也日益惡化，尤以青少年的情況最為嚴重。我認為解決之道唯有提升自身與下一代的情緒智力與社會能力。

在此我也要對台灣提出同樣的處方，雖然是基於不同的原因。中國父母一向善於督促子女在學校與專業領域有卓越的表現，然而要在現代社會中創造成功的人生，需要的是另外一套能力，這一點卻是中國文化慣常忽略的。

我認識一位來自台灣的年輕婦女，目前在美國奇異公司（GE）擔任工程師。她告訴我她所受的教養讓她在職場上與同仁合作愉快，但並未教給她成為領導者所必備的基本能力（如自信），這也是為什麼她近年來特別勤於提升自己的EQ。

很多研究顯示，在校成績優異並無法保證一生事業成功，也無法據以預測誰能攀升企業或專業領域的巔峰。當然，在校的學習能力還是很重要，但在今天這個競爭日益激烈的社會中，這絕不是成功的唯一條件。

任何領域的領導者或開創者都具備一種特質，我稱之為高ＥＱ。台灣所有望子成龍望女成鳳的父母，也都應當盡力協助子女培養這方面的能力。

也就是說，我們必須趕快整理出一套基本的情緒與社會能力，傳授給下一代。美國的學校已開辦情緒識字課程（又譯情緒素養課程），將基本的人際能力與傳統的數學、語言等課程並列。如果台灣的學校能如法炮製，相信亦是成效斐然。觀察美國的實施經驗，情緒識字課可與一般課程結合或做為輔助，如此不但不致剝奪基本科目的教授時間，反而因學生變得更守規矩、更專注而使教學效果大增。

在現代社會中，ＥＱ的重要性絕不亞於ＩＱ，值得探究的是，如何在理性與感性之間求得平衡，否則徒有智能而心靈貧乏，在這個複雜多變的時代很容易迷失方向。

事實上，今天情緒智力會受到莫大的重視，完全是拜神經科學之賜。我們看到很多令人振奮的研究結果，知道只要我們更有系統地培養情緒智力，包括提高自覺能力、有效處理情緒低潮、在逆境中維持樂觀與毅力、培養同理心，以及彼此關懷合作與社交的能力，未來的社會必然更有希望。

丹尼爾．高曼

PROLOGUE

前言 亞里斯多德的挑戰

任何人都會生氣，這沒什麼難的。但要能適時適所、以適當的方式對適當的對象恰如其分地生氣，可就難上加難。

——亞里斯多德，《尼可馬亥倫理學》（*The Nicomachean Ethics*）

那是紐約市一個燥熱難耐的八月午後，熱得人汗流浹背，煩躁不安。我在麥迪遜大道搭巴士要回飯店，那位中年黑人司機親切的一聲「你好」，著實讓我愣在當場，他顯然對每一位乘客都一視同仁。而每個人也都和我一樣，在熱天加塞車的雙重影響下，誰也沒心情回應他。

隨著公車蝸步前進，車內的氣氛漸漸有了奇妙的轉變。只見司機自顧自充任起導遊來，一路稱揚路過的天然與人為的景致：這家商店正在大減價，那家博物館正在舉辦難得一見的展覽，路口的電影院正在上演一部很好看的影片，你們知道嗎……他對這城市的種種好處似乎滿懷喜悅，以致滿溢出來傳染給每個人。大家在下車時都已擺脫沉悶的重擔，當司機大喊：「再見，祝天天愉快！」人人都報以微笑。

這段回憶深印在我腦海已長達二十年。當時我剛拿到心理學博士學位，但對當日公車上奇妙的心理變化並未特加留意。事實上，當時心理學對情緒的機轉所知極有限。那些乘客就像某種病毒的帶原者，將公車上快樂的因素傳播到城市的各個角落。那位司機簡直就是紐約市的和平使者，揮灑魔力，將乘客心中躁鬱之氣轉化為吹開心胸的和風。

但我們隨意翻開這一週的報紙，相反的現象卻比比皆是：

- 某校九歲同學大鬧校園，在課桌、電腦與印表機上潑灑油漆，破壞停車場上的一部車子。原因是某三年級同學譏笑他是個乳臭小子，他要給對方一點顏色瞧瞧。
- 某舞廳外面一群青少年因無心碰撞導致推擠，最後一人拿出點三八自動手槍掃射，造成八名青少年受傷。報導指出這種因自認遭輕視而引發槍殺的事件，最近幾年在全美愈來愈普遍。

- 根據一項報導，十二歲以下的殺人事件中，五七%的兇手是父母或繼父母。其中近半的父母指稱「只是在管教孩子」，而引發致命管教的事件多是小孩擋住電視、哭鬧、尿布濕等瑣事。
- 某德國青年因放火燒死睡眠中的五名土耳其婦女與小孩而被審判，該青年屬於一新納粹組織，自稱工作不順利、酗酒，並將他的厄運歸咎於外國人。他以幾乎聽不見的聲音說：「我對我的所作所為深感懊悔與無限的慚愧。」

每天的報紙無不充斥著這類粗暴混亂的新聞，彷彿一股原始衝動到處失控亂竄。其實，這正反映出情緒脫序的廣泛現象，任何人都不免有過這類情緒失控而事後悔之不已的經驗，即使不是發生在自己身上，也多曾耳聞目見。

類似的新聞在過去十年來穩定增加，顯示出我們的家庭乃至整個社會，情緒表達與管理能力普遍低落，率性妄為的情形時有所聞。鑰匙兒回到家只有電視相伴，許許多多孩童在陰暗的角落被忽略或虐待，醜陋的婚姻暴力比比皆是，這在在顯示出普遍性的憤怒與絕望。這樣的情緒病態是全球性的，抑鬱症者的急遽增加與侵略行為的愈演愈烈，都是有目共睹的；青少年攜槍上學，車禍糾紛動輒演變成暴力事件，時聞被解雇的員工回公司瘋狂掃射……過去十年來，**精神虐待、駕車射殺後逃逸、創傷後壓力異常症**（Post-Traumatic

Stress Disorder）等專業名詞愈來愈常見諸報端。

本書的主旨在於從看似無意義的行為中尋找意義。身為心理學家兼《紐約時報》記者多年，我一直很關心科學界對非理性領域的理解。我注意到兩大反其道而行的趨勢：一者對人類的情感生活愈來愈悲觀，一者卻提出了若干樂觀的解答。

為什麼現在談這個問題？

過去十年儘管有不少令人憂心的發展，科學界對情緒的研究卻也呈現了前所未有的熱烈。最戲劇化的進展是透過新的電腦攝影科技得窺腦部的運作實況。這是有史以來人體最神秘的部位第一次被攤開來檢視，揭露了人在思想、感覺、想像、做夢時，那一團團複雜的細胞是如何運作的。透過突然豐富起來的神經生物學資料，我們得以進一步了解，腦部的情緒中樞如何讓我們哭、讓我們笑，激發原始愛恨的低級中樞又是如何被牽引，從而為集體的情感危機尋求新的出路。

過去科學的進展未臻成熟，以致我遲至今日才著手撰寫本書。多年來「感覺」在精神領域的地位遭到嚴重忽略，也因此「情緒」一直是心理科學界一塊待開發的處女地。填補這段空白的是坊間無數自修書籍，著者雖立意良善，但多缺乏科學證據。現在我們終於能為人類的不理性行為提供權威的科學解釋，為神秘的心靈領域繪製較精確的地圖。

有些人抱持狹隘的智力觀，認為ＩＱ是經驗無法改變的先天基因，而性向則決定每個人的命運。但現在他們將面臨科學實證的嚴厲挑戰。這些宿命論者忽略了幾個重要問題；我們如何能讓下一代過得更好？有些高智商的人一事無成，而智力平庸的反而表現非凡，這要如何解釋？我認為答案就在本書的書名：ＥＱ，這個新詞涵蓋自制力、熱忱、毅力、自我驅策力等。我們可以將這些能力教給下一代，幫助他們發揮與生俱來的潛能。

除了這層積極的意義，我們還要考慮道德使命的問題。今天我們看到社會秩序以前所未有的速度在崩解，自私與暴力不斷腐蝕良善的人心。我們之所以要大力鼓吹ＥＱ，實是著眼於情感、人格與道德的三合一關係。愈來愈多的證據顯示，基本的道德觀實源自個人的情感能力。譬如說，我們知道衝動是情緒的媒介，任何衝動歸根究柢就是感覺強烈到亟欲化為行動。無法克制衝動的人，往往便是道德實踐上的弱者，因為克制衝動是意志力與人格的基礎。同樣的，利他精神的根本是同理心（empathy），如果你不能感受他人的需要與絕望，又如何奢談關懷？而自制與同情正是這個時代最需要建立的兩大道德支柱。

豐富之旅

我希望在本書中能充當讀者的導遊，透過科學的角度引領大家探索人生與大千世界的種種迷惑，情緒與智慧的結合則是我們的終點站。一路走來，相信能帶給讀者或多或少的幫助。在感覺的領域加入認知的成分，效果就像物理學的量子理論，可以改變我們所觀察的事物。

本書第一部提出腦部情緒結構的新發現，試圖解釋情緒沖昏理智的經驗。書中就喜怒哀樂等情緒爆發當刻的腦部運作進行剖析，藉以揭露不當的學習經驗如何導致不由自主的情緒習慣，以及如何才能克制不當的衝動。最重要的是，我們從神經學的研究，窺見了形塑下一代情緒經驗的窗口。

第二部是本旅程的大站，旨在探討先天的神經構造如何影響人生的基本技能：ＥＱ。想想看，你是個善於克制衝動的人嗎？是否能看透別人內心深處的感受？是否有長袖善舞的才華，或者如亞里斯多德所說的，能夠「適時適所、以適當的方式對適當的對象恰如其分地生氣」（讀者如對神經構造不感興趣，可直接從第二部開始閱讀）。

我們將智力一詞做了新的擴充解釋，而其中的ＥＱ是我們最重要的生存能力。第三部指出ＥＱ的影響遍及生活各個層面，不僅攸關人際關係的和諧，隨著新的市場力量使得職場生態丕變，高人一等的情緒能力更成為決勝的關鍵。此外，負面的情緒習慣對健康的危害絕不亞於抽菸，情緒平衡則是確保健康與幸福的不二法門。

與生俱來的情緒基因決定每個人的性格基調，但腦部的相關機轉極具可塑性，也就是說性格不等於命運。第四部探討的是，兒童時期的情緒學習經驗便是相關機轉的形塑力量，可為我們的基本EQ建立扎實或拙劣的根基。所以說，童年與青春期是奠定情緒根基的關鍵期，對一生都將造成深遠的影響。

當然，還是有些人在成長過程中其EQ未獲適當的培養，第五部探討的是這些人可能面臨的阻難，包括抑鬱、暴力行為、飲食違常（eating disorder）、嗑藥等。同時介紹一些率先實施情緒教育的學校。

書中也提出了一些讓人憂心的統計資料，譬如某大型研究發現一全球性的趨勢：現代兒童的情緒問題比上一代嚴重。這一代的孩子比較孤單、抑鬱、易怒、不馴、容易緊張、憂慮、衝動、好鬥。

我想，解決之道在下一代的教育，目前我們的情緒教育可謂放牛吃草型，後果自是每下愈況。我們必須思索如何將理性與感性教育結合起來。本書最後就提供EQ基礎教育的學校做了一番巡禮。我可以預見不久的將來，自覺、自制、同理心、傾聽的藝術、衝突的解決與互助合作等，都將納入正規教育。

《尼可馬亥倫理學》一書是亞里斯多德對美德、人格與完善的生活所做的哲學思考，他的目標是以智慧經營情感生活。激情只要適度地引導便是一種智慧，是我們思想、價值觀與生存能力的指南。然而激情很容易走偏鋒，誠如亞里斯多德所說的，問題不在情緒本身，而是情緒本身及其表現方法是否**適切**。我們最終要探討的是：如何將情緒與智慧結合，讓我們的社會更有禮有序。

1

情緒中樞

The Emotional Brain

CHAPTER

1

情緒的功能

唯有用心才能辨識事物的價值，光憑肉眼看不到事物的精髓。

——聖艾修伯里（Antoine de Saint-Exupéry），《小王子》（*The Little Prince*）

先讓我告訴讀者一個真實故事。前些日子，有一列火車行經路易斯安納灣區，不幸因一艘大遊艇撞毀橋梁鐵軌，導致火車翻覆水中。火車中的瓊西夫婦一心只想到十一歲女兒的安危，眼見河水氾漫入車廂，他們費盡全力將女兒送出車窗，夫婦兩人卻不及逃生，慘遭滅頂。獲救的女兒安德芮因腦性痲痺須以輪椅代步。請讀者試想想看，瓊西夫婦臨終前一刻腦中想的是什麼？

瓊西夫婦為拯救女兒奮不顧身的作為，確實展現出非凡的勇氣。這種為子女犧牲奉獻的故事在歷史上屢見不鮮，在人類未來的進化歷程中也必然會一再重演。生物學家或許會解釋說，這是人類為了創造宇宙繼起之生命的本能反應，但對於危機當刻的父母而言，這無非是愛的表現。

這一捨己救女的偉大行為，證實了無私的愛（乃至所有情感）對人類有多重要，危急時刻的唯一指引就是我們最深沉強烈的情感，這也是人類得以代代延續的重要原因。這是多麼偉大的力量！正因抱持著為子女可以犧牲一切的堅定意念，才能超越個人求生存的本能衝動。從理智的角度來看，這種犧牲似乎是非理性的；從情感的觀點來說，卻是唯一的選擇。

情緒何以能經過進化的歷程占據人類心靈的核心位置？社會生物學家認為，人類在危機時刻的反應可提供解釋。人類在面臨危險、痛失親人、遭遇挫折、維繫夫妻關係、建立家庭等重要情境，都不容理智獨力擔綱，必須仰賴情緒的指引。每一種情緒都是可立即付諸行為的明確指示，而且一再證明可充裕應付人生的挑戰。經過進化過程的無數演練，這些情緒武器深印在神經系統中成為心靈的自發傾向。

想探討人性卻忽略情緒的重要，是種可悲的短視。拉丁文中，人類（Homo sapiens）一詞意指思考的族類，但仔細想想現代科學揭露的情緒之謎，便明白這個說法大有誤導之嫌。經驗告訴我們，任何決策過程中情感考量的比重絕不亞於理性，甚至時有過之。然而社會卻過度強調智商的重要，忽略了情緒當道之際，再高的智力也是枉然。

當激情淹沒理智

下面再告訴你一樁不慎引發的悲劇。十四歲的麥蒂想和父親開個玩笑，躲在衣櫥裡，待父母訪友歸來時突然跳出來嚇他們，當時是清晨一點。

然而爸媽卻以為麥蒂當晚會去朋友家住，因此進門時聽到屋裡有聲音便非常緊張，父親立刻拿起手槍到女兒的房間查看；只見一個人影自衣櫥跳出來，父親慌亂中開了一槍，打中女兒頸部。十二小時後麥蒂傷重身亡。

恐懼正是人類進化過程中遺留下來的一種原始情緒。恐懼促使我們保護家人遠離危險；恐懼促使父親抓起手槍搜尋隱身在家中某個角落的入侵者；恐懼使他在尚未認清對方是誰，甚至來不及聽出女兒的聲音，便扣下致命的扳機。進化生物學家認為，這類自發的反應已深烙在我們的神經系統上，因為在史前史一段漫長的關鍵時期，這樣的反應不僅攸關人類存亡，更關係著重要的進化任務——將這個自我防衛基因傳遞給下一代。麥蒂的故事是極可悲的反諷。

從長遠的進化歷程來看，情緒的確是人類的絕佳武器，但對照日新月異的現代文明發展，我們的進化腳步顯然已追不上。事實上，史上最早的法典如漢摩拉比法典、希伯來十誡等，都試圖駕馭、控制或馴服人類的情緒活動。佛洛伊德在《文明及其不滿》（*Civilization and Its Discontents*）一書中也說，社會必須制定規章來壓制人們由內而外洶湧澎湃的情緒。

儘管有社會的規範，激情壓倒理智仍是常見的現象，這是人性使然。我們生下來便具備掌管情緒的神經基本構造，進化歷程證明這是過去五萬世代以來最理想的生物設計，至於是否最適於最近五百代，乃至最近五代，恐怕還有待進化的考驗。我們的情緒機轉是過去百萬年來緩慢進化的結果，近一萬年雖歷經人口爆炸與文明的快速發展，但在情緒的生物留言板上還無權置喙。

總之，我們對任何情境的判讀與反應都不只源自個人的理性判斷與經驗，還擺脫不了老祖宗的影響，也因此有時候不免造成麥蒂的悲劇；在面對後現代的困境時，竟不自覺祭出百萬年前荒野求生的本領。這個荒謬正是我所要探討的課題。

行為衝動

早春的某一天，我開車經過科羅拉多一處山隘，突然一場濃雪鋪天蓋地而來。前方什麼也看不見，只是刺目的雪白一片。我緊緊踩住煞車，清晰地感覺到沉重的焦慮，聽到撲通撲通的心跳聲。

焦慮漸漸演變成恐懼，我將車停到路旁，等待這場雪過去。大約半個小時後雪終於停了，眼前又明朗起來，我才又開車上路。但走沒多久又被堵住，這回不是雪是車禍。因能見度太低，一輛車撞上前行速度較緩慢的車，只見救護人員忙進忙出。剛剛我如果繼續前進，很可能也會追撞成一團。

恐懼衍生的謹慎心理救了我一命。一如兔子瞄到奔馳而過的狐狸影子會立刻恐懼地靜立凝神，或是史前的哺乳動物會躲避覓食的恐龍一般，內在的聲音警示我要停下來留神步步逼近的危機。

基本上，任何一種情緒都是促使我們採取某種行動的驅力，亦即拜進化之賜，使我們在面臨各種情境時能立時擬定因應計畫。情緒（emotion）一字根源自拉丁動詞「行動」（motere），加上字首「e」代表遠離，意指採取趨吉避凶的行動。觀察動物或孩童的舉止，最易看出情緒與行動的關聯，事實上也唯有在文明化的成人身上，才看得到情緒與行動分離的特例。

每一種情緒各有獨特的生物特徵（請參考附錄一），也都扮演不同的角色。隨著探討人體與人腦的新方法不斷出現，現在專家能夠以更精細的生理角度，觀察到情緒如何促使我們做出不同的反應。

- **憤怒**時血液流向手部，更便於抓住武器或打擊敵人。心跳加速，腎上腺素之類的賀爾蒙激增，激發強大的能量。
- **恐懼**時血液流向大骨肌肉（例如流向腿部時較易逃跑），並促使臉部因缺血而慘白（同時產生手足冰冷的印象）。身體僵立動彈不得，可能是爭取時間考量是否躲避為上策。腦部情緒中樞激發賀爾蒙使身體處於警戒狀態，專注逼近的威脅，隨時準備做出最佳反應。
- **快樂**時腦部抑制負面情緒的部位較活躍，能量增加，製造憂思的部位獲得舒緩。生理方面唯一的特徵是較為沉靜，使身體能較快自負面情緒中恢復過來。如此不但身體得以休養生息，也才能鼓起精神因應眼前的挑戰與目標。
- **愛**、溫柔與性滿足會引發自主神經系統的警覺狀態，這和憤怒與恐懼時引發的戰或逃反應恰恰相反，全身籠罩在平靜與幸福感之中，極有利於與人合作。
- **驚訝**時眉毛會上揚以便擴大視覺範圍，也可讓更多光刺激到視網膜，藉以很快了解周遭的情況，研擬最佳的因應對策。
- 全世界任何種族**厭惡**時的表情都一樣：上唇向一邊扭曲，鼻子微皺。達爾文認為剛開始這個動作是為了閉緊鼻子以免吸入可厭的氣味，或表示想吐出難吃的食物。

- **悲傷**的主要功能是調適嚴重的失落感，如親人死亡或重大挫折等。人悲傷時會精力衰退，生趣全無，尤其對娛樂不再感興趣，悲傷到近乎抑鬱時甚至會減緩新陳代謝。人們利用這種退以自省的機會悼亡傷逝，省思人生的意義，當精力慢慢恢復時再規畫新的開始。或許精力的衰退最初是為了讓悲傷者留在家裡，因為這時刻他們比較脆弱，在外面容易受到傷害。

這類生物反應又會因生活經驗與文化特質而異。舉例來說，喪失親人都會讓人覺得悲傷，但悲傷的表達方式或是失去哪些人時才會哀悼，則深受文化因素的影響。

這些情緒反應多是經過漫長的史前時期慢慢進化，當時的生存環境自是極度惡劣，新生兒夭折率甚高，很少人能活到三十歲，食肉動物橫行，旱澇無常，民不聊生。但隨著農業時代的來臨及原始社會的建立，人類的生存條件大為改善。過去一萬年，全球人類社會都有長足的進步，宰制人類存亡的種種可怕挑戰已逐漸消退。

但也是因為有這些挑戰，人類的情緒反應才具有攸關存亡的重要性。如今飛鳥既盡，良弓可藏。在遠古時代，一觸即發的怒氣或許是生存的要件，但今天十三歲的孩子輕易就可取得槍枝，火爆脾氣往往釀成無可挽回的悲劇。

理性與感性

一個朋友對我談起她痛苦的離婚經驗。她的丈夫愛上年輕的上班女郎，突然決定要棄她而去，接著便展開長達數月的爭戰；爭房子、現金和孩子的監護權。但現在她發現一個人也不錯，獨立的滋味很好．「我已經不想他，一點都不在乎他了。」而此刻她的眼睛卻湧出淚水。

粗心一點的人也許不會注意到她的眼淚，但同理心告訴我們，模糊的淚眼證明她口是心非，就像從白紙黑字去推論一樣清楚。事實上我們每個人都兼具理性與感性的判斷力。

這兩種截然不同的認知方式交互作用，構成完整的心理功能。理性的認知是我們比較熟知的，屬於意識表層的思考能力。同時並存的另一套感性認知體系，雖說主要訴諸衝動且有時不符邏輯，卻同樣不容忽視（關於感性層面的詳盡特徵可參考附錄二）。

感性與理性的二分法由來已久，情感的信念似乎又總是比理智更確切。兩者對心理的影響比重恰成反比；對一件事感覺愈是強烈，理性思維愈是無法發揮作用。這可能與無數世代的進化歷程有關，遠古時代當人的生命面臨危機時，訴諸情緒與直覺反應可能較為有利，深思熟慮甚至可能有性命之虞。

理性與感性通常都能維持緊密和諧的關係，交互作用引導我們走過人生的每一次挑戰。一般而言兩者也多能維持均衡，感性認知提供理性判斷的基礎，經過理性判斷可修正甚至否決情感的衝動。但兩者畢竟是半獨立的個體，各自反映出腦部互相關聯但互不相屬的組織功能。

當激昂的情緒破壞此一均衡時，結果通常是感性壓倒理性。十六世紀荷蘭文學家伊拉斯謨斯（Erasmus）以詼諧的筆調描述兩者永恆的拔河：

朱比特賦予人們的激情遠勝於理性，比例大約是二十四比一。他發明了兩大暴君（憤怒與慾望）與單槍匹馬的理性相抗衡，當然，雙拳難敵四掌，凡夫俗子的生活就是最佳見證。勢單力薄的理性聲嘶力竭地一再鼓吹美德的藥方，憤怒與慾望卻大肆詛咒，愈來愈囂張跋扈，到最後天神也無可奈何，只好棄械投降。

腦部的成長

要了解感性何以能經常戰勝理性，或許應該先探討腦部的進化歷程。人腦總重約三磅，約為人類的近親靈長類的三倍。經過數百萬年的演化，腦部逐漸由下層部位發展出較高級的上層組織。人類胚胎的腦部發展大抵仍遵循此一方向。

人腦與其他高級動物一樣，最原始的部分是環繞脊髓上端的腦幹，負責呼吸及器官新陳代謝之類的基本生命功能，並控制一些固定的反應與運動。這個原始部位不具思考或學習能力，而是類似預先設定的調節器，確保身體維持生存所必需的運作與反應。這個部位扮演最吃重角色的時期是爬蟲時代，蛇類在攻擊之前嘶嘶作響便是最佳寫照。

繼而自原始的腦幹發展出情緒中樞，又歷經數百萬年，再發展出思考中樞——大腦新皮質，亦即大腦最外層的皺褶組織。也就是說，人腦是先有情緒中樞，許久之後才發展出思考中樞，由此也可約略推知思想與情感的關係。

最古老的情緒重鎮是負責接收與分析氣味的嗅葉（olfactory lobe），任何有機物，不管是營養的、有毒的、是性伴侶、獵人或獵物，都有特定的氣味。在遠古時代，氣味的辨識是存亡的關鍵。

以嗅葉為根基開始發展出最原始的情緒中樞，終而擴大到足以環繞腦幹的頂端。原始的嗅葉不過是幾層薄薄的神經細胞，第一層接收氣味加以分類，看是屬於可食的、有毒的、具性吸引力、敵人或是食物。第二層傳遞反射性訊息，透過神經系統指揮身體採取適當的反應，如咬、吐、接近、逃跑或追逐。

隨著哺乳類動物的出現，主要的情緒中樞漸漸成形，狀似甜甜圈而底部被咬了一口，那正是腦幹嵌入之處。這個環繞腦幹的部位稱為邊緣系統（limbic system），為腦部增添了情緒的實質功能。在我們陷入狂烈的慾望、憤怒、愛戀、驚懼時，其實正是被邊緣系統攫住了。

在進化過程中，邊緣系統進而修正兩大重要功能：學習與記憶。這一革命性的進展有助於提升動物的生存能力，根據不同的挑戰調整因應方式，而非採取一成不變的自動反應。譬如說吃了某種食物會致病，下次便懂得避免。而這類食物的選擇主要仍是依賴嗅覺，也就是說，嗅葉與邊緣系統交互作用的結果不只要分辨不同的氣味，還要與過去的經驗相比較，藉以做出優劣的取捨。負責這項任務的部位稱為嗅腦（nose brain）。

大約一億年前，哺乳動物的腦部發展向前邁進一大步。原來薄薄兩層皮質負責計畫、理解與運動的協調，現在上面又增添了幾層新的細胞，形成新皮質，這是腦部增進智能的重要功臣。

人腦新皮質比其他動物大許多，也是人類之所以為萬物之靈的關鍵。新皮質為主司思考的重鎮，負責蒐集及理解感官接收的訊息，使我們對於感覺能加以思考，同時對觀念、藝術、符號、想像能產生感覺。

從進化的觀點來看，新皮質確實使動物能夠針對不同情境調整因應方式，大大提升了在逆境中生存的能力，進而將這優質的基因代代遺傳下去。這是因為新皮質具備制定策略與長期規畫等心智能力，不僅如此，藝術、文化、文明的結晶，無一不是拜新皮質之賜。

新皮質也是人類情緒精緻化的功臣。以愛為例，邊緣系統可產生肉體的快樂感受，引發性慾。增添新皮質之後，遂有了構築家庭的基本要素：母愛的天性；母親長期無怨無悔地撫育下一代，人類才得以不斷綿延。在父母的保護下，幼兒的腦部可在冗長的童年階段慢慢成熟。爬蟲類等動物就因缺乏新皮質而沒有母愛的天性，新生動物必須躲躲藏藏以免被父母吞噬。

從爬蟲類到恆河猴到人類，新皮質的數量明顯增加，腦部神經路徑的互動也相對趨於頻繁，這意味著面對挑戰時可以有更多樣的反應，情緒的表現更精緻更複雜，譬如說我們能**對**自身的感覺有所感覺。靈長類動物腦部新皮質與邊緣系統的互動，較其他動物頻繁，尤以人類為最，這也是為什麼我們能有更豐富的情緒表現。兔子與恆河猴恐懼時只能有固定的幾種反應，人類便複雜靈活得多（還包括打一一九求救）。生存的環境愈是複雜，愈需要靈活的反應能力，而任何動物的環境都不比人類的複雜。

但人的情緒並非都受制於這些高級中樞，遇到重大事件（尤其是情感的危機時刻），高級中樞往往要屈服於邊緣系統之下。由於很多高級中樞都是自邊緣系統衍生出來，可以說情緒中樞在神經路徑的構築上扮演極重要的角色，形同腦部新舊區域的交接帶，透過無數的路徑與新皮質縱橫交錯。也因此情緒中樞對腦部其餘部位的功能有很大的影響力，甚至可左右我們的思考力。

CHAPTER

2

情緒失控

對好思索者而言，生命是喜劇；對只憑感覺的人而言，生命是悲劇。

——英國文學家荷瑞斯．沃波爾（Horace Walpole）

一九六三年一個炎熱的八月午後，也就是馬丁．路德．金恩發表「我有一個夢」演說的那天，慣竊理查．羅柏斯（Richard Robles）決定幹最後一票。羅柏斯因沉溺海洛因而闖空門行竊不下百次，當時正假釋出獄。他事後自稱當時已決定改過自新，但女友和三歲女兒急需生活費。

當天他行竊的公寓住有兩名女子，二十一歲在《新聞週刊》（*Newsweek*）工作的珍妮絲及二十三歲的小學老師艾米莉。羅柏斯挑上這間坐落於紐約高級住宅區的公寓，是因為他認為當時不會有人在家，沒想到珍妮絲恰巧在家。羅柏斯拿著刀子威嚇她，並將她綁起來。就在羅柏斯搜括完畢將要離去時，艾米莉回來了。羅柏斯也把她綁起來。

多年後據羅柏斯回憶，珍妮絲警告他，他絕對逃不了的，她會記住他的長相，協助警方逮捕他。羅柏斯原準備幹完這一票就改過自新，一聽立刻驚惶失措，完全失去控制。他一時慌亂抓起汽水瓶將兩人擊昏，驚怒交集之下，又將兩人刺殺數刀斃命。二十五年後羅柏斯回憶那一刻：「當時我急瘋了，整個腦袋簡直要炸開來。」

幾分鐘的失控使羅柏斯懊悔一輩子，將近三十年後的今天他還在監獄，那件轟動一時的命案後來被稱為「上班女郎命案」（Career Girl Murders）。

這種情緒衝動其實就是神經組織失控。研究發現，這種時候腦部邊緣系統發出緊急訊息，號召其他組織一起反應，而且這是在一瞬間發生的，職司思考的新皮質根本還來不及了解情勢，更別說權衡輕重了。這種情緒衝動的特色是：事後當事者根本不明白自己是怎麼回事。

情緒衝動不見得都會導致上述殘暴的罪行，日常生活中倒是常引發較輕微但同樣不容忽視的問題。想想看你最近是否曾有過情緒失控的情形，也許是對家人或狹路相逢的另一部車子的主人大發雷霆，而事後想起來實在完全沒有必要。那很可能也是一種情緒失控，亦即一時被邊緣系統的杏仁核（amygdala）越權掌控。

情緒衝動也不盡然都是不愉快的，譬如說有人聽到好笑的笑話大笑不止，這也是情緒衝動的反應。人在狂喜的瞬間也是一樣，快速溜冰選手丹．詹森（Dan Jansen）幾度與奧運金牌失之交臂，終於在一九九四年挪威冬季奧運奪得一千公尺金牌，他的妻子因狂喜過度而被送到一旁急救。

激情的源頭

人類的杏仁核顧名思義狀似杏仁，位居腦幹之上，靠近邊緣系統之下。杏仁核共有兩個，分居腦部兩側。人腦的杏仁核比任何靈長類都大。

海馬回（hippocampus）與杏仁核是原始嗅腦的兩個主要部分，之後才慢慢演化出皮質與新皮質。到今天，這些邊緣系統仍職司腦部主要的學習與記憶功能，杏仁核則是情緒方面的總管。如果將動物的杏仁核切除，動物將無法衡量事物的情緒含義，這種情況稱為「情感盲目」（affective blindness）。

任何事件如剔除其情緒含義，幾乎便不具有任何意義。某醫學文獻記載，一年輕人因病切除杏仁核，從此對人完全失去興趣，寧可離群索居。此病人對話能力一如常人，但親朋好友一概不識，甚至連母親都不認得，面對親人的悲痛也無動於衷。看來這個病人對各種感覺已不具認知或感覺的能力，這是因為杏仁核是情緒記憶與意義的儲藏庫，少了它，生命便不再有意義。

事實上杏仁核與所有強烈的情感有關。杏仁核被切除的動物不再感到恐懼或惱怒，喪失競爭與合作的動力，對自身在群體中的地位茫然無感。簡而言之，其情緒不是喪失便是鈍化。人類獨有的情緒表現——流淚，也是由杏仁核與鄰近的扣帶回（cingulate gyrus）引發，擁抱、撫摸等安慰的動作可緩和這個部位，使哭泣停止。一旦少了杏仁核，也就無淚可流了。

約瑟夫．萊杜克斯（Joseph LeDoux）是紐約大學神經科學中心的專家，也是第一個發現杏仁核為情緒重鎮的人。萊杜克斯等新一代神經科學家運用最新的科學方法，能夠將運作中的腦部活動做前所未有的精確圖示，揭露過去一直未能參透的腦部秘密。他的發現推翻了長久以來關於邊緣系統的傳統觀念，標舉杏仁核的關鍵角色，也重新定位了其他組織。

萊杜克斯的研究發現，當負責思考的新皮質尚未做成決定時，杏仁核往往主宰了我們的行為反應。杏仁核的運作及其與新皮質的互動，正是構成ＥＱ的關鍵。

神經總動員

我們都有過因一時衝動而事後無限懊悔的經驗，足證情緒的力量往往非吾人所能控制。問題是，我們何以會如此輕易地喪失理性？舉個例子，一個女孩開了兩個小時的車到波士頓與男友約會。共進午餐時，男友送給她一份她渴想多月的禮物，一個極難覓得的西班牙藝術品。她看了自是滿心喜悅，便興高采烈地提議餐後去看一部好電影，沒想到男友竟回答要去練球而無暇陪她。她在氣憤傷心之下，含淚轉身離去，一時衝動將那珍貴的藝品丟進垃圾桶。幾個月後回想起這件事，她並不後悔負氣而去，痛心的是那件藝品。

這股衝動正是杏仁核作祟的結果，杏仁核接受外來的感覺訊息後，便會從過往的經驗中尋找任何不利的證據。可以說杏仁核就像一個心理哨兵，不管來者是誰一律加以質問，只為了印證內心最原始的疑慮：「這不正是我最厭惡的恐懼嗎？」而只要讓它找到近似肯定的答案，杏仁核便立刻加以反擊，點燃神經引信，通告腦部各區危機來臨。

在腦部構造中，杏仁核的設計有點像保全公司，總機人員二十四小時待命，只要保全系統被啟動，立刻發出警訊給消防隊、警察局及左右四鄰。

假設觸動的是恐懼的警鈴，杏仁核會將警訊傳給腦部各主要部位：促使分泌戰或逃訊息的賀爾蒙，動員運動中樞，激活循環系統、肌肉與消化系統。自杏仁核分出的其他路徑發出分泌正腎上腺素的訊息，刺激腦部進入警戒狀態。另外也發出訊息給腦幹，使臉部露出驚怖的表情，肌肉僵凝、心跳加速、血壓升高、呼吸減緩。同時將注意力專注在引發恐懼的來源，動員肌肉隨時準備做因應。同時從大腦皮質的記憶系統抽取出與眼前危機相關的知識，做為採取行動的優先參考。

這只是杏仁核指揮腦部各區的一系列審慎計畫的一部分（詳細內容請參考附錄三）。面臨情緒危機時，杏仁核龐大的神經網絡幾乎是總管腦部兵符，任意調兵遣將，甚至連理智都要臣服其下。

情緒前哨

一個朋友告訴我他到英國度假的奇妙經驗。有一天他在運河旁的咖啡館吃飯，餐後沿著運河邊的石階散步，到河邊時他突然看到一個小女孩瞪著水面，臉上露出極驚恐的表情。我的朋友來不及思索便一骨碌躍進水中——身上還穿著西裝打著領帶。一碰到水，他才恍然原來有個剛學步的小孩落水，這也是那個小女孩一臉震驚的原因，他因此救了這個小孩。

他如何能在不明所以的情況下躍入水中呢？這可能要歸功於杏仁核。

萊杜克斯的研究發現，腦部的特殊構造使得杏仁核得以擔當情緒尖哨的地位，在某些時候甚至奪走動員整個腦部的總兵符，這可說是過去十年關於情緒的一項極重要發現。他的研究證明，自眼睛與耳朵傳來的感覺訊息首先傳到丘腦（thalamus），而後躍過突觸傳到杏仁核。第二條訊息則是自丘腦傳送到職司思考的新皮質。這個分支的結果是，新皮質還來不及透過層層路徑分析咀嚼訊息，決定出較精緻的反應**以前**，杏仁核便可率先做出回應。

萊杜克斯最具革命性的研究結果，是找出不經新皮質的情感神經路徑。直達杏仁核的感覺往往是最原始強烈的，這也可為情緒沖昏理智的現象提出說明。

神經科學的傳統觀念認為，眼耳鼻等感官將訊息傳遞到丘腦，再傳送到新皮質的感覺處理區，整理成我們對事物的觀感。經過此一處理過程，腦部得以認知外物的內容與意義。最後新皮質將訊息傳送給邊緣系統，決定適當的反應後通告腦部其他區及全身。通常的運作情況也確是如此，但萊杜克斯發現，除了連接到皮質的較顯著的神經元外，另有一小絡神經元直接自丘腦連接到杏仁核。透過這些窄小的巷弄，杏仁核可直接接收感覺訊息，在新皮質尚未全然察覺**之前**便先斬後奏。

傳統觀念以為，杏仁核只能倚賴新皮質的指令以決定情緒反應，這觀念已不攻自破。現在我們知道，即使在杏仁核與新皮質之間同時發出平行的訊號，杏仁核仍可搶先決定回應方式。

萊杜克斯的一項研究是關於動物的恐懼，他先將老鼠的聽覺皮質破壞，之後每次發出一種聲音時都伴隨輕微電擊。雖然這聲音已無法在新皮質留下印象，老鼠仍很快學會畏懼這個聲音。這是因為該聲音直接從耳朵經丘腦傳到杏仁核，省略掉所有更高級的管道。也就是說，老鼠已學會在沒有皮質的參與下做出情緒反應，杏仁核對恐懼已具有獨立感受、記憶與反應的能力。

萊杜克斯告訴我：「從結構上來說，情緒系統的運作可獨立於新皮質之外。即使缺乏意識或認知能力的參與，有些情緒反應與記憶仍可形成。」我們可能在不明所以的狀況下，啟動杏仁核中儲存的一些記憶與反應模式，這是因為連接杏仁核與丘腦的捷徑完全繞過新皮質。這顯示出杏仁核似乎儲存了我們從未意識到的印象與記憶。萊杜克斯以一項實驗為例，說明杏仁核的隱藏式記憶功能。實驗方式是以極快的速度在實驗者眼前閃過幾何圖形，速度之快使他們根本未察覺看到任何圖形，但之後實驗者卻會對其中若干奇特的圖形特別偏好。

其他研究也顯示，在我們觀看事物的最初幾分之一秒的時間內，不但可在無意識的情況下察知其內容，還可決定喜不喜歡，可見我們的情緒具有獨立於理智之外的意見。

情緒記憶的專家

這種無意識的意見便是情緒記憶，其儲藏庫則是杏仁核。萊杜克斯等人的研究顯示，長期以來被視為邊緣系統主要構造的海馬回，似乎與知覺能力的關係比情緒反應更密切。海馬回的主要功能是提供明確的情境記憶，舉例來說，對人而言，動物園裡的熊與自家後院出現一隻熊所以會有不同的意義，便要歸功於海馬回。

海馬回記憶的是客觀的事實，杏仁核則為事實增添情緒的含義。假設我們在公路上差點撞上對面車道的來車，海馬回會記住這個事件的所有細節，包括當時路況、同車的人、對向車的車型等，但使我們以後每次碰到類似狀況都會產生焦慮感的則是杏仁核。萊杜克斯舉過另一個例子：「海馬回幫助你認出某遠房親戚的臉，杏仁核則提醒你這是個討厭的傢伙。」

人腦利用一個簡單而聰明的方法，使情緒記憶深印腦海：面臨危機時，我們的神經化學警示系統會促使身體做出戰或逃的反應，並將這一刻鮮明地留下印記。在面臨壓力、焦慮甚至狂喜時，自腦部通往腎上腺的神經，會激發腎上腺素與正腎上腺素的分泌，促使身體做出危機應變措施。這些賀爾蒙會激活迷走神經的接收器，迷走神經接收腦的訊息以調節心跳速率，同時因應腎上腺素與正腎上腺素的刺激將訊息傳回腦部——主要是傳到杏仁核，激活杏仁核的神經元以通告其他部位強化當刻的記憶。

杏仁核的參與似乎使得其情緒含義的記憶格外深刻，也許正因如此，我們總是特別記得第一次約會的地點，聽到太空梭挑戰者號爆炸的新聞時正在做什麼等等。杏仁核受到的刺激愈強，烙印的刻痕愈深，生命中最恐懼最刺激的經驗總是最難磨滅。可見人腦有兩套記憶系統，一套記憶一般事物，一套記憶具情緒含義的事物。這種設計在進化上是很有道理的，如此一來，動物對最感威脅或喜愛的事物才會留下特別鮮明的記憶。不過在今天，情緒記憶卻可能產生誤導作用。

過時的神經警示系統

這種神經警示系統有一個缺點：杏仁核傳遞的危機訊號有時已經過時，在瞬息萬變的人類社會尤其如此。杏仁核恍如情緒記憶的貯藏室，杏仁核會審視過往經驗，與現在的情況相比較。其比較方式可稱為聯想式，亦即目前的狀況只要有一項要素與過去相彷彿便算符合，在尚未完全確認以前便率爾行動，也因此常常患了草率的毛病。也許今昔之類似性極其微弱，但只要足以刺激杏仁核，後者便會瘋狂地指揮腦部祭出很久以前試過的想法、感覺與反應。

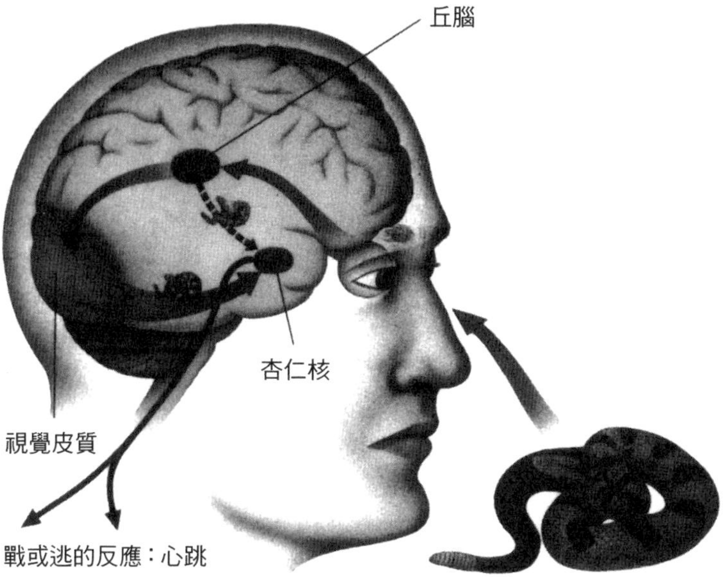
戰或逃的反應：心跳加速、血壓升高，大肌肉預備做出快速反應。

視覺訊息首先自視網膜傳到丘腦，在此轉譯為腦部的語言。接著多數訊息傳到視覺皮質，進行分析與評估以決定適當的反應。如果是情緒性的反應，訊息便傳到杏仁核以啟動情緒中樞。但有一小部分的原始訊息以更快的速度自丘腦直接傳送到杏仁核，在皮質區尚未明瞭狀況以前，便引發較快速但較不精準的反應。

於是原先在軍中任職的護士會因為看到太多血肉模糊的傷口而驚嚇過度，多年後有一天在家中櫥櫃看到小孩丟在那裡的一片濕透的尿布，竟然湧起舊時戰場上的反應：恐懼、厭惡、慌亂到不知所措。足見杏仁核只需些微的相似性便可發出緊急通告，最堪憂的是，我們往往也不加細察便做出不合時宜的反應。

很多深刻的情緒記憶，都是人剛出生的幾年裡，透過嬰兒與父母的相處經驗建立的。這使得情緒中樞的運作更不精準，尤以幼年有過被虐待或忽略等痛苦經驗為然，而這時主掌敘述記憶的海馬回與職司理性思考的新皮質尚未發展成熟。在記憶的存取上，杏仁核與海馬回攜手並進但又獨立互不相屬，海馬回取出一項訊息，該訊息是否具有情緒含義則由杏仁核決定。但因杏仁核發展速度極快，在出生時即比較接近成熟。

心理分析理論的一個基本假定是：嬰兒藉由幼時與父母（或保母）的互動經驗，來奠立情緒學習的基調，萊杜克斯更以孩童杏仁核的功能支持此一假定。他指出，這些情緒學習經驗雖深印腦海，對成人而言卻非常難以理解，因為這些未來情緒生活的藍圖，是以粗糙而非語言的形式儲存在杏仁核。嬰兒既無法以語言表達，長大後當類似的情緒刺激再度引發，腦中已無法找到對應的思想。正因為很多情緒的爆發源自世事混沌難明的懵懂年齡，長大後我們面對激昂的情緒往往不知所措。混亂但鮮明的感受是有的，但最初形塑這些記憶的語言已不復尋。

快捷但草率的情緒

那天大約是清晨三點鐘，我在睡夢中似乎聽到有一樣龐大的東西穿透臥室天花板的一角，閣樓的東西全掉到房間裡。我一躍而起，急忙逃出房間，一心擔憂整個天花板會塌陷下來。確定平安無事後，我才謹慎地探頭查看究竟發生了什麼事，原來是我太太堆在角落的一疊紙箱掉了下來。沒有任何東西從閣樓掉下來，因為我們家根本沒有閣樓，而且天花板完好無缺，我也毫髮未損。

我能在半睡半醒中躍下床來，顯示杏仁核能夠在新皮質未完全掌握狀況之前的關鍵時刻，就激發我們採取緊急應變措施；果真天花板塌下來，這一躍可救了我一命。這種從眼（或耳）經由丘腦連接杏仁核的捷徑關係重大：在危急存亡之秋可節省決策時間。不過多數感覺訊息都是行經通往新皮質的康莊大道，只有極少數訊息經由丘腦到杏仁核的捷徑，而且多半是僅供警示的約略訊息。誠如萊杜克斯所說的：「你即使不確知危險的內容，也可感覺危險逼近。」

要知道腦部的運作是以千分之一秒計的，走捷徑當然有助於分秒必爭。老鼠的杏仁核可在接收訊息後的千分之十二秒內做出反應，從丘腦繞道新皮質再到杏仁核則要增加一倍的時間。人腦的確切運作時間尚未測得，兩者的比例大約不出於此。

從進化的觀點來看，這條捷徑當然極具生存競爭價值。如此所爭取到的千分之一秒很可能挽救了無數人類始祖的性命，以致今天所有哺乳類（包括你我）的腦部都保留此一設計。對人類而言，這條捷徑也許作用不大，對於鳥類、魚類、爬蟲類來說，可是發揮了關鍵性的功能；不斷幫助牠們在瞬間判斷逼近的是獵人或獵物。萊杜克斯指出：「哺乳類這種原始細微的腦部設計，卻是非哺乳類的重要裝置，使其在極短的時間內調控情緒。問題是這個過程雖然快速，卻不太精準。」

這種不精準有時候無傷大雅，譬如說，一隻松鼠誤以為敵人逼近而趕快跳開，充其量不過是白忙一場。但這種誤判卻可能對我們的人際關係造成嚴重傷害。假想某服務生瞥見一個滿頭紅色鬈髮的女人，心中一亂，手上的一疊盤子跌個碎碎平安，原因竟然是她先生的情婦也有一模一樣的頭髮，如果因此被炒魷魚豈非太不值得。

這種失誤源自感覺的步調搶先思考一步，萊杜克斯稱之為「認知前的情緒」，亦即感覺訊息尚未被消化認知以前，僅憑片段訊息做出的反應。這種斷章取義的模式有點類似歌曲搶答的遊戲，僅播放開頭幾個音符便要猜出歌曲曲名。杏仁核一意識到重要的感覺訊息浮現，立刻斷定因應之道，不及等待完整的確認過程。無怪乎我們對驟然爆發的情緒總覺得難以捉摸，尤其是身在其中時更是雲深不知處。

情緒管理員

一位朋友的六歲女兒潔西卡第一次到朋友家過夜，母女倆對這件事似乎都很緊張。母親惟恐女兒憂慮，努力表現出若無其事。當天半夜她正準備就寢，突然聽到電話鈴響，壓抑了半日的緊張情緒漲到最高點。她丟下牙刷，心臟狂跳，衝過去抓起電話，腦中浮現潔西卡可憐兮兮的樣子，對著話筒脫口直呼：「潔西卡！」另一頭傳來一個陌生女人的聲音：「我大概是打錯電話了……」這時母親立刻恢復鎮定，禮貌地問對方：「請問妳打幾號？」

焦慮的衝動反應源自杏仁核的作用，腦部另一個部位卻能提供更正確恰當的回應。這個緩衝裝置位於額頭後面的前額葉（prefrontal lobe），恐懼或惱怒的情緒似乎與這個部位的作用有關，但為了因應眼前的狀況或發現先前的評估錯誤時，前額葉也會抑制或控制情緒，就像潔西卡的母親接聽電話的反應。也就是說，這個新皮質產生較理性的反應，調節杏仁核等邊緣系統的衝動。

一般而言，情緒反應一開始就是由前額葉所主宰。前面說過，絕大多數來自丘腦的感覺訊息並不是傳送到杏仁核，而是送到新皮質做意義分析，前額葉則是負責協調適當的反應。在新皮質有一連串複雜的路徑負責訊息的接收、分析與理解，最後透過前額葉導出反應。在這個過程中如須做出情緒性反應，由前額葉指揮，同時與杏仁核及其他情緒中樞聯手合作。

當腦部接收情緒刺激時，前額葉會在瞬間就無數可能的反應進行風險與效益評估，並選出最佳決策。對動物而言，這個決策可能涉及攻擊或逃跑的時機；對人類而言，當然要複雜得多，還包括何時應採取安撫、說服、爭取同情、拖延、激發對方的罪惡感、抱怨、先聲奪人、表示輕蔑等不可勝數的情緒策略。

新皮質的反應因涉及較複雜的路徑，時間上不及先斬後奏的情緒機轉。但前者也因為以思考為前導，較能有周詳而理性的考量。在我們感受到失落而心生悲意，或獲得勝利後志得意滿，或是細思某人的言語作為而深感受傷害等情緒時，都是新皮質作用的結果。

正如杏仁核一樣不可或缺，如果去除前額葉的功能，我們的情緒起伏恐怕幅度會小很多，一個人既然不了解何種情形需要做情緒反應，自然毫無反應可言。早在一九四〇年代神經病學家已懷疑前額葉對情緒的主宰力量，當時精神疾病尚無有效的藥物可治療，有人以前額葉白質切除術「治療」精神疾病，亦即切除前額葉一部分或前額皮質與低級中樞的連接。可悲的是患者的情緒起伏似乎也從此歸於平淡，這是因為主要的神經路徑已遭破壞。

情緒失控必須同時有兩個條件成立：杏仁核被刺激而負責平衡情緒反應的新皮質機轉又未能啟動，或是新皮質區反過來為情緒中樞效勞。將這種時刻形容為理性被情緒淹沒一點也不誇張。而要有效管理情緒則有賴前額葉皮質的權衡輕重，為來自杏仁核及其他邊緣系統的訊息擔任守門員，就好像為人父母者會制止孩子的爭先恐後，教導他要禮貌請求或耐心等候。

腦部負面情緒的主要關閉按鈕似乎位於左前額葉。神經心理學家研究前額葉受傷病患的情緒變化，發現左前額葉有調節不快情緒的功能。右前額葉是恐懼、侵略等負面情緒的重鎮，左葉則有抑制此負面情緒的作用。以中風病人的研究為例，左前額葉皮質受傷的病人有嚴重憂慮與恐懼的傾向。右邊受傷的病人則有過度愉快的現象，在做神經病學檢查時病人隨意開玩笑，對檢查結果也滿不在乎。一個特殊的案例是病人接受右前額葉部分切除手術，事後他的妻子告訴醫師，病人性格大變，不但不易發怒，更讓她欣慰的是變得較溫柔體貼。

簡而言之，左前額葉似乎可關閉或至少減弱多數負面情緒，少數極強烈的情緒衝動是例外。杏仁核可以引發危機反應，但最終把關的是前額葉，這兩者的互動不僅發揮情緒的微調功能，更是我們面臨人生重大決定時的關鍵舵手。

左右。

理性與感性的平衡

理性與感性的戰爭與和平，關鍵就在於杏仁核等邊緣系統與新皮質的聯絡。也正因如此，情緒會嚴重影響我們的思考能力，不僅關乎決策是否明智，甚至思路是否清晰也受到左右。

神經科學家以工作記憶（working memory）一詞代表為解決問題而記住相關訊息的專注能力，而職司工作記憶的正是前額葉皮質區。但由於邊緣系統與前額葉有路徑相通，焦慮、憤怒之類的強烈情緒訊息，可能會干擾前額葉維持工作記憶的能力。正因如此，我們在情緒不佳時總會覺得無法思考，持續的情緒低潮更影響孩子的學習能力。

這類型的學習能力低落多半無法在ＩＱ測驗中反映出來，而必須透過較專門的神經心理學測驗，或是從孩子經常性的煩躁與衝動觀察出來。有一項研究給ＩＱ中上但學業不佳的小學男生做神經心理學測試，發現他們的額葉皮質功能受損，同時伴有衝動、焦慮、易鬧事等現象，顯示前額葉對邊緣系統的衝動控制失當。這類孩子雖然資質不錯，卻也最容易出現學業不佳、酗酒、犯罪等問題。要知道人腦情緒中樞的運作方式自童年時期便隨生活經驗逐漸成形，忽略這段經驗的經營可能要付出一生的代價。

即使是最理性的決策過程也不免有情緒影響的成分。愛荷華大學醫學院神經病學家安東尼奧．戴馬西歐（Antonio Damasio）在這方面貢獻卓著，他特別注意前額葉連接杏仁核路徑受傷的病人，研究發現其決策能力嚴重受損，但智商及其他認知能力則毫無影響。病人在事業及個人生活上都可能做出大錯特錯的決定，甚至連訂定約會這樣簡單的事都可能要躊躇多時。

戴馬西歐指出，這種決策能力低落，是因為病人無法借助過去的**情緒**學習經驗。我們在生活中累積的好惡經驗會貯存在腦中，而連接前額葉與杏仁核的路徑正是通往此貯藏庫的要道。一個人如果無法取用杏仁核的情緒記憶，新皮質如何反覆思索都無法激發經驗中相似的情緒反應，自然一切都落入喜惡難明的模糊地帶，即使碰到過去最喜愛的寵物或最厭惡的人，都不再能引發任何感覺。

這樣的證據使得戴馬西歐做出一個違反直覺的推斷：理性決策亦**不可缺少**感覺的成分，感覺先將我們導引到一個正確的方向，而後純粹的邏輯才能做最佳的發揮。人生本是一連串抉擇的過程，諸如退休金如何投資、如何選擇結婚對象等，而情緒學習的經驗教訓可幫助我們在一開始便篩檢許多不當的選擇，譬如說我們會記得某次投資失利的慘痛經驗，或一次痛苦的婚姻創傷。戴馬西歐指出，由此足證理性推斷不只涉及思考中樞，也涉及情緒中樞。

我們每一次的決策都同時接受感性與理性的指引，在感覺與思考互動之下，思考力可能被強化也可能被癱瘓。反之，思考中樞也有指導情緒的功能，雖則在某些情況下後者可能完全失控如脫韁野馬。

因此，我們人類可以說都有兩個腦、兩顆心、兩種智力——理性與感性。生命的成就同時取決於兩者，絕非IQ可單獨主宰。事實上，如果缺乏EQ的配合，智力絕不可能做最大的發揮。邊緣系統與新皮質，杏仁核與前額葉都是相輔相成的，彼此合作無間時，情緒與智商自是相得益彰。

這一論點徹底推翻了理性與感性互相抵制的傳統觀念，我們不應該聽從伊拉斯謨斯的建議，去除感性代以理性，而應該在兩者之間求取平衡。過去宣揚的理想典範是將理性自情感的樊籠中釋放出來，新觀念則告訴我們，要追求心與腦的和平共存，首先要學習的就是善用情緒智慧。

2

EQ的含義

The Nature of Emoional Intelligence

CHAPTER

3

智人的愚行

最近有條學生刺傷老師的消息，一般報導的情形是這樣的：

傑森是佛羅里達珊瑚泉中學二年級的學生，成績非常優異，一心想要讀醫學院，而且是以哈佛為目標。有一次考試，物理老師大衛給他八十分，傑森深信這項成績將影響他的未來，便帶了把刀子到學校，接著在實驗室與大衛老師衝突，他舉刀刺中大衛的鎖骨部位，之後才被制伏。

在後來的訴訟中，四位心理學家與心理醫師聲稱傑森行兇時喪失理智，最後被判無罪。傑森自稱他因成績不佳準備自殺，去找物理老師是要告訴他自殺的意圖。但大衛堅信傑森因成績太低憤憤不平，決意要致他於死。

傑森後來轉學到私立學校，兩年後以極優異的成績畢業。大衛對傑森從未向他致歉或為那次事件負責深感不滿。

值得我們探討的是：那麼聰明的學生怎麼做出那麼不理性的事，這豈不是很笨？其實答案很簡單：學業上的聰穎與情緒的控制關係不大。再聰明的人也可能因情緒失控或一時衝動鑄下大錯，高ＩＱ的人在個人生活上可能顯得出奇低能。

ＩＱ或性向測驗雖然廣為大眾接受，事實上很難正確無誤地預測個人未來的成就，這是心理學上人盡皆知的秘密。就大多數人做一整體觀，ＩＱ的確有一定的意義：很多ＩＱ低的人都從事勞力工作，高ＩＱ者的薪水通常較高。但並不是毫無例外。

一般人總以為高ＩＱ等於高成就，其實不但多所例外，甚至可能是例外多於一般情形。人生的成就至多只有二〇％歸諸ＩＱ，八〇％則受其他因素影響。心理學家霍華德．嘉納（Howard Gardner）說過：「一個人最後在社會上占據什麼位置，絕大部分取決於非ＩＱ因素，諸如社會階層、運氣等等。」

《鐘形曲線》（*The Bell Curve*）一書雖強調ＩＱ的重要，作者理察．亨斯坦（Richard Herrnstein）與查爾斯．穆瑞（Charles Murray）也不能否認非ＩＱ因素的重要：「假設一個新鮮人參加學業性向測驗（ＳＡＴ），數學一項僅得五百分，也許他不宜立定志向當數學家。但如果他的夢想是自己創業、當參議員或賺一百萬，並非沒有實現的可能……影響人生成就的因素實在太多了，相較之下，區區的學業性向測驗何足道哉。」

本書著重探討的正是其他因素——**ＥＱ**，包括如何激勵自己愈挫愈勇：如何克制衝動延遲滿足；如何調適情緒，避免因過度沮喪影響思考能力；如何設身處地為人著想，對未來永遠懷抱希望。ＥＱ是很新的觀念，不像ＩＱ已有近百年的歷史，研究對象涵蓋數十萬人。目前我們還無法確切解釋每個人的際遇如何受ＥＱ影響，但就現有的資料來看，ＥＱ的確很重要，甚至比ＩＱ更重要。有人說經驗與教育對提高ＩＱ效果有限，然而在用心的教導下，ＥＱ確實可透過學習加以改善，本書第五部有詳細的探討。

EQ與命運

我讀愛默斯特（Amherst）學院時有一位同學成績很好，入學時學業性向測驗有八百分，自然是聰穎過人，只可惜他總是四處遊蕩，遲睡晏起，因而經常蹺課。他費了近十年才拿到學位。

有些人在潛力、學歷、機會各方面都相當，後來的際遇卻大相逕庭，這便很難以ＩＱ來解釋。曾有人追蹤一九四○年代哈佛九十五位學生中年的成就（當時能夠上常春藤學校的人ＩＱ差異較今日大），發現以薪水、生產力、本行位階來說，在校考試成績最高的不見得成就較高，對生活、人際關係、家庭、愛情的滿意程度也不是最高的。

另有人針對背景較差的四百五十位男孩子做同樣的追蹤，他們多半來自移民家庭，其中三分之二的家庭仰賴社會救濟，住的是有名的貧民窟，有三分之一IQ低於九十。研究同樣發現IQ與其成就不成比例，譬如說IQ低於八十的人，七％失業十年以上，IQ超過一百的人同樣有七％。就一個四十七歲的中年人來說，IQ與其當時的社會經濟地位有一定的關聯，但影響更大的是兒童時期處理挫折、控制情緒，與人相處的能力。

另外一項研究的對象是一九八一年伊利諾州某中學、八十一位畢業演說代表與致詞代表學生，這些人的平均IQ是全校之冠，他們上大學後成績都不錯，但到近三十歲時表現卻平平。中學畢業十年後，只有四分之一在本行中達到同年齡的最高階層，很多人的表現甚至遠遠不如同儕。

波士頓大學教育系教授凱倫．阿諾（Karen Arnold）曾參與上述研究，她指出：「我想這些學生可歸類為盡職的一群，他們知道如何在正規體制中有良好的表現，但也和其他人一樣必須經歷一番努力。所以當你碰到一個畢業致詞代表，唯一能預測的是他的考試成績很不錯，但我們無從知道他因應生命順逆的能力如何。」

這也是問題的關鍵所在：學業成績優異，並不保證你在面對人生磨難或機會時會有適當的反應。既然高IQ不一定能與幸福快樂或成功畫上等號，我們的教育與文化卻仍以學業能力為重，忽略了與個人命運息息相關的EQ（或可稱為性格特質）。處理情感同樣有技巧高下之分，也同樣有一套基本的能力標準，這和算術、閱讀等能力並無二致。EQ正可解釋同樣IQ的人何以有不同的成就，因為它可決定其他能力（包括智能）的發揮極限。

生命的成就絕對不只一條途徑，正如所謂行行出狀元。在這個知識日益重要的社會，技術能力當然是一條重要的途徑，我們常聽到小孩子說一個笑話：「一個笨蛋十五年後變成什麼？」答案是：老闆。不過即使是笨蛋，如果EQ比別人高明，職場上的表現也必然略勝一籌（參考本書第三部）。諸多證據顯示，EQ較高的人在人生各個領域都較占優勢，無論是談戀愛、人際關係或是理解辦公室政治中不成文的遊戲規則，成功的機會都比較大。此外，情感能力較佳的人通常對生活較滿意，較能維持積極的人生態度。反之，情感生活失控的人必須花加倍的心力與內心交戰，從而削弱實際能力與清晰的思考力。

另一種智力

乍看之下，四歲的茱蒂似乎顯得落落寡合，不及其他小朋友來得合群。玩遊戲時，她總是站在邊緣位置，而不是全心投入。事實上，茱蒂對幼稚園的人際生態有很敏銳的觀察力，可以說她對其他人的了解遠超過同輩孩子。

但茱蒂的能力一直未被發現，直到有一天老師集合所有小朋友玩一種遊戲，遊戲方式是用棍子做一些假人，頭部貼著同學和老師的照片，請同學指出其他同學最喜歡玩耍的角落，或是哪一位同學與哪一位同學最要好，這種遊戲可說是小朋友社交觀察能力的最佳試驗。結果證明茱蒂的觀察力是最敏銳的。

茱蒂對班上同學的人際生態掌握得一清二楚，對一個四歲孩子而言這幾乎是不可思議。茱蒂長大後，這些能力無疑將使她在講求人際能力的領域中一展所長，這些領域可能包括銷售、管理、外交等等。

茱蒂的人際能力能這麼早被發掘是很幸運的，這是因為她的學校正在進行一套多元發展計畫，目標是培養學生多方面的智力。該學校深信人的能力絕不僅局限於傳統教育著重的說讀寫而已，像茱蒂的人際能力也是一項值得培養的才華。他們鼓勵學生全方位地發展各項才能，進而將學校教育擴大為生活的教育。

主導這個計畫的靈魂人物是哈佛教育學院的心理學家嘉納，嘉納告訴我：「時代已經不同，我們對才華的定義應該擴大。教育對孩子最大的幫助是引導他們走入適性的領域，使其因潛能得以發揮而獲得最大的成就感。今天我們完全忽略了這個目標，我們實行的是一視同仁的教育，彷彿要把每個人都教育成大學教授，對每個人的評價也都是依據這個狹隘的標準。我們應該做的是減少評比，多花心力找出每個人的天賦加以培養。成功可以有無數種定義，成功的途徑更是千變萬化。」

傳統對於智力的觀念有很多限制，嘉納是少數率先指出這一點的人。他指出智力測驗的全盛時期始於一次大戰期間，當時兩百萬美國人首度參加大規模的紙上智力測驗，測驗方式是史丹佛大學心理學家劉易士・特曼（Lewis Terman）剛發明出來的。此後數十年即嘉納所謂的「ＩＱ思考模式期」：「大家普遍認為一個人是否聰明是與生俱來的，後天能改變的很有限，智力測驗可測出一個人是聰明或愚笨。美國學業性向測驗也是基於同樣的觀念設計的，認為單一一種性向可決定所有人的未來。這種觀念普遍存在社會各階層。」

一九八三年嘉納出版影響深遠的《7種ＩＱ》（*Frames of Mind*），明白駁斥這種ＩＱ決定一切的觀念，指出人生的成就並非取決於單一的ＩＱ，而是多方面的智能，主要可分為七大類；其中兩類是傳統所稱的智能——語言與數學邏輯，其餘各類包括空間能力（藝術家或建築師）、體能（如瑪莎・葛蘭姆〔Martha Graham〕的優雅或魔術強森的靈活）、音樂才華（如莫札特或馬友友）。最後兩項是嘉納所謂「個人智能」的一體兩面，一是人際技巧，如治療師或馬丁・路德・金恩這樣的世界領袖。另一類是透視心靈的能力，如心理學大師佛洛伊德，表現在你我凡夫俗子身上，則是能夠敏銳掌握自我內心的感受，從生活中得到平靜與滿足。

嘉納提出的最重要觀點是**多元化**，打破以ＩＱ為單一不可動搖標準的傳統觀念，他指出，求學過程中的重重關卡（能力分班、聯考等）都是建立在狹隘的智力定義上，完全無法反映實際生活中多種智能對個人成就的影響。

嘉納指出，將智能分成七大類只是一種方便的作法，人類才能的多樣性是無法簡單分類的。嘉納及其同僚曾嘗試將這七類再細分為二十類，例如將人際技巧再分成四類；領導能力、交朋友的能力、解決紛爭的能力、分析社交生態的能力（即前文所舉四歲的茱蒂表現的行為）。

這種多面向的智能觀可更完整呈現出孩子的能力與潛力。嘉納等人曾經讓多元智能班的學生做兩種測驗，一種是傳統標準的史丹佛畢奈兒童智力測驗，另一種是嘉納的多元智能測驗，結果發現兩種測驗成績並無明顯的關聯。IQ最高的兒童（一二五到一三三）在十類智能的多元測試中表現各異。舉例來說，IQ最高的五個小孩中，一個在三個領域表現優異，三個在兩個領域表現不錯，另一個只有一項領域較傑出。且各人突出的領域相當分散：四個音樂較佳，兩個特長在視覺藝術，一個是社交領會能力絕佳，一個特長是邏輯，一個是語言。五個高IQ的孩子在運動、數字、機械方面都不太行，運動與數字甚至是其中兩個孩童的弱點。

嘉納的結論是：史丹佛畢奈智力測驗無法預測孩童在多元智能領域的表現。反之，教師與家長可根據多元智能測驗，了解孩子將來可能有傑出表現的性向。

嘉納後來仍不斷發展其多元智能觀，他的理論首度問世後約十年，他就個人智能提出一個精闢的說明：

人際智能是了解別人的能力，包括別人的行事動機與方法，以及如何與別人合作。成功的銷售員、政治家、教師、治療師、宗教領袖很可能都有高度的人際智能。內省智能……與人際智能相似，但對象是自己，亦即對自己能有準確的認知，並依據此一認知來解決人生的問題。

嘉納在另一篇文章中談過這兩種智能，他說人際智能的精義是「能夠認知他人的情緒、性情、動機、慾望等，並能做適度的反應」。內省智能則是自我認知的鎖鑰，指的是「能夠認識自己的感覺，辨別其異同，做為個人行為的依據」。

人際智能

情感的角色是嘉納經常提及的個人智能理論中的一個重點，但卻未曾深入探討。原因可能如嘉納自己所說的，他太受認知科學的影響。也因此他對智能的定義有強烈的認知成分；強調如何了解自身與他人的動機與工作習性，如何將這份了解運用在生活上以促進人際的和諧。然而，就好比運動時身體的美感是不待言喻的，情感的領域也遠超出語言與認知的範疇。

細察嘉納對個人智能的描述，對情緒的角色與掌握仍可獲不少啟示，但他對**感覺**的重要性仍舊著墨不多，反而側重在感覺的認知問題。浩翰的情緒領域仍等待後人探討，內心生活與人際關係為何複雜豐富而又難解？情緒是否有智力的成分？是否可以有更智慧的情緒經營法門……等，都有教人期盼的答案。

嘉納會特別強調認知力是有時代背景的，而這又與心理學的特殊歷史發展有關。在二十世紀中學院心理學都是由史金納（B. F. Skinner）一派的行為主義者主導，他們認為，可以從外在客觀觀察的行為才能進行準確的科學研究，因而將一切內心活動（包括情緒），都排除在科學之外。

之後，隨著六〇年代末期認知革命的來到，心理學的重心轉移到心靈如何記錄與儲存資訊，以及智力的本質，但情緒仍然不受重視。認知學家一貫認為智力涉及的是冷酷而無干情感的事實處理，這種超理性的最佳典範是《星艦迷航記》中的史波克（Spock）——一個完全不受情感干擾的資訊處理器，這個理論背後的觀念認為，情緒與智力毫無關係，只會使我們對心靈活動的了解更加混沌。

擁抱這派理論的認知科學家總喜歡以電腦比擬人腦，卻忘了人腦充滿了混亂悸動的神經化學物質，可不像電腦晶片那樣井然有序。認知科學家所建立的人腦資訊處理模型忽略了很重要的一點：理性常要接受感性的導引，甚至是無可救藥地被牽著鼻子走。可以說認知科學家所繪製的心靈版圖是很不完整的，無法解釋狂烈的情感如何使智力更豐富。為了自圓其說，這些學者只好無視於他們個人的希望與恐懼，婚姻的齟齬，同行相忌的心理……事實上正是這千般情緒讓人生豐富多采而充滿興味，而且無時無刻左右我們對資訊的處理方式。

隨著心理學開始體認感覺對思想的根本影響，這個主導智能研究近八十年的偏差觀念才逐漸改變。《星艦迷航記》的史波克到第二代變成戴塔（Data），恰反映心理學此一趨勢。戴塔驚訝地發現他的冷靜的邏輯無法找出適合**人類**的解答（他很訝異自己也會有驚訝的感覺）。情感正是人類之所以為人的最主要特徵，戴塔深知此點而努力追求情感。他希冀友情與忠誠，但就像《綠野仙蹤》裡的錫人，他少了一顆心。他可以彈奏音樂寫詩作文，也都若合符節，但卻感受不到其中的熱情。戴塔追求熱情而不可得，證明人類心靈的崇高價值：信念、希望、奉獻與愛確實存在，這在冷冰冰的認知理論中卻完全找不到。這是多麼貧瘠的心靈觀啊！

我請教嘉納他何以側重認知甚於情緒，他說：「我最初探討個人智能時，談的**其實**是情緒，尤其在論及內省智能時，一個很重要的元素就是情感上與自我取得協調。對人際智能而言，直覺判斷更是不容忽視。但在實際應用過程中，多元智能理論逐漸偏重認知（亦即對自我心理過程的知覺），而未能涵蓋情感能力的各個層面。」

不過，嘉納也了解情緒與人際智能對人生的重要。他說：「很多IQ一六〇的人為IQ一百的人工作，原因就是前者的內省智能較低。在日常生活中，人際智能更是最重要的一種能力。人際智能低的人可能會結錯婚，找錯工作……因此我們應該從小就教育起。」

情緒可以是聰明的嗎？

要進一步探討個人智能的訓練，我們不能不看看繼嘉納之後的其他理論派別，其中最值得注目的是心理學家彼得·沙洛維和約翰·梅耶，他們對情感與智能的結合方式有很精闢的見解。不過他們並不是朝這個方向努力的第一人，即使是鼓吹IQ最力的人士，偶爾也嘗試將情感納入智能的領域，而不認為情感與智能是相衝突的概念。知名心理學家桑戴克（E. L. Thorndike）對一九二〇、三〇年代IQ觀念的普及影響頗大，但他也曾在《哈潑》（Harper）雜誌撰文闡釋IQ與情感之不可分，他指出社會智能本身便是IQ的一部分（所謂社會智能是指了解他人的思想行為，據以做出適度因應的能力。）另有一些心理學家則認為社會智能不過是操縱他人的技巧，亦即不顧他人的意願，使其按照自己的意思行事。但這種種關於社會智能的定義，未能為IQ派的學者接受，到一九六〇年某著名教科書甚至宣稱社會智能的觀念「毫無價值」。

但學者終究不能忽略人際智能的重要，因為人際智能根本上是直覺的常識。耶魯心理學家羅伯．史登柏格（Robert Sternberg）曾做過一項實驗，請一群人敘述何謂「聰明的人」，結果發現人際技巧是最重要的特質之一。史登柏格經過一番系統化的研究，得到的結論與宋戴克相同：社會智能有別於學術智能，而且是實際生活表現的關鍵能力。以職場上極受重視的實務智能來說，管理者是否能觀察入微地理解非語言的訊息便很重要。

近年來愈來愈多心理學家贊同嘉納的看法，傳統的ＩＱ觀念都環繞著狹隘的語言與算術能力，智力測驗的成績最能直接預測的，其實是課堂上的表現或學術上的成就，至於學術以外的生活領域便很難觸及。這些心理學家（包括史登柏格與沙洛維）擴大了智能的定義，嘗試從整體人生成就的角度著眼，從而對個人或ＥＱ的重要性有了全新的評價。

沙洛維為ＥＱ下基本定義時，涵蓋了嘉納的個人智能，繼而擴充為五大類：

一、認識自身的情緒。認識情緒的**本質**是ＥＱ的基石，這種隨時隨地認知感覺的能力，對了解自己非常重要（參考第四章）。不了解自身真實感受的人必然淪為感覺的奴隸，反之，掌握感覺才能成為生活的主宰，面對婚姻或工作等人生大事較能知所抉擇。

二、妥善管理情緒。情緒管理必建立在自我認知的基礎上，第五章將檢視這方面的能力：如何自我安慰，擺脫焦慮、灰暗或不安。這方面能力較匱乏的人常須與低落的情緒交戰，掌控自如的人則能很快走出生命的低潮，重新出發。

三、自我激勵。無論是要集中注意力、自我激勵或發揮創造力，將情緒專注於一項目標是絕對必要的（詳見第六章）。成就任何事情都要靠感情的自制力——克制衝動與延遲滿足。保持高度熱忱是一切成就的動力。一般而言，能自我激勵的人做任何事效率都比較高。

四、認知他人的情緒。同理心也是基本的人際技巧，同樣建立在自我認知的基礎上。第七章將探索這種能力的根源，對他人的感受視若無睹的代價，以及利他精神與同理心的關係。具同理心的人較能從細微的訊息察覺他人的需求，這種人特別適於從事醫護、教學、銷售與管理的工作。

五、人際關係的管理。人際關係就是管理他人情緒的藝術，第八章將探討這方面的能力與技巧。一個人的人緣、領導能力、人際和諧程度都與這項能力有關，充分掌握這項能力的人常是社會上的佼佼者。

當然，每個人在這些方面的能力不同，有些人可能很善於處理自己的焦慮，對別人的哀傷卻不知從何安慰起。基本能力可能是與生俱來的，無所謂優劣之分，但人腦的可塑性是很高的，某方面的能力不足都可加以彌補與改善。

純粹IQ型與EQ型

ＩＱ與ＥＱ雖互異但不衝突，每個人都是兩者的綜合體，ＩＱ高而ＥＱ奇低，或ＩＱ低而ＥＱ奇高的人都很少見。事實上，ＩＱ與ＥＱ雖判然分明，二者之間確乎有一定的關聯。

大家都很熟悉智力測驗，但目前尚無所謂的ＥＱ測驗，將來也可能不會有。今天關於ＥＱ的研究雖然日益豐富，但有些能力（如同情心）必須透過實況反應才能測驗出來，例如讓受測者從一個人的表情判讀其情緒。不過仍然有人嘗試比較ＩＱ與ＥＱ的差異，加州柏克萊大學心理學家傑克．布拉克（Jack Block）採用一種近似ＥＱ的「自我彈性」為標準，比較高ＩＱ與高ＥＱ型的差異，發現兩者確有天壤之別。

純粹高ＩＱ型幾乎是一種誇大可笑的知識分子型，知識的巨人，生活的白癡，但男女略有差異。男性的特徵是具有廣泛的智識上的興趣與能力，有抱負有效率，呆板而頑固，不易為自身的問題困擾。此外也較驕傲好評斷，一絲不苟，自我壓抑，面對性與感官享樂無法自在，疏離而淡漠。

反之，ＥＱ很高的人多是社交能力極佳，外向而愉快，不易陷入恐懼或憂思，對人對事容易投入，正直且富同情心，情感生活通常較豐富但不逾矩，自處待人都能怡然自安。

高ＩＱ的女性對自己的智力充滿自信，善於表達自己的看法，具廣泛的智識與美學上的興趣，通常較內向，好沉思，易焦慮愧疚，不易公開表達憤怒（通常採間接表達的方式）。

ＥＱ較高的女性較能直接表達感受，富自信，覺得生命有意義，和男性一樣外向合群，能適度表達感覺（而不會突然爆發情緒但事後又懊悔），善於調適壓力，容易結交新朋友，無處不自安，能表現幽默的創意，能坦然享受感官的經驗。與高ＩＱ女性不同的是，這種人甚少覺得焦慮、愧疚或陷入憂思。

這幾種典型當然是很極端的，多數人都是ＩＱ與ＥＱ的不同組合。但上面的敘述可幫助我們分析與了解個人特質。而兩者相較，ＥＱ仍是使我們成為完整個人的更重要因素。

CHAPTER 4

認識自己

日本有一則古老的傳說，一個好勇鬥狠的武士向一個老禪師詢問天堂與地獄的意義，老禪師輕蔑地說：「你不過是個粗鄙的人，我沒時間跟你這種人論道。」

武士惱羞成怒，拔劍大吼：「老漢無禮，看我一劍殺死你。」

禪師緩緩道：「這就是地獄。」

武士恍然大悟，心平氣和納劍入鞘，鞠躬感謝禪師的指點。

禪師道：「這就是天堂。」

武士的頓悟說明了人在情緒激昂時往往並不自知，蘇格拉底的名言「認識自己」所指的，便是在激昂的當刻要掌握自己的情感，而這也是最重要的一種EQ。

乍看之下，自己的感受似乎再明白不過了，但讀者不妨仔細想想，是否有時對自己真正的感受一片茫然，或是事過境遷才了悟當時的感受。心理學家以**後設認知**

（metacognition）一詞表示對思想過程的認知，**後設情緒**（metamood）則表示對情緒的知覺。我則偏好以**自覺**（self-awareness）來表示對內心狀態持續的關注[1]，所謂內心狀態自是包括情緒[2]。

這種知覺很接近佛洛伊德所謂的「均衡懸浮的注意」，他認為從事心理分析的人便須具備這項特質，亦即對一切事情賦予客觀的注意，關注但不做反應。有些心理分析師稱之為「旁觀的自我」，分析師一邊檢視自己對病患談話的反應，同時留意病患心中對自由聯想的反應[3]。

這種自覺似乎必須在新皮質被激活的情形才可能發生，尤其是語言皮質區，因為你必須同時認知並指明是哪一種情緒被激發。所謂自覺是指專注力不因情緒的干擾而迷失、誇大或過度反應，反而在情緒紛擾中仍可保持中立自省的能力。作家威廉．史泰隆（William Styron）自述其嚴重抑鬱的心境時，有很生動的描述：「我感覺似乎有另一個我相隨——一個幽魂般的旁觀者，心智清明如常，無動於衷而帶著一絲好奇地旁觀我的痛苦掙扎。」[4]

有些人在自我觀察時確實對激昂或紛擾的情緒沉著了然，從自身的經驗退開一步，平行並存著另一層超然的意識流，恍如另一個我浮升半空冷靜旁觀。再舉個例子，當你對另一人怒不可遏時，可能同時自省「我現在正怒不可遏」。前者是入戲的演員，後者是演員身兼旁觀的導演。從知覺的神經機轉來看，這可能是因為新皮質積極監督情緒的運作，而這也是發揮自制力或其他ＥＱ的首要基礎。

套用新罕布夏大學心理學家約翰．梅耶的話，自覺可言簡意賅的定義為「同時知覺吾人之情緒及對此情緒之想法」，ＥＱ的理論正是梅耶與耶魯的沙洛維共同創造出來的。自覺也可解釋為對內心狀態不加反應或評判的注意。不過梅耶也發現自覺不見得都是冷靜泰然的，有時候你會告訴自己「我不應該有這種感覺」「我不過是在故作樂觀」，或是表現出比較局限的自覺，碰到極度不快的事時告訴自己「不要去想」。

對感覺有知覺是否一定會設法去改變？梅耶發現這兩者關係極密切，能認知自己心情不佳的人多半有意擺脫，但不一定會克制衝動。譬如說一個孩子憤怒地打了玩伴一下，我們告訴他不可以打人，雖可制止他的行動，卻不能澆息他的怒火。他心裡很可能仍專注在引發憤怒的根源（他偷了我的玩具）。自覺對抒發強烈的負面感覺較有效果，如果你能清楚知道「我現在的感受是憤怒」，便擁有較大的轉圜空間，可以選擇發洩，也可以決定退一步海闊天空。

梅耶分析一般人對待情緒的態度有三種模式：

- **自覺型：**這種人非常清楚自己的情緒狀態，甚至構成其性格的基調，自主性強，進退得宜，心理健康，樂觀向上。情緒不佳時不會憂思終日反覆思索，能很快走出陰霾。簡而言之，這種人較善於管理情緒。

- **難以自拔型**：這種人常覺得被情緒淹沒，無力逃脫，情緒善變而不自覺。又因自知無力掌控情緒，索性聽任自己深陷低潮。
- **逆來順受型**：這種人通常很清楚自己的感受，但逆來順受，不求改變。這又可分為兩種亞型，一種情緒長保愉快，因而缺乏改變的動機；一種經常情緒惡劣但採取自由放任的態度，認命型的抑鬱病人便屬此型。

激情與淡漠

假想你搭乘從紐約飛往舊金山的飛機，一路順暢，但接近落磯山區時麥克風傳來機長的聲音：「各位女士先生，前有亂流，請回到座位上繫好您的安全帶。」不久飛機果真遭遇亂流，強度是你此生所未見，機身像海中浮球似的上下左右搖擺。

這時候你會怎麼做？是埋首書報、繼續看電影，根本不管什麼亂流？或是趕快拿出緊急逃生說明卡研究研究？或看看空服員臉上是否流露出驚慌的神色？或是豎起耳朵聽聽看引擎聲音是否異常？

你的選擇便代表你在壓力下最偏好的注意模式。上述問題是天普（Temple）大學心理學家蘇珊·米勒（Suzanne Miller）設計的，目的是測試一個人在面對困境時，屬於會審慎評估所有細節的警覺型，或相反的會採取逃避的態度，這兩種態度嚴重影響每個人的情緒反應。那些在困境中提高警覺的人，無形中誇大其反應的強度，尤以缺乏冷靜自覺能力者為然，結果是情緒愈來愈強烈難抑。在困境中設法轉移注意力的人，對自己的反應較少注意，自然縮減反應的規模與強度。

如果要劃分成兩大極端，一端是情緒知覺敏感到難以承受的人，另一端的人則幾乎沒有任何知覺。舉個例子，某夜一個大專生發現宿舍著火，立刻去找來滅火器滅火。這聽來十分尋常，問題是他在整個過程中不是跑步，而是慢條斯理地慢慢走。為何會如此？原來他並不覺得這是緊急事故。

告訴我這個故事的是伊利諾大學心理學家愛德華·狄納（Edward Diener），他專門研究情緒經驗的**強度**。在他蒐集的個案中，上述大專生的情緒經驗之淡薄是極特殊的案例。基本上他是個沒有熱情的人，極少有任何感覺，甚至碰到火災也不覺得緊張。

與此相反的是一個婦人的極端例子。她會因為丟掉心愛的原子筆而終日惶惶，某次她看到一家高級鞋店大拍賣的廣告，興奮不已，立刻放下手邊的事，開了三個小時的車去芝加哥。

狄納發現，一般而言，女人對正負面情緒的感受都比男人強。撇開性別差異不談，感覺敏銳的人的確擁有較豐富的情感生活，碰到些微的刺激，情緒便如洪水氾濫，有時欣喜若狂，有時痛不欲生。另一個極端的人即使身歷絕境，也鮮少有任何強烈的感受。

沒有感覺的人

蓋瑞的未婚妻愛蓮對他非常不滿。雖然蓋瑞是個聰明、思慮周密而成功的外科醫師，卻非常平淡乏味，對任何感情表現都毫無反應。談到科學藝術他可以辯才無礙，至於感情方面，他連在愛蓮面前都顯得木訥。無論愛蓮如何努力激發他的熱情，他還是淡漠如故。後來在愛蓮的堅持下，蓋瑞去看心理醫師，自承「無法自然表達感受，事實上也沒什麼好說的，因為根本沒有任何強烈的感受，不管是負面或正面的」。

對蓋瑞的淡漠感到苦惱的不只是愛蓮一人，蓋瑞告訴心理醫師，他一生中從未能對任何人坦承心裡的感受，原因是他根本不知道自己有什麼感受；他感受不到憤怒、悲傷或快樂。

蓋瑞的心理醫師指出，情感的淡漠使得蓋瑞這樣的人生活平淡無味。「任何人都會覺得他無趣，也因此他們多是被妻子強迫來就醫的。」這種人患的是心理治療醫師所謂的**情感表達障礙**（alexithymia），意指無語可表達感受。這種人似乎根本沒有感覺可言，然而這也可能是因為他們沒有**表達**的能力。首先注意到這種病的是一些心理分析師，他們發現有一類人根本無法以心理分析法治療，因為他們沒有感覺、幻想和多采多姿的夢；簡而言之根本沒有內在的情感生活可資討論。這類病人的臨床特徵包括描述自身或他人的感受時有困難，情緒方面的語彙非常有限，而且無法辨別不同的情緒以及情緒與身體感受的差異。譬如說他們會自述胃部作嘔、心悸、冒汗、暈眩，卻不知道這叫作焦慮。

情感表達障礙一詞是哈佛心理治療醫師彼得·西佛尼奧斯（Peter Sifneos）在一九七二年發明的，他對這種病的敘述是：「他們給人的印象恍如外星人，從另一個世界來到這個以情感主導的人類社會。」這種病人很少哭泣，但一哭起來眼淚不斷。不過你如果問他為何哭泣，他又茫然無言以對。有個病人看了一場悲劇電影，敘說一名八個子女的母親罹患癌症瀕臨死亡，看完電影當晚，這個病人哭著睡著。心理醫師告訴她，也許因為電影讓她想起死於癌症的母親，才會如此悲傷，病人聽了卻茫然不發一語。接著心理醫師問她現在有何感覺，她說只覺得不舒服，卻說不出如何不舒服。病人又說有時會哭泣，但從來不確知是為什麼而哭。

這也正是問題的關鍵。情感表達障礙病人並非毫無感覺，而是不確知是哪一種感覺，尤其無法訴諸語言。也就是說他們缺乏基本的ＥＱ，亦即對自身感受的自覺能力。一般人總以為自己的感覺當然自己知道，情感表達障礙病人恰是一個反證，他們完全是茫無頭緒。當某人或某事使他們有所感時，他們只覺困惑而難以承受，會不計代價去逃避；所有的情緒歸結起來都化約成不舒服的感覺，就像前面看過悲劇電影的病人所經驗的。

混淆的結果使病人在情緒不佳時會誤以為**身體不適**。心理醫師對情感表達障礙病人特別留意，主要是為了將他們與其他病人區別開來，以免耗費時日為沒有患病的身體尋求治療。

目前尚無法確知情感表達障礙的真正原因，西佛尼奧斯懷疑這導因於邊緣系統與新皮質（尤其是語言中樞）的不相連接，這與目前對情緒中樞的了解頗相吻合。西佛尼奧斯指出，有些病人因嚴重抽筋而必須手術切除此一連接，結果變得和情感表達障礙病人一樣淡漠，無法將內心感受訴諸語言，且突然喪失幻想力。病人的情緒中樞仍會有感覺反應，但新皮質已無法加以整理區分，再化為語言的形式。亨利．羅斯（Henry Roth）在小說《睡眠》（*Call It Sleep*）中談到語言的力量：「只要你能將感覺化為語言，那就是屬於你的感覺。」而情感表達障礙的病人其困境正是因找不到語言而無法擁有自己的感覺。

直覺萬歲

艾利亞特的額頭正後方長了一個橘子大小的瘤，醫生將它完全切除了。手術相當成功，但認識他的人都說他性情大變，再也不是以前的艾利亞特。他原來是個頗有成就的律師，現在卻一天到晚換工作；老婆和他離婚；他因不當投資花掉所有積蓄，現在委身在哥哥家。

艾利亞特的問題非常特別。智能上他和以前一樣聰明，但完全不會運用時間，常為小事躊躇半天，遭人斥責也不知改過，因而被多家法律事務所開除。智力測驗顯示艾利亞特的心智毫無問題，但他為了得到殘障補助又去看神經科醫生，表面看起來艾利亞特似乎在裝病。

艾利亞特找的神經科醫師正是戴馬西歐，後者發現艾利亞特缺少一項重要的心理元素：他的邏輯、記憶、專注力及其他認知能力都毫無問題，卻完全不知道自己對自己的遭遇有何感覺。艾利亞特可以絲毫不帶感情地敘述他的失敗與失去的一切，像個不相干的旁觀者似的，完全沒有懊悔、悲傷、挫折感或憤憤不平。也就是說，他的悲慘遭遇並未帶來痛苦，戴馬西歐聽了他的故事以後甚至比他還難過。

戴馬西歐發現，艾利亞特的淡漠源於手術時同時切除了前額葉的一部分，亦即斬斷了低級中樞（尤其是杏仁核及相關路徑）與新皮質思考中樞的連接。艾利亞特的思想變得電腦化，可清晰評估每項決策的正反利弊，卻無法賦予一定的**價值**，於是每個選擇都是中性的。戴馬西歐認為，這種過度冷漠的推理可能就是問題的核心：對自己的感覺太缺乏知覺，以致推理結果錯誤頻生。

病人甚至在面臨極瑣細的決定時也會出問題。譬如說戴馬西歐要與艾利亞特約定下次看診的時間，對他的每一項提議艾利亞特都能提出正反意見，但就是無法做出決定。從理性層面來看，當然每個時間都有接受或反對的絕佳理由。問題是艾利亞特完全不知道自己對任何時間有什麼**感受**，也就無法產生任何好惡。

艾利亞特的猶豫給我們一個啟示：感覺是引導我們走過人生無數抉擇的重要力量。從事理性判斷時，強烈的感覺也許會敗事，完全**沒有**感覺也同樣不堪設想，尤其是面臨人生的重大抉擇，諸如事業方向的選擇，應該保留穩定的工作或換一個較不穩定但較有趣的工作，約會或結婚的對象，居住地點，要租或買房子等等。理想的決定不能靠純粹的推理，還要靠直覺和過往經驗累積的情緒智慧。朋友、配偶、甚至工作的選擇都不能單憑邏輯推演，在這些方面，缺少感覺的理性反而是盲目的。

戴馬西歐稱這種直覺為身體的指示器，功能類似自動警示器，提醒我們注意某種行為的潛在危險，指引我們依據經驗**避開**兇險，或是把握良機。通常當刻我們不會記得所根據的是過去哪一段經驗，事實上這也不重要，重要的是收到清楚的警訊。一旦這種直覺浮現，我們對原先選擇的大方向立刻深具信心，從而縮小進一步抉擇的範圍。因此個人決策的一個重要訣竅就是：聆聽自己的感覺。

探測無意識

艾利亞特的淡漠讓我們想到，每個人對情緒的感知能力可能有各種程度的差異。根據神經科學的邏輯推論，如果缺少某一神經路徑會導致某種能力的喪失，該神經的相對強弱應會影響該種能力的強弱。我們又知道前額葉對協調情緒的重要，由此可進一步推論有些人較容易察覺恐懼或快樂，亦即擁有較敏銳的情緒自覺。

我們甚至可以說，心理的內省能力與這部分的神經很有關係。有些人天生便對情感的特殊表現形式如象徵、比喻、詩歌、寓言等比較敏感，這些都是以感性的語言寫成的。以自由聯想為主要敘述模式的夢想與神話，遵循的也是情感世界的邏輯。天生善於聆聽內在聲音的人，自然能更流利地表達情感的語言，小說家、作曲家、心理醫師無不是這一類人。這種天賦使他們更適於為無意識的智慧發聲，解讀所有夢與幻想的意義，以及內心最深層渴望的象徵。

自覺是領悟力的基礎，也是心理治療所欲建設的重點。像嘉納便認為內省智力的最佳典範，便是心靈神秘國度的偉大繪圖者——佛洛伊德。佛洛伊德認為絕大多數的情緒活動都是無意識的，不是所有感覺都會浮到意識層。這個觀念已獲實驗證實，譬如說人們可能並未察覺見過某事物，卻可以有明確的好惡感。事實上，任何一種情緒都可能是無意識的，甚至常常如此。

比如人常在尚未知覺有某種感受以前，已出現該種感受的生理反應。舉例來說，當怕蛇的人看到蛇的圖片時，皮膚的感受器可察覺汗水冒出，這是焦慮的徵兆，但這個人並不感覺害怕。甚至在圖片只是快速閃過時，此人未明確意識看到什麼，當然也未開始感到焦慮，還是會有冒汗的現象。當這種前意識期的情緒刺激持續增強，最後終將突破到意識層。可以說我們都有意識與無意識兩層情緒，情緒跨入意識層的那一刻，表示在前額葉皮質有了紀錄。

在意識層之下，低溫沸騰的情緒嚴重影響我們的看法與反應，雖則我們對此茫昧無所覺。譬如說你早上碰到一個很沒有禮貌的人，之後好幾個小時都因此煩躁不安，疑神疑鬼，亂發脾氣。但你對這意識底層的情緒鼓譟一無所覺，別人提醒你時還頗為訝異。一旦這個反應浮到意識層（亦即在皮質留下紀錄），便可重新進行評估，決定是否拋開早上的陰影，換上輕快的心情。從這個意義來看，我們正可從情緒自覺這個基礎上建立下一項EQ，亦即走出惡劣情緒的能力。

CHAPTER

5

激情的奴隸

面對命運的順逆，你同樣心存感激……世上若有人能逃脫激情的桎梏，我便衷心地敬服他，就像我敬服你一樣……

——哈姆雷特對何瑞修之言

自柏拉圖以降，自制力一直被視為一種美德，亦即要能抵擋因命運的衝擊產生的情感波濤，不可淪為激情的奴隸。古希臘文稱自制為sophrosyne，希臘文專家佩吉．杜博斯（Page DuBois）解釋這個字的意思是：「謹慎、均衡而智慧的生活態度。」羅馬與早期的基督教會則稱之為節制，意指避免任何過度的情緒反應。其中的關鍵是均衡而不是情感的壓抑，要知道任何一種情感反應都有其意義與價值。人生如果沒有激情將成為荒原，失去生命本身的豐富價值。然而正如亞里斯多德所說的，重要的是情感要**適度**，適時適所。情感太平淡，生命將枯燥而無味，太極端又會成為一種病態，抑鬱到了無生趣、過度焦慮、怒不可遏、坐立不安等都是病態。

克制不愉快的感受正是情感是否幸福的關鍵，極端的情緒（太強烈或持續太久）是情感不穩定的主因。但這並不是說我們只應追求一種情緒，永遠快樂的人生未免也太平淡。痛苦也是生命一劑重要成分，痛苦能使靈魂昇華。

苦樂同樣使人生多彩，重要的是苦樂必須均衡。如果說人心是一道複雜的數學，幸福感便取決於正負情感的比例。這個比喻是有理論根據的，曾有人就數百名男女做過研究，請他們隨身帶著呼叫器，研究人員不定時提醒他們記錄當時的情緒。結果發現，一個人要覺得滿足不一定要避開所有不愉快的感受，重要的是不可讓激烈的情緒失控取代所有愉快的感受。一個人即使感到強烈憤怒或沮喪，只要有相當的快樂時光相抵銷，還是會有幸福感。研究也發現，學業成績或ＩＱ與情感幸福的關係微乎其微。

正如人的腦子總是不斷會想些什麼一樣，情緒也是持續存在的，不管是清晨六點或晚上七點，前述的研究對象總會有某種情緒可資記錄。當然，一個人各種時候的情緒都是不同的，但如果拿幾週或幾個月的紀錄做平均，多少可反映一個人的整體幸福感。對多數人而言，極端的情緒都很少見，大部分人都處於中間的灰色地帶，在情緒的起伏線上不斷有一些小小的波紋。

然而我們仍無時無刻不在做情感管理的工作，尤其是休閒時間。不論是讀小說、看電視、選擇做什麼活動、與誰為伴，都是為了讓自己覺得更愉快。自我安慰是一種基本的生命技巧，部分心理分析家，如約翰．包爾比（John Bowlby）及溫尼卡特（D. W. Winnicott）都認為這是最重要的心理技巧。情感較健康的嬰兒會學習以成人照顧他們的方式來自我安慰，也因而較不易受情感波動的影響。

由於人腦的特殊構造，我們對自己**何時**受**何種**情緒左右殊少控制能力，但我們對情緒持續的**久暫**確實有些許控制力。尋常的悲傷、憂慮、憤怒並不會造成太大的問題，只要一點耐性與時間，這些情緒通常會慢慢消失。但如果太過強烈又持續過久，則可能流於極端，會形成長期的焦慮、難以遏止的怒氣或抑鬱。一旦積重難返，可能便需要接受藥物或心理治療。

如果你能判斷自己在沒有藥物協助下承受情緒長期不安的極限，便足見你具備自我調適情感的能力，事實上，三分之二的躁鬱症患者從未接受治療。患者時而抑鬱無生趣，時而興奮昂揚，所幸有些藥物可達到緩和的效果。躁鬱症患者最難纏的地方是，患者陷入躁狂狀態時，常有自大傾向，認為不需要任何人的幫助。這類嚴重的情緒障礙確實需要仰賴藥物的協助。

至於一般性的不快情緒，只有靠我們自己去克服。凱斯西儲大學（Case Western Reserve University）心理學家黛安・緹絲（Diane Tice）曾就四百多名男女進行不快情緒的管理研究，發現自我調適的方式多半不是很有效。

研究顯示，並不是每個人都認為一定要擺脫不快情緒，緹絲發現約五%的人是「情緒中立派」，這種人認為任何情緒都是自然的，不管多麼不快都應體驗，因此從不嘗試改變情緒。甚至還有人為了某些理由經常投入不快的情緒，如醫師要凝重地向病患宣布壞消息，社會運動者要積蓄對不義的憤怒才能更有鬥志，甚至一個少男可能為了幫助弟弟對付不良少年而故意激起怒氣。有些人控制情緒的出發點根本是功利的，例如催收帳款的人可能故意鼓起兇悍之氣，以免催債時態度不夠強硬，不過這些畢竟是少數特例。絕大多數的人都苦於無法自如地控制情緒，每個人的調適效果也的確因人而異。

解析憤怒

假想你正在開車，突然一輛車子快速超過，幾乎發生擦撞。你的立即反應可能是「這個渾蛋！」至於你的怒氣接下來如何發展，端視你的想法是否偏向憤怒與報復的方向，例如：「這傢伙差點撞到我，絕不能放過他！」這時你可能因抓緊方向盤而指節發白，彷彿正掐著那個人的脖子。你的身體進入預備戰鬥的狀態，微微顫抖，額頭冒汗，心跳加速，滿臉怒容。你簡直想把那傢伙殺了。這時如果後面有部車子因你速度減慢而猛按喇叭，你的怒氣很可能轉移到這個新對象。馬路上的橫衝直撞，甚至一言不合當街鬥毆，常常就是這樣發生的。

如果你的想法是比較慈善的：「也許那個人沒看見我的車，或者發生緊急事故要趕時間。」這時你的善意克制了怒氣，起碼你寬大的心胸聯想到多種可能性，怒氣也就無由勃發。亞里斯多德說人只應有**適度**的怒氣，的確，憤怒是很容易失控的。富蘭克林也說：「任何人發怒多是有理由的，只是很少是教人信服的理由。」

怒氣也有很多種，前面所說的路上遇到亂開車的人而怒氣上升，可能是杏仁核引起的。較處心積慮式的憤怒則由其他構造（如新皮質）負責醞釀，諸如冷靜計畫如何對不公不義之事採取報復行動。這種憤怒最易附帶富蘭克林所說的「合理的理由」，或是給人這樣的印象。

在所有不愉快的情緒中，憤怒似乎是最難擺脫的，緹絲便發現憤怒是人類最拙於控制的情緒。憤怒是最具誘惑性的負面情緒，憤怒的人常會在內心演繹一套言之成理的獨白，最後發展成發洩怒氣的合理藉口。憤怒與悲傷不同，憤怒能帶給人力量，甚至是激昂的生命力。也許就因為如此，一般人常說憤怒是無法控制的，或者說憤怒是健康的宣泄，根本

不應加以抑制。另一派則持完全相反的看法，認為憤怒絕對可以預防。但我們如果仔細看看相關研究結果，會發現這些常見的看法不是有誤導之嫌，就是大錯特錯。

引發憤怒的思緒同時也是澆息怒火的關鍵所在，亦即從根本拔除憤怒的種籽。當我們花愈長的時間思索引發憤怒的原因，便愈能編織出合理的理由。深思使怒火更旺盛，改變思考的角度則可能平息怒氣，緹絲發現重新以更樂觀的心態看事情，是平息怒氣的最佳利器。

勃然大怒的「激流」

這項發現與阿拉巴馬大學心理學家道夫．齊爾曼（Dolf Zillmann）的研究不謀而合，齊爾曼曾進行長期而審慎的實驗，就憤怒做精確的測量與解析。人在面對威脅時會有戰或逃的反應，齊爾曼發現憤怒常源自戰的反應，其中最普遍的原因是覺得自身遭遇危險。所謂危險不一定是身體上的威脅，更常常是自尊損傷，遭受不公或粗魯的待遇，被污辱或貶低，追求個人重要目標時受挫等等。這種危機感會引發腦部邊緣組織的衝動，造成兩種效果。其一是分泌一種叫兒茶酚氨（catecholamines）的賀爾蒙，快速激發一股能量，誠如齊爾曼所說的，足以「演出一段戰或逃的激烈行為」。這股能量可持續數分鐘，讓身體進入準備狀態，至於是準備戰或逃，端賴腦部對當時的狀況所做的評估。

同時杏仁核刺激腎上腺皮質，使身體進入整體警戒狀態，且持續時間較久，可能數小時甚至數天，使情緒中樞維持特殊的警覺程度，據以快速做出後續的必要反應。一個已被激怒或有些煩躁的人，通常較容易因新的刺激發怒，這就是腎上腺皮質在作怪。任何壓力都會刺激腎上腺皮質，降低引發怒氣的刺激門檻。譬如說一個人平常在家中看到孩子吵鬧並不會生氣，但工作不順利時很可能便會小題大作，勃然動怒。

齊爾曼的這些關於憤怒的見解，都有審慎的實驗根據，他的一項實驗是請一個人（某甲）故意激怒一群志願參與實驗的男女，方法是以言語冷嘲熱諷。接著讓實驗者看一段影片，然後請他們替某甲打成績，做為是否錄用某甲從事一項職位的依據（這當然是假的）。結果發現實驗者的報復心理與剛看過的影片有直接關係，看過不愉快影片的一組給的分數最低。

怒上加怒

有一天我在超市購物時看到一齣常見的生活鬧劇，一名少婦對年約三歲的兒子一個字一個字地說：「放……回……去！」

「我**要**買！」小孩子吵著，手上的忍者龜抓得更緊。

「放回去！」少婦聲音更大，顯見怒氣正上揚。

這時坐在購物車上的另一名幼兒手上抓著的一瓶果醬突然掉到地上跌破了，少婦盛怒之下打了幼兒一巴掌，奪過兒子手上的忍者龜隨手丟到貨架上，攔腰抱起他，快步走出去，購物車搖搖晃晃地往前推。車上的幼兒大哭起來，被抱著的兒子兩腳離地晃蕩著，抗議道：「放我**下來**，放我**下來**！」

這個故事很可以齊爾曼的研究來解釋。齊爾曼發現一個人如果已處於繃緊狀態，若再因某事導致情緒失控，不管這情緒是憤怒或焦慮，總是特別強烈。勃然大怒通常便是這樣發生的。齊爾曼指出一個人會愈來愈生氣，常常便是「源自一連串的刺激，導致難以消散的激憤反應」。每一個引發後續怒氣的思維或感覺都成為新的刺激，促發另一波杏仁核分泌賀爾蒙，加上先前分泌的賀爾蒙，產生推波助瀾的效果。第一波怒火尚未平息，第二波趁勢興起，逐漸興風作浪起來。後來的刺激比最初的怒氣強烈得多，怒上加怒，情緒中樞便沸騰起來。這時如果理智無法控制，便可能怒髮衝冠，一發不可收拾。

憤怒時人會變得毫無寬恕能力，甚至不可理喻，思想盡是圍繞著報復打轉，根本不計任何後果。齊爾曼指出，這種高度激昂的反應會給人「力量與勇氣的錯覺，激發侵略心理……」。若一時失去理智，便可能訴諸最原始的反應。這時邊緣系統刺激增強，人的行為受原始生存動力所導引。

平息怒火

經過這一番解析，齊爾曼繼而指出截斷怒氣的兩個主要方法。其一是檢視引發怒火的想法，因為這是促使一連串怒火勃發的始作俑者，後續的思維則有搧風點火的效果。採取這個方法的時機非常重要，簡而言之，時機愈早效果愈大。事實上，如果能在發作以前投入緩和的因素，是可以完全澆滅怒火的。

齊爾曼的另一項實驗顯示，諒解的心是最佳滅火劑，實驗中一個粗魯的助理故意侮辱試騎腳踏車的實驗參與者。事後實驗者同樣有機會報復（同樣是打分數做為助理的就職依據），結果他們都幸災樂禍地打了低分。但在另一次實驗中，侮辱事件發生後，有一個女孩進來請助理聽電話，同樣被助理冷嘲熱諷。但女孩並不以為意，還為他解釋，說他最近因為要參加畢業口試壓力很大。事後實驗者同樣獲得報復的機會，但他們不但不加以報復，反而對那位粗魯的助理感到同情。

這種緩和的因素可讓人重新評估引發怒氣的事件，不過這個方式有一定的限度。齊爾曼發現只有輕微程度的憤怒才有效，如果當事人已是勃然大怒，則會因「認知的無能」而失去效果，也就是說發怒者已無法好好思考。這時候發怒者的反應可能是「那是他活該」，或甚至惡言相向。

冷卻、冷靜

我十三歲那年，有一次在盛怒之下離家出走，發誓再也不回家了。那是個美麗的夏日，我在恬靜的巷道走了很久，周遭的靜謐與美好逐漸使我心情平靜下來。幾個小時後我懷著愧疚回家了，幾乎有一種溫柔的感覺。自此以後，每當憤怒時我便出去走一走，我發現這是最好的方式。

關於憤怒的最早期科學研究紀錄時間是一八九九年，敘述者是參與實驗的人。這是平息怒火的第二種模式：走入一個怒火不會再被激起的場域，讓腎上腺素慢慢消退，激昂的生理狀態漸漸冷卻。同樣的道理，兩個憤怒爭吵的人最好先分開一下子。在冷卻期間，發怒者可將注意力轉移到其他事情，以免負面思維繼續惡化。齊爾曼指出，轉移注意力非常有助於改變情緒，理由很簡單：從事愉快的活動時很難維持怒氣。當然，最重要的是如何讓怒氣冷卻到**可以**從事愉快的事。

緹絲研究過一般人平息怒氣的方法，與齊爾曼的分析頗有吻合之處。緹絲發現一個常見的方法是：獨處以便讓怒氣冷卻，很多男性的獨處方式就是開車兜風，這項發現頗值得玩味（緹絲自己在開車時便思索過這個問題）。不過，比較安全的方式可能是走一走。此外，深呼吸或放鬆肌肉等鬆懈的方式也很有幫助，可能是因為這可以使身體從憤怒的高度警戒狀態改變過來，也可能是因為注意力可從憤怒的原因轉移開來。劇烈運動也有類似的效果，身體經過高度的活動，一停下來便會回復低警戒狀態。

但如果你在冷卻期間不斷思索引發憤怒的事件，當然就達不到冷卻效果，因為每一線思維都是一條導火線。轉移注意力的根本意義就是讓你暫停憤怒的思考。緹絲研究發現，多數轉移注意力的活動都有助於平息怒火，諸如看電視電影、閱讀等。但瘋狂採購或大吃大喝則沒什麼效果，因為你在逛街或暴飲暴食時，可能仍在思索引發憤怒的事件。

易怒的人較容易罹患心臟病，杜克大學心理治療專家瑞佛．威廉斯（Redford Williams）為了協助這些人克制怒氣，遂研究出一些方法，例如一發現自己有不平或憤世嫉俗的想法時立刻寫下來，如此便可重新加以評估。不過，齊爾曼發現這個方法在怒氣尚未升高成怒火以前較有效。

發洩有效嗎？

有一次我在紐約搭計程車，車子前面站著一個年輕人等著過馬路。計程車司機急著要開走，按喇叭示意年輕人走開，得到的回答是一臉怒容與代替三字經的手勢。

「狗娘養的！」司機叱罵一聲，煞車油門一起踩，彷彿要直撞過去。年輕人陰沉著臉略移開腳，但用拳頭打了車一下。當然，這又引發司機一連串污言穢語。

一路上司機仍餘怒未消地對我說：「這年頭誰的氣也不必受，都得吼回去，至少心裡會爽快一點。」

有些人認為發洩怒氣不失為處理憤怒的好方法，一般的說法就是「心裡會爽快一點」。但齊爾曼卻有不同的發現。事實上，自一九五〇年代以來就有心理學家做過發洩怒氣的實驗，也一再發現這對平息怒火效果微乎其微（雖則因為憤怒本身的特殊激昂感，發洩者可能會一時**覺得**爽快）。在某些情況下發洩或可達到出氣的效果，直接發洩在憤怒的對象身上，讓你重新取回掌控權或覺得正義得到伸張，或是給予對方「適度的懲戒」，使其幡然悔悟而又不會對你施以報復。然而，怒火一發足以燎原，這些條件說起來容易，做起來難上加難。

緹絲發現發洩怒氣是冷卻怒火最糟糕的方式，發作時常會使情緒中樞火上添油，結果只是更加憤怒，或使憤怒的情緒更加延長。比較有效的方式是先冷卻一段時間，然後以較建設性的態度與對方面對面找出解決方案。有人問西藏高僧丘揚創巴仁波切應如何處理憤怒，他的回答是：「不要壓抑，但也不要衝動行事。」

紓解焦慮

糟糕，滅音器的聲音聽起來怪怪的……需要送修嗎？現在哪花得起這筆錢……恐怕要動用到孩子的教育費……到時候付不起學費怎麼辦？上星期那張成績單真糟糕……萬一孩子的成績繼續往下掉，考不上大學怎麼辦？滅音器的聲音真的怪怪的……

像這樣的憂慮方式可以像八點檔的連續劇演個沒完沒了，最後又繞回原來的劇情。上述例子是由賓州大學心理學家莉莎貝絲．洛瑪（Lizabeth Roemer）及湯瑪士．包克維（Thomas Borkovec）提供的，他們對憂慮的研究已將這個問題由神經過敏的範圍，提升到科學的層次。憂慮的正面作用自是不待言的，深思熟慮的確可能找出解決問題的方法。憂慮其實就是對潛在的危險提高警覺，這是人類進化過程中的基本生存能力。當腦部接收到恐懼的刺激時便開始感到憂慮，從而將注意力集中在眼前的威脅上，迫使腦子暫時拋開其他事情，絞盡腦汁想出因應辦法。可以說憂慮是預演可能出現的問題，及早設計趨吉避凶的方案。

真正造成問題的是長期而重複的憂慮，惡性循環而永遠得不到解答。我們如果仔細分析，會發現長期性的憂慮具備所有低層次情緒衝動的特色；沒來由地感到憂心，無法控制，持續不斷，不可理喻地陷溺於對單一的事項憂心不已。若持續惡化，可能出現恐懼症、偏執、強迫性行為、驚惶失措等症狀。每一種症狀表現出對不同事物的憂慮，恐懼症者對可怕的情境特別憂心，偏執症者憂慮的是如何避免可怕的災難發生，恐慌症者憂心的是死亡或恐慌症發作。

這些症狀的顯著特徵是憂慮過度，譬如說有一位婦女因強迫性精神官能症接受治療，她每天都要花很多時間從事下列行為：每日數次花四十五分鐘洗澡，洗手二十餘次，每次五分鐘；坐下以前一定要用酒精或其他方式消毒椅子，而且絕不肯碰觸小孩或動物，她認為這些都是不潔的。這些行為的根本原因是對細菌的極端恐懼，她無時無刻不憂慮因感染病菌而死亡。

另有一位婦女因一般性焦慮症接受治療，醫師請她就憂心的事情做一分鐘的自白：

我可能無法說得很清楚，我恐怕以人為力量解釋很難反映真相，而我們一定要找出真相……否則我的病不會好。如果我不會好，永遠也快樂不起來。

這是很典型的憂慮症，患者被要求做一分鐘的陳述，結果才短短幾秒鐘，她已經陷入人生問題的思索：「永遠也快樂不起來。」憂慮者的思緒常循著這樣的方向，在腦中出現一個接一個的問題，且常會穿插一些想像的災難或悲劇。憂慮在腦中常以語言而非影像的形式上演，我們在控制憂慮時要特別留意這個現象。

包克維等人是在治療失眠症時開始就憂慮進行研究。專家早已指出焦慮有兩種形式：一是**認知**的，即憂慮的思緒；一是**肉體**的，即焦慮的生理症狀，如冒汗、心跳加速、肌肉緊繃等。包克維發現，失眠症的主要問題並不是肉體的，而是不斷入侵的思緒擾人。患者多是長期性的憂慮者，即使再睏也無法停止憂慮。解決的辦法是透過放鬆的練習，使患者的思緒專注在放鬆的感覺，簡而言之，就是以轉移注意力的方式讓患者停止憂慮。

但這個方法效果不彰，包克維認為原因可能與憂慮的正面效果有關。前面說過，憂慮是在預演潛在危機的因應方式，問題是憂慮通常無法達到這麼建設性的效果，我們很少因憂慮找出新的解答或觀點，更遑論長期的憂慮。憂慮者的思緒通常只是不斷縈繞著潛在的威脅，讓自己陷入恐懼之中，同時思考方向完全不脫舊有的模式。而且這種人會為各式各樣的事情憂慮（大多數根本不太可能發生），他們總是注意到別人不曾看到的人生困境。

但有些憂慮患者卻告訴包克維憂慮對他們有幫助，而且是一種無法終止的循環。為什麼憂慮會成為心理上的沉溺？包克維指出，這是因為憂慮和迷信一樣，你愈是相信就愈覺得可信。人們憂慮的很多事情，實際發生的機率微乎其微，如親人墜機身亡、破產等，結果便彷彿是憂慮產生了神奇的效果，使憂慮之事無由實現，就好像戴著護身符的人以為自己平安無事是護身符的功效。

新憂解舊愁

她為了到一家出版社工作從中西部搬到洛杉磯，不料不久出版社被收購了，她也因此失業。於是她開始從事自由寫作，但這是個很不穩定的工作，有時忙得做不完，有時連房租都付不起。她常要控制打電話的次數，而且出社會以來第一次沒有醫療保險，這一點讓她感到非常沒有保障。她開始對身體的狀況過度敏感，每次頭痛都懷疑是得了腦瘤，每次開車都想像自己出車禍，而且常陷入長時間的憂慮與沮喪，但又沒有能力擺脫。

包克維發現憂慮另外有一個意想不到的優點。陷入憂思的人似乎容易忽略因憂慮引發的焦慮感，到後來甚至會減輕焦慮感，這可以從心跳的變化得到印證。整個過程大概如下：首先你注意到某項事物，引發潛在危機的意象，而這想像的災難又會引發輕微的焦慮。於是你陷入一長串憂思，每一項都引發新的憂慮，但也因此使你的注意力不斷轉移到新事物上，而離開了原先引發焦慮的災難意象。包克維發現意象比思緒容易引發焦慮，因此只要不喚起災難意象，陷入憂思反而有助於減輕焦慮。從這個角度來看，新的憂慮正是消除舊憂慮的良藥。

然而長期的憂慮當然是不利的，因為長期憂思易陷入窠臼，鮮少產生突破性的解決方案。更嚴重的是，憂慮者不僅不斷重複同樣的思緒，腦部也會逐漸僵化，減損未來因應變局的能力。簡而言之，長期的憂慮有時可發揮一點小功用，但於大局無補；雖可使焦慮感略減，但絕對解決不了問題。

長期憂慮的人常聽到的一句勸告是「不要擔心就好了」（或更糟糕的「快樂一點」），這根本是不可能的。因為憂慮是一種低層次的杏仁核作用，通常是不招自來的，而且一旦來了便很難驅走。不過包克維經過多次實驗，確實發現了一些簡單而有用的步驟。

第一步要有自覺，盡早察覺憂思的發生，最好是瞬間的災難意象引發惡性循環的當刻。包克維曾訓練病患培養自覺，教他們注意焦慮的初期徵兆，認識引發憂慮的情況、思緒或意象，以及隨之而來的生理反應。經過練習的確可提早發掘憂慮的萌生。此外，他也教導病患在憂慮入侵時的放鬆方法，以及平常如何熟練放鬆的技巧。

光是放鬆當然不夠，同時要積極去除憂思，否則惡性循環還是會一再重演。因此下一步是嚴厲挑戰憂思：想想這可怕的事件發生的機率有多大？除了任其發生以外沒有其他選擇嗎？或者可以採取其他較建設性的方法？一再重複這些想法真的有益嗎？

思緒的克制加上建設性的質疑，對低層次的焦慮應可達到遏阻效果。你愈是做這方面的努力，愈可能阻斷腦部邊緣系統的刺激。此外，積極進入放鬆狀態，也有助於抵制腦部發給全身的焦慮訊號。

包克維指出，上述方針都有助於阻遏憂慮。如果你任由自己一直憂慮下去，愈會覺得事情的確值得憂心。但只要嘗試從多種角度去思索，你的憂慮便會開始動搖。事實證明，即使憂慮成疾的人都可經由這個方法慢慢走出憂慮。

但如果你的憂慮症已嚴重到成為恐懼症、強迫性精神官能症或恐慌症，應考慮尋求藥物治療，事實上這才是自覺的表現。不過，要預防治療完畢後憂慮再度來襲，仍須接受情緒控制的訓練。

憂鬱處理

一般人最費力擺脫的情緒是悲傷，緹絲研究發現每個人走出憂傷的方式也是最多樣的。當然，悲傷不見得都是不好的，憂傷和其他情緒一樣有其作用。譬如說，失去親人的悲傷會使我們對一切娛樂失去興趣，專注思索失去的一切，暫時使人失去從事新事務的動力。簡而言之，這種悲傷將迫使人暫離擾攘的生活，退而做一些重要的省思；深思所失者代表何種意義，最後經過一番心理調適，修正新的人生方向。

失落的悲傷有一定的功能，沮喪卻是負面的。作家史泰隆稱之為「心病的種種可怕形式」，包括自怨自艾、自覺無用等感受，「灰暗無生趣，憂傷排山倒海而來，充滿恐懼、疏離感以及最可怕的、令人窒息的焦慮。」而後理智也開始受損，出現「混亂、注意力無法集中、記憶衰退」等現象，到後期心智「充塞混亂的扭曲思緒……自覺思想被無以名狀的浪潮吞沒，再也無法感受人世的樂趣」。身體方面也有種種症狀：失眠，宛如行屍走肉，「陷入一種麻木、衰弱以及奇怪的無力感……」同時生趣盡失：「食物及其他感官享樂都味同嚼蠟。」最後連希望也煙消雲散，「心中漸漸淹漫一種恐怖感」，因為絕望愈來愈像具體可觸的痛楚，甚至使人懷疑自殺是否是最好的解脫。

在這樣嚴重抑鬱的情況下，生命已形同癱瘓，完全沒有生機。抑鬱的症狀顯示的是生命的停滯。對史泰隆而言，藥物與心理治療已沒有幫助，後來他住進療養院休養了一段時間才慢慢復元。但多數人（尤其是情況較輕微的）確實可借助心理治療或藥物，除了時下最流行的百憂解（Prozac）以外，還有十餘種藥物可以選擇。

不過這裡所要討論的是，還不到就醫程度的一般性憂鬱，多數人都可以自行調適，走出消沉。但一般人常用的方法會造成反效果，使情緒更加消沉。譬如說，很多人悲傷時選擇獨處，但獨處很容易增添孤單孤立的感覺。根據緹絲的研究，一般人抵抗消沉最常用的方式是交際：出去吃頓飯、跳跳舞或看電影，總之就是與朋友或家人一起做點什麼。這個方法如果能讓你暫時忘掉悲傷，自是效果絕佳。但如果你一直在思索悲傷的原因，只會使消沉的情緒更加延長。

事實上，消沉的情緒何時終止與思緒沉溺的程度有直接關係。愈是為使你自己消沉的事反覆憂心，消沉的情緒愈是強烈而持久。沮喪的人會為很多事憂心，但都與沮喪有關，如憂心自己是如此疲倦、沒有精神、缺乏動力、什麼事都沒做等，但絕少想到如何以具體的行動改善問題。沮喪者憂心之事還不止於此，在這方面做過深入研究的史丹佛大學心理學家蘇珊．諾倫霍克西瑪（Susan Nolen-Hoeksema）舉例說：「你可能會把自己孤立起來，想著自己的心情是如此低落，又擔憂配偶可能會因此排拒你，或是晚上是否又會失眠。」

有些人會辯稱這樣反覆憂思是為了「更認識自己」，但事實上這不但無助於提振情緒，反而會陷入更深的低谷。因此在接受心理治療時，值得鼓勵的是，深思造成沮喪的原因，進而謀求改善。若只是消極地沉浸在悲傷中，只會使情緒更形低落。

此外，反覆憂思可能使現況惡化而使人更沮喪。諾倫霍克西瑪舉了一個例子：某女性銷售員因不斷沉浸在沮喪中而減少推銷次數，業績自是不斷下滑，這使她覺得自己果然是個失敗者，於是心情更加沮喪。如果她處理沮喪的方式是投入工作以轉移注意力，結果業績應該會提高，自然對自己更有信心，心情也就慢慢走出陰霾。

諾倫霍克西瑪發現，沮喪時女性陷入憂思的機率比男性大得多。女性患抑鬱症的人為男性的二倍，可能與女性這個特質有關。當然其他因素還很多，諸如女性心情低落時較願意說出來，女性生活上不如意的事較多，男性較常借酒澆愁等（酗酒的男性是女性的二倍）。

研究發現，以改變思考模式為目的的認知心理治療，對輕微抑鬱的療效與藥物相當，對預防輕微抑鬱復發的效果更優於藥物。其中兩種治療方式最為有效：一是學習質疑憂思的內容是否有根據，朝較建設性的方向思索；一是刻意安排較愉快的事件轉移注意力。

轉移注意力之所以能治療抑鬱是因為抑鬱是自發性的，不請自來地入侵人的心靈。即使你努力要壓抑消沉的思緒，往往也徒勞無功，你一旦開始有沮喪的思緒，腦中便彷彿有一塊強力磁鐵吸引一連串的低沉想法。有一項實驗請沮喪的人將六個字拼成一句，結果發現愈沮喪的人句子拼得愈快。

沮喪的這種磁鐵效應甚至也表現在人們轉移注意力的方法。譬如當你提供多種活動供沮喪的人選擇，他們多半會挑選較沉重不愉快的活動。德州大學心理學家理察·溫茲洛夫（Richard Wenzlaff）進行相關實驗後得到一個結論：沮喪的人要特別努力將注意力轉移到真正樂觀的事情，小心避免無意間又從事使心情更低沉的活動，如觀看悲劇電影或小說。

換個心情

想像你在一條陌生陡峭彎曲的路上開車，而且霧很濃。前面不遠處突然跑出一輛車，近得你根本來不及煞車。你用力踩煞車，車子立刻滑向一邊。這時你看到對方的車子裡坐滿了正要上幼稚園的小孩子……一瞬間只見玻璃碎裂，車子撞得亂七八糟。接著是一陣可怕的靜默，然後你開始聽到哭聲。你掙扎著跑過去，看到其中一個孩子動也不動地躺著。你心中湧起強烈的懊悔與悲傷……

這是溫茲洛夫在一項實驗中給實驗者看的文章，目的是讓他們的心情變得難過。接著他請實驗者花九分鐘寫下所有想法，同時盡量避免上述畫面侵入腦海。每當上述畫面入侵，實驗者便在筆記上做一記號。結果多數人所做的記號都隨著時間遞減，但原本心情沮喪的人則有顯著**增加**的現象，甚至在嘗試轉移注意力時也不自禁會回想到車禍的畫面。

不僅如此，較沮喪的人會將注意力轉移到其他沮喪的思緒。溫茲洛夫指出：「不只是內容同類的思想容易連結，同類情緒的思想也是。平常我們就有一組沮喪的思想集結在那裡，心情低沉時便傾巢而出。容易沮喪的人這種集結愈是堅韌，一環出現便很難壓抑後續的一長串。偏偏這種人傾向於以另一個沮喪的話題來取代原來的，結果反而使心情更加低潮。」

有人說哭泣使腦部引發悲傷的化學作用變緩和，哭泣有時的確可讓人停止悲傷，但也可能使你繼續執著於悲傷的理由。一般人常勸人「好好哭一場」，其實這個觀念不見得正確，如果哭泣強化你的憂思，結果只是更增悲切。倒是轉移注意力確實可使悲思中斷，專家認為以電擊醫治極嚴重的抑鬱症，便是利用短期記憶喪失的原理：病人記不得為何悲傷，病情自然好轉。至於一般性悲傷，緹絲研究發現常見的擺脫方法有閱讀、看電視電影、玩電動玩具、拼圖、睡覺、做白日夢等。溫茲洛夫指出，最有效的是從事可提振情緒的活動，觀看讓人振奮的運動比賽、看喜劇電影、閱讀讓人精神一振的書（注意！有些活動本身就會讓人沮喪，研究發現，長時間看電視通常會陷入低潮）。

緹絲發現，有氧舞蹈是擺脫輕微抑鬱或其他負面情緒的最佳方式之一。不過這也要看對象，效果最大的是平常不太運動的懶骨頭。至於每天運動的人，效果最大的時期大概是他們剛開始養成運動習慣的時期。事實上，這種人的心態變化與一般人恰恰相反，不運動時反而心情容易低潮。運動之所以能改變心情，是因為運動能改變與心情息息相關的生理狀態。舉例來說，沮喪時生理處於低活動狀態，有氧舞蹈則可提升身體的活動量。同樣的道理，焦慮是高活動狀態，放鬆身體反而較有幫助。其作用原理都是打破沮喪或焦慮的循環，使身心處於與原來情緒極不協調的狀態。

善待自己或享受一番也是常見的抗憂鬱藥方，具體的方法包括泡熱水澡、吃頓美食、聽音樂、做愛等。送禮物給自己尤其是女性常用的方式，大採購或只是逛逛街也很普遍。緹絲研究發現，大專生當中，女性利用吃東西治療悲傷的比率是男性的三倍，男性訴諸飲酒或嗑藥的比率則是女性的五倍。暴飲暴食或酗酒當然都有很大的缺點，前者會讓人懊悔不已，後者有抑制中樞神經的作用，只會使人更沮喪。

緹絲指出，比較建設性的作法是讓自己產生小小的成就感：例如完成延宕許久的家事或某項工作。其次，提升自我形象也很有幫助，即使只是打扮光鮮一點也可以。

走出沮喪最有效的一個方法是改變看事情的角度，不過一般人除非接受心理治療，很少應用這個方法。譬如說結束一段感情總是很傷感的，很容易讓人陷入自憐的情緒（深信自己從此將孤獨無依），以致愈來愈絕望。但你也可以退一步想想這段感情其實也不是很美好，你們的個性其實並不適合，總而言之，換個角度看看自己所失去的是治療悲傷的良方。同樣的道理，一個癌症病人不管病情多嚴重，只要能想到另一個更嚴重的病人，心情便會提升一些（我還算好，起碼我可以走路）。老是與健康的人做比較的通常最是沮喪。這種比上不足、比下有餘的心態，的確有出奇的效果，似乎突然間一切不再顯得那麼灰暗。

另一個提振心情的良方是助人，沮喪的人低迷不振的主因是不斷想到自己及不快的事，設身處地同情別人的痛苦自可達到轉移注意力的目的。緹絲研究發現，擔任義工是很好的方法。然而，這也是最少被採用的方法。

最後一種方式是從超凡的力量中尋求慰藉，緹絲指出：「有宗教信仰的人可藉由祈禱改變任何情緒，尤其是沮喪。」

壓抑型：拒絕悲觀的人

「他在同學的肚子上踢了一腳……其實他是要開燈不小心才踢到的」，這樣的句子是否讓你覺得有點突兀？

句子的前半段顯然是個攻擊行為，後面卻翻轉為有些突兀的無辜失誤，這種思考邏輯正是壓抑型的最佳寫照。所謂壓抑型是指習慣性不自覺地去除不愉快的情緒，使進入無意識的狀態。上面的句子是一項**壓抑**實驗的產物，研究人員請實驗者（一群大專生）以「他在同學肚子上踢了一腳」為開頭，完成一個句子。其中一個學生便寫出上面的突兀句子，進一步測試顯示這個學生的整體生活態度也是如此，對多數不快情緒總是能視若無睹。過去研究人員以為壓抑型的人沒有能力感受情緒，也許近似情感表達障礙患者，現在則多認為這種人是調節情緒的高手。這種人似乎極善於保護自己不受不快情緒的侵襲，甚至到了視而不見的程度。與其名之為壓抑，**鎮定型**似乎是更適合的稱呼。

上述實驗是由凱斯西儲大學心理學家丹尼爾．溫柏格（Daniel Weinberger）主持，實驗顯示這些人表面上彷彿鎮定如恆，卻可能出現不快的生理症狀而不自知。在上述造句的實驗中，研究人員同時對實驗者的生理狀態進行監測，結果發現他們在平靜的表面下，身體往往顯出激動的痕跡。讀到他踢了同學一腳時，很多人顯示出心跳加速、冒汗、血壓上升等焦慮症狀，而被詢及是否感到焦慮時，他們卻聲稱很平靜。

據溫柏格的研究，大約有六分之一的人經常關閉憤怒、焦慮等不快情緒。理論上孩童可經由學習成為鎮定型的人，譬如說孩童面對酗酒的父母時可能藉此拒絕面對問題。另一種情形是父母本身就是鎮定型的人，子女耳濡目染，也學會一套不為所動的本事。也可能這只是與生俱來的遺傳特質。這種思考模式究竟如何起源目前尚無定論，可以確定的是，這種人長大後總是很酷，可以泰山崩於前而色不變。

實際上，這種人究竟可以酷到什麼程度？他們真的對不快情緒所引發的生理反應一無所覺，或只是佯裝鎮定？威斯康辛大學心理學家理查．大衛生（Richard Davidson，早期與溫柏格合作過）的實驗可以提供答案。他的實驗方式是拿一些字給鎮定型的人看，請他們做自由聯想，其中多數的字都是中性的，少數則有引發焦慮感的負面意義或性暗示。結果幾乎所有人都會以正面的聯想抵銷字本身負面的含義，例如給他「恨」，他便聯想到「愛」。但值得注意的是，每個人讀到負面的字眼時，身體都會產生相應的反應。

大衛生的實驗是根據人腦構造設計的，一般人處理負面情緒的中心在右腦，語言能力在左腦。當右腦認知一個負面的字眼時，會越過胼胝體傳遞到語言中心，說出相應的字。大衛生利用特殊的鏡片使實驗者只能透過一半的視野看到字，根據人的視覺神經，如果字是落在左半部的視野，右腦會先認知字義，而右腦對負面情緒較敏感。反之，如果字落在右半視野，左腦會先收到訊息，但不會做負面判斷。

當右腦先收到負面訊息時，鎮定型的人需要一小段時間後才能做出反應，但遇到中性訊息時則可立刻反應。左腦先接收訊息時則完全沒有影響。也就是說，他們的鎮定似乎是因為特殊的神經機制會減緩或干擾負面訊息的傳遞。這表示鎮定型的人**並非**佯裝不知自己在難過，而是腦部做了訊息的過濾。更精確的說，這種粉飾太平的傾向很可能是左前額葉作用的結果。大衛生研究觀察實驗者前額葉的活動情形，意外發現左邊（負責愉悅感覺）的活動量比右邊（負面感覺中心）大得多。

大衛生指出：「這些人時常保持樂觀向上的心情，他們不承認受壓力影響，即使只是靜靜坐著，腦部也呈現與愉悅情緒有關的活動。也就是說，他們的生理反應容或顯示不快的症狀，腦部活動卻讓他們有愉悅的感覺。」大衛生進一步分析，面對不快的情境而要維持樂觀的心態，對腦部而言其實是很費力的，他們在生理上會愈來愈繃緊，可能就是因為腦部要維持樂觀壓抑負面情緒的結果。

簡而言之，鎮定型表現的是樂觀的否定現實，正面的解離狀態。有些疾病（如創傷後壓力異常症）會出現較嚴重的解離現象，或許也可從鎮定型的神經機制來了解。大衛生指出，如果沒有這些嚴重的病徵，而只是表現出遇事泰然的性格，「未始不是一種調節情緒的理想方式」，不過這對自我意識是否造成何種傷害，則無從得知。

CHAPTER 6

整體性向

我這一生只有一次因恐懼而癱瘓的經驗。那是我大學一年級參加微積分考試時，不知為什麼毫無準備就去應試。我還記得那是個春天的早晨，走進教室時心中充滿宿命與不祥的感覺。我在那間教室上過很多次課，但那天我完全沒有注意到窗外是什麼景象，眼中甚至沒有教室存在。我走到靠門的一個位置坐下，眼光凝縮在眼前的一小塊地面。我打開考卷，耳邊充塞怦怦怦的心跳聲，胃部因焦慮而痙攣。

我很快掃視一遍試題，完全沒有希望。整整一小時我盯著試卷，腦中不斷想著可怕的後果。同樣的思緒一再重複，恐懼與顫抖交織循環。我坐在那裡無法動彈，就像中了毒箭的動物。回想起來，最讓我訝異的是我的腦子竟然萎縮到那種程度。那一個小時我並未嘗試拼湊可能的答案，也沒有做白日夢。而是坐在那裡凝視我的恐懼，坐待這可怕的折磨早點結束。

上面這段恐怖的回憶正是我本人的經驗，我認為是最能表現情感痛苦嚴重影響心智功能的例證。檢討起來，這段經驗彷彿在試驗我的情感是否能戰勝、甚至癱瘓思考力。

情緒影響心智，這是每個名師都知道的。學生在焦慮、憤怒、沮喪的情況下根本無法學習，而任何人在這種情況下都很難有效接收或處理資訊。第五章探討過強烈的負面情緒如何扭曲我們的注意力，事實上，當某種情緒幾乎是無孔不入地凌駕其他思緒，以致不斷阻撓你對身邊事物的注意，這表示情緒的影響已超乎正常範圍。譬如說，一個正經歷離婚痛苦的人或父母正要離婚的小孩，往往很難將注意力專注在日常瑣事或功課上。對一個抑鬱症患者而言，自憐、絕望、無助的感覺可能凌駕一切。

當情緒超越專注力時，人將失去一種科學家稱之為「工作記憶」的認知能力，亦即腦部無法儲存足夠的資訊以應付手邊的工作。工作記憶的內容可能瑣碎如電話號碼，也可能複雜如小說家編織的情節。任何心智活動（小自造句，大至解析複雜的邏輯命題）都要植基於工作記憶這個最基本的心智功能。職司工作記憶的是前額葉皮質，別忘了，這也是情緒與感受交集的地方。當這個部位的邊緣系統受制於痛苦的情緒，工作記憶便會受影響，你將無法正常思考，就像前面敘述的考場經驗。

我們也可從相反的角度思索這個問題。想想看人在成就某件事時的動力，那些熱忱、幹勁、自信是如何激發起來的？專家研究奧運選手、著名音樂家、世界棋王，發現他們的共同特點是能激勵自己接受嚴酷的訓練。現在隨著技藝水準的不斷提高，各類專家訓練的年齡已愈來愈提前。以一九九二年奧運為例，平均十二歲的中國跳水選手受訓年限與美國隊不相上下，而後者都已超過二十歲，中國隊自四歲開始受訓。同樣的，二十世紀最佳小提琴手大約五歲開始習琴，世界西洋棋好手平均七歲開始學棋，十歲開始的人只能達到國家級的水準。愈早開始，時間上愈占優勢；柏林頂尖音樂學校的頂尖小提琴學生（都僅二十餘歲）習琴時間已超過一萬小時，次一等級的學生學琴時數平均約七千五百小時。

能力相當的人在同一領域的成就會有高下之別，最主要的原因似乎在於能否在早年就投入艱辛的訓練，而這又與其情緒特質有關，尤其是面對挫折的熱忱與毅力。

撇開天賦不論，自我激勵是影響人生成就的一大原因，這可以從亞裔人士在美國的傑出表現得到印證。研究顯示亞裔孩童的平均ＩＱ僅比白人超出二、三點。以職業別而論（如醫學、法律），亞裔美人的表現突出許多——相當於ＩＱ一一〇的日裔美人或ＩＱ一二〇的華裔美人。原因可能是亞裔孩童自小就比白人用功。史丹佛大學社會學家山佛．道倫布希（Sanford Dorenbusch）曾研究過一萬名以上的中學生，發現亞裔美人做功課的時間比其他學生超出四〇％。「美國父母的作法是接受孩子的弱點，強調他的優點。亞洲父母的看法不同；如果你成績不好，晚上應該多讀點書再睡覺，如果成績仍然沒有改善，早上應該早點起來讀書。也就是說，任何人只要夠用功都可以有好成績。」可見亞裔人士吃苦耐勞的觀念使他們更能自動自發，更有熱忱與毅力，亦即具備較優勢的ＥＱ。

我們在許多方面受情緒影響，在思考與計畫、接受鍛鍊以達成某個遠程目標、解決問題等等，情緒代表我們發揮心靈力量的極限，也因而影響人生成就。激發我們向前的力量源自對所做的事情的熱忱與樂趣，或者是適當程度的焦慮，而這個推動力正是ＥＱ。所以說ＥＱ是一種基本性向，對其他一切能力具有深遠的影響力。

衝動的控制：棉花糖試驗

假想你是個四歲的孩子，有人請你做下列的選擇：一個大哥哥要去辦點事，如果你等到他回來，你可以拿兩塊棉花糖。如果你不願意等，你只能拿一塊，但立刻可以拿到。這的確是個足以試煉孩子靈魂的難題，象徵衝動與自制、本我與自我、慾望與克制力、追求滿足與延遲滿足的永恆難題。這個試驗很能看出孩子的性格特質，甚至可以由此略窺孩子未來的人生走向。

抗拒衝動可能是最基本的心理能力，也是各種情感自制力的根源，因為所有情緒本質上都導向某種衝動。別忘了**情緒**一字的原義就是「行動」（to move）。能夠抗拒衝動，壓制未成形的行動，很可能是腦部發揮抑制作用，使邊緣系統無法傳遞訊息給負責行動的皮質。當然，這只是一種解釋，還有待進一步印證。

無論如何，前面所說的棉花糖試驗確實證明了克制情緒與壓抑衝動是很基本的能力。心理學家沃爾特．米歇爾（Walter Mischel）於一九六〇年代開始進行上述試驗，對象是史丹佛大學附設幼稚園的孩子（多數為史丹佛教職員及研究生子女），實驗一直追蹤這些孩子到中學畢業。

有些孩子的確能耐心等待大哥哥辦事回來，當然等待的十幾分鐘一定非常漫長。這些孩子用盡各種方法讓自己撐下去；有的閉上眼睛不去看誘人的棉花糖，將頭埋入手臂中，自言自語，唱歌，玩弄自己的手腳，甚至努力讓自己睡著。最後這些勇敢的孩子得到了兩顆棉花糖。有些小孩則比較衝動，大哥哥才走開幾秒鐘便伸手拿走棉花糖。

十幾年後這些孩子成為青少年，這個試驗的預言能力才逐漸明朗。兩種反應的孩子在情緒與社會方面的差異非常大。四歲時就能抵抗誘惑的孩子，到青少年時期顯得社會適應能力較佳，較具自信，人際關係較好，也較能面對挫折；在壓力下比較不會崩潰、退卻、緊張或亂了方寸，能積極迎接挑戰，面對困難也不輕言放棄；在追求目標時，也和小時候一樣能壓抑立即得到滿足的衝動。

衝動型的孩子則約有三分之一較缺少這類特質，反倒表現出較負面的共同特徵，如讓人覺得怯於與人接觸，頑固而優柔寡斷，易因挫折而喪志，認為自己是壞孩子或無用，遇到壓力容易退縮或驚惶失措，容易懷疑別人及感到不滿足，易嫉妒或羨慕別人，因易怒而常會與人爭鬥，而且和小時候一樣不易壓抑立即得到滿足的衝動。

棉花糖試驗顯示的是童年一個很小的行為，但長大後卻擴大成為多方面的社會與情感能力。很多大大小小的成就都取決於壓抑衝動的能力，包括減肥、讀完學位等等。有些孩子四歲便已深諳個中道理，能依情況判斷壓抑衝動才是最有利的，努力將注意力自眼前的誘惑移開，以種種方式維持毅力以達到最終目標。

這些孩子中學畢業時又接受一次評估，結果四歲時耐心等待的人**在校**表現優異得多。據孩子父母的評估，這類孩子學習能力較佳，無論是語文表達、論理、專注、制定與實踐計畫、學習意願都較佳。更讓人意外的是，這類孩子的入學考試成績普遍較優。最迫不及待拿走棉花糖的小孩當中，三分之一平均語言成績五二四分，算術五二八分；等待最久的三分之一孩子，這兩項分數平均為六一〇分與六五二分，總分差距多達二一〇分。

四歲所做的棉花糖試驗與智力測驗同樣可預測孩子將來的入學考試成績，但前者的準確度是後者的兩倍，唯有當孩子開始念書以後，智力測驗的準確度才會逐漸提高。也就是說，克制衝動的能力是ＩＱ之外與潛在智能很有關的重要因素（小時候克制衝動的能力也比ＩＱ更能準確預測少年犯罪的可能）。有人說ＩＱ不可改變，因此可代表未來發揮潛能的極限，但種種證據顯示，克制衝動或準確判讀社會情境的ＥＱ是**可以**學習而得的，這個問題將留待第五部討論。

發明棉花糖試驗的米歇爾同時發明了一個冗長的名詞：「目標導向的自發式延遲滿足（goal-directed self-imposed delay of gratification）」，這或許可代表自我調節情緒的根本意義，亦即克制衝動以達成某種目標，所謂的目標可能是建立事業、解決一個數學難題或成為有名的運動選手。他的研究成果說明了ＥＱ是一種基本生存能力，決定一個人其他心智能力的表現。

心情影響思考力

我常為兒子擔心，他剛進橄欖球校隊，以後難免會受傷。看他打球對我簡直是一種折磨，所以我後來就不去了。我知道兒子一定很失望，但我實在受不了。

敘述者是一個因焦慮症接受治療的婦人，她自知過度的憂慮已妨礙生活，但每當她面對生活上簡單的抉擇時（如要不要去看球賽），腦海中立刻想到種種災難事故。在憂慮淹沒理性的情況下，她已沒有選擇的自由。

焦慮對各種心智表現的根本傷害就是變得過度憂慮，憂慮可說是一種原本很有用的反應遭到扭曲。一旦這種災難預演的心理狀態成為常態，使得心神無法專注其他事項時，便成為有害的認知干擾。

焦慮會影響智能，譬如說空中交通管制員負責的是非常複雜、勞心、壓力重的工作，長期處於焦慮狀態的人，幾乎可確定不會有好的表現。有一項研究便是以一七九〇位受訓的管制員為對象，發現有焦慮現象的人即使ＩＱ較高，表現卻較差。事實上，所有領域的表現都受到焦慮的影響，這可以從一二六種研究（對象超過三萬六千人）得到印證，愈焦慮的人表現愈差，不管衡量的標準是考試成績、平時成績或成就測驗（achievement test）都一樣（**譯按：成就測驗指對某些學科施以學習訓練後，測量受訓者的學習或技能成效**）。

有一項研究請易憂慮的人做認知型的試驗（如將性質近似的東西分類），然後請他們說出做實驗時心中在想什麼，結果發現最直接影響其決策能力的是一些負面的想法，諸如「我一定做不好」、「這種測驗我最不行了」。研究人員請較不易憂慮的一組故意憂慮十五分鐘，做同一試驗的能力便大幅降低。反之，易憂慮的一組刻意鬆懈十五分鐘以後，表現起來便得心應手。

最早就考試焦慮的現象做科學研究的是一九六〇年代的理查・艾爾坡（Richard

Alpert），他自承研究的動機源自自身的經驗，學生時代的他總是因緊張而考試失利，但他的同事拉爾夫·海柏（Ralph Haber）卻發現考前的壓力對自己有幫助。他們研究發現有兩種焦慮型的學生，一種因焦慮而使學業成績打折，一種不受焦慮影響，甚至可能因壓力而表現更好。考前壓力能讓海柏這類學生加強準備而有好成績，卻會使另一型學生陣前失利，的確是很有趣的現象。對艾爾坡這種緊張過度的人而言，考前的焦慮會影響思考與記憶，讀書時事倍功半，考試時也無法維持清晰的思考力。

看看一個人考試時憂慮多少事，可相當準確地預估考試成績。這是因為心力用在憂慮這種認知活動時，用以處理其他資訊的心力自然減少。如果你在考試時不斷擔憂會不及格，用在思索考題的注意力必然減少。於是憂慮者往往一語成讖，一步步實現自己預言的災難。

反之，善於駕馭情感的人懂得運用考前或演講前的焦慮，激勵自己更用心準備，臨場自然有較佳的表現。傳統的心理學論著以「∩」形容焦慮與表現（包括心智的表現）的關係。關係最佳時是「∩」的頂端，表示些許的緊張發揮激勵的作用。左半表示焦慮太少導致冷淡或動力不足，右半表示過度焦慮嚴重影響表現。

心理學上有一種症狀稱為輕性躁狂（hypomania），這種輕微激昂的心理狀態對作家或其他需要創造性思考的人是最適宜的，這種狀態已很接近「∩」的頂端。但這種輕飄飄的感覺一旦失控而陷入躁狂（如躁鬱症者發作時），反而使思路無法統一而影響寫作，即使文思泉湧也是徒然；事實上就是因為思潮太漫無邊際，反而難以捕捉。

心情愉快讓人更能做彈性與複雜的思考，也就較容易解決智能或人際的問題。所以說要幫助別人解決問題，說笑話可能是不錯的方法。笑和興奮一樣有助於開拓思路與自由聯想，從而注意到先前未想到的方法。這個技巧不只在創造活動時很重要，也很有助於認清複雜的人際關係或預見一項決策的後果。

大笑有助於提升智能表現，尤其面對需要創意思考的問題時。不知道讀者是否聽過一個心理學家常用來衡量創意思考力的測驗，研究人員給受測者一根蠟燭、火柴及一盒大頭釘，請他們將蠟燭固定在軟木製的牆上，但燭油不可滴在地上。多數受測者都會落入傳統思考的窠臼，研究人員請受測者分別先觀看滑稽影片、關於數學的影片或做運動，結果發現看過滑稽片的人最可能發揮創意，想出答案：將盒子釘到牆上做為燭台。

即使是輕微的情緒改變也會影響思考，一個人在做計畫或決策時如果心情很好，想法通常較開闊樂觀。一方面這是因為人的記憶跟著心理狀態走，心情好時我們會記得較愉快的事。因此當我們在心情好時衡量一件事，便容易做出較大膽冒險的決定。

同樣的道理，壞心情將記憶導向負面的方向，使我們容易做出退縮或過於謹慎的決定。由此不難推想情緒失控對智能的影響。但正如第五章所說的，失控的情緒也可以拉回來，這個能力是最重要的性向指標，影響一切心智活動的表現。

潘朵拉的盒子

一項研究請大專生考量下列假設性問題：

你設定的學期目標是八十分，一週前第一次月考成績（占總成績三〇％）發下來了，你得了六十分。你會怎麼做？

每個人的作法因心態而異。最樂觀的學生決定要更用功，並想到各種補救的方法。次樂觀的學生也想到一些方法，但比較沒有實踐的毅力。最悲觀的學生則根本宣布放棄，一蹶不振。

上面的問題其實也不完全是假設性的。上述研究是由堪薩斯州大學心理學家史耐德（C. R. Snyder）主持的，他研究發現學生的學業成績與其心態是否樂觀有決定性的關係，甚至比傳統認為最具預測效果的學業測驗更準確（學業測驗與ＩＱ很有關係）。也就是說，就智能相當的學生做比較，情感能力影響其表現甚鉅。

史耐德的解釋是：「樂觀的學生會制定較高的目標，並知道如何努力去達成。比較智能相當的學生後會發現，影響其學業成績的主要因素在心態是否樂觀。」

古希臘有一則引人深思的神話，話說古希臘公主潘朵拉因美貌遭神嫉，故意送給她一個神秘的盒子，叮囑她絕不可打開。一日潘朵拉禁不住好奇心的誘惑，掀起盒子一角偷窺，從此釋出人世的一切苦難：疾病、痛苦、瘋狂。所幸一個好心的神祇助她及時蓋上盒子，才沒有放走讓人類得以忍受一切痛苦的良藥：希望。

現代研究人員發現，希望不只是痛苦時的慰藉，在生活中更是扮演極重要的角色，不論是學業或事業，在各領域都能讓人更占優勢。希望的意義不只是樂觀的心態，據史耐德的定義，希望是「相信自己具有達成目標的意志力與方法，不管目標是什麼」。

當然每個人的自信程度都不同。有些人自信總能擺脫困境，解決難題，有些人則懷疑自己沒有達成目標的精力、能力或方法。史耐德發現高度樂觀的人具備若干共同特質：較能自我激勵，能尋求各種方法實現目標，遭遇困境時能自我安慰，知所變通，能將艱巨的任務分解成容易解決的小部分。

從ＥＱ的角度來看，樂觀意指面對挑戰或挫折時不會滿腹焦慮、抱持失敗主義或意志消沉，這種人在人生的旅途上較少出現沮喪、焦慮或情感不適應等問題。

樂觀是最大動力

麥特·畢昂迪（Matt Biondi）是美國知名游泳選手，一九八八年代表美國參加奧運，被認為極有希望繼一九七二年馬克·史必茲（Mark Spitz）之後奪得七項金牌。但畢昂迪在第一項兩百公尺自由式竟落居第三，第二項百公尺蝶式原本領先，到最後一公尺硬是被第二名超了過去。

各報都以為兩度失金將影響畢昂迪後續的表現，沒想到他在後五項竟連連奪冠。只有賓州大學心理學教授馬丁·沙里曼（Martin Seligman）對這項轉變不感意外，因為他在同一年稍早曾為畢昂迪做過樂觀影響的實驗。實驗方式是在一次表演後，故意請教練告訴畢昂迪他的表現不佳（事實上很不錯），接著請畢昂迪稍作休息再試一次，結果更加出色。參與同一實驗的其他隊友都因而影響演出成績。

所謂樂觀，是指面臨挫折仍堅信情勢必會好轉。從EQ的角度來看，樂觀是讓困境中的人不致流於冷漠、無力感、沮喪的一種心態。樂觀也和自信一樣使人生的旅途更順暢（當然，你的樂觀必須是務實的，太天真的樂觀可能導致可悲的後果）。

沙里曼將樂觀定義在對成敗的解釋上：樂觀的人認為失敗是可改變的，結果反而能轉敗為勝；悲觀的人則將失敗歸諸個性上無力改變的恆久特質。不同的解釋對人生的抉擇造成深遠的影響。舉例來說，樂觀的人在求職失敗時，多半會積極地擬定下一步計畫或尋求協助，亦即視求職的挫折為可補救的。反之，悲觀的人認為已無力回天，也就不思解決之道，亦即將挫折歸咎於本身恆久的缺陷。

樂觀與信心一樣可預測學業成績。沙里曼曾以一九八四年度賓州大學五百名新鮮人為對象做樂觀測試，發現測試成績比入學考試或高中成績更能準確預測第一年成績。沙里曼指出：「入學考測量的是能力，從每個人解釋成敗的角度則可看出他是否容易放棄。一定程度的能力加上不畏挫折的心態才能成功，動機是入學考試測不出的，而要預測一個人的成就，很重要的一點是看他是否能愈挫愈勇。以智力相當的人而言，實際成就不僅與才能有關，同時也與承受失敗的能力有關。」

沙里曼研究過大都會人壽（MetLife）的業務員，結果充分說明樂觀心態激勵人心的重要性。不管在任何行業，微笑接受拒絕都是銷售員的要件，更何況是彼拒絕的機率絕高的保險業務員，這也是為什麼壽險業務員前三年辭職的比率高達四分之三。沙里曼研究發現，個性樂觀的人前兩年的銷售成績比悲觀者高出三七%，後者第一年辭職的比率是前者的兩倍。

後來，沙里曼更說服大都會破例進用一批新人，這批人的特質是樂觀測試成績很高，但傳統的求職考試沒有過關（傳統考試的題目是以實際業績優異的銷售員為範例設計的）。結果這批人第一年業績比悲觀型超出二一％，第二年更超出五七％。

樂觀心態對銷售成績的影響正說明了這種ＥＱ的本質。對業務員而言，每一次被拒絕都是一次小挫折，其因應方式便攸關個人是否有足夠的動力繼續嘗試。一次一次的被拒必然會打壓士氣，讓人覺得拿起話筒拜訪客戶愈來愈艱難。生性悲觀的人尤其難以承受，可能在心裡告訴自己，「這一行我走不通，一張保單也別想賣出去」，這樣的心態必然會導致消極灰心，甚至沮喪。反之，樂觀的人會告訴自己，「可能我的方法不對」，或是「不過是碰到一個情緒不佳的客戶」。樂觀的人能從自己以外找到失敗的因素，因而能嘗試新的方法。悲觀的心態泯滅希望，樂觀者則能激發希望。

樂觀與悲觀可能部分是與生俱來的，但我們在第十四章將詳細指陳，天性也是可以改變的。樂觀與希望都可學習而得，正如絕望與無力感也可能慢慢養成。樂觀與希望其實都是建立在心理學家所謂的**自我勝任感**（self-efficacy）上，亦即相信自己是人生的主宰，能夠應付未來的挑戰。任何一種能力的提升都有助於培養自我勝任感，使你更願意冒險與追求挑戰，而一旦克服挑戰便更增自我勝任感。這樣的心態能使你既有的能力做最大的發揮，缺少的能力也會努力去培養。

史丹佛心理學教授艾伯特．班度拉（Albert Bandura）對自我勝任感頗有研究，他說：「一個人的能力深受自信的影響。能力並不是固定資產，能發揮到何種程度有極大的彈性。自我勝任感強的人跌倒了能很快爬起來，遇事總是著眼於如何處理而不是一味擔憂。」

神馳

一位作曲家形容他表現最好時的感覺：

那是一種狂喜到近乎忘我的境界，我個人常有這種經驗，這時我的手彷彿已非我所有，完全與我無關似地自我揮灑，我只能睜大眼睛驚愕地旁觀。簡直如行雲流水般的自然。

這段敘述與各行各業許多人的經驗恰好不謀而合，包括攀岩專家、西洋棋冠軍、外科醫師、棒球好手、工程師、經理人，甚至是一般職員。芝加哥大學心理學教授米海利．齊琛米哈力（Mihaly Csikszentmihalyi）投入二十年的時間，蒐集各種人士巔峰狀況的敘述，特別以神馳（flow）一詞形容這種狀態。運動界也有類似的說法，表示全神貫注到忘記觀眾及競爭對手的存在，不費吹灰之力做出最佳表現。黛安．洛菲史丹羅塔（Diane Roffe-Steinrotter）是一九九四冬季奧運滑雪金牌得主，她形容當時已渾然忘我，「彷彿已化身為一道瀑布」。

這可以說是ＥＱ發揮到極致的表現，能夠自如地駕馭情感，充分發揮潛力。所謂駕馭並不是克制或圍堵，而是因應情勢做積極的增強。當一個人陷入沮喪或焦慮不安時，便一如阻滯的死水。每個人都或多或少有過神馳的經驗，尤其是做出最佳表現或超越自己的時刻。最典型的例子莫過於做愛時兩個人結合為一體，渾然忘我的經驗。

這是很神奇的經驗，最特別的是，可感覺到一種本然的喜悅，甚至可形容為心蕩神馳，一場豐富的心靈饗宴。這時候你會全神貫注，精神與行為結合為一。事實上，只要你對當時所做的事稍微太注意，或是想著「我現在做得太順手了」，都可能使行雲流水變成拖泥帶水。真正的全神貫注是只注意到眼前極狹窄的焦點，甚至忘卻身在何處。有一位外科醫師便曾回憶他在一次高難度手術中的經驗，手術完成後他才注意到地板上有些瓦礫，還茫然詢問旁人究竟怎麼回事。原來手術到一半時天花板崩塌了一大塊，而他竟然渾然未覺！

神馳是一種忘我的狀態，這時憂思是無由存在的，那種專注的程度使人暫時拋開日常生活一切俗慮；健康、經濟甚至當刻的表現都忘得一乾二淨，這也可以說是無私的狀態。然而，個人對所做的事又表現出自如的掌控能力，且能因應挑戰做最佳反應。同時此人並未孜孜於求取表現，成敗根本不曾縈心，動力完全來自行為本身的樂趣。

要進入神馳的狀態有很多方式，其一是刻意對眼前事物予以高度的關注，因為全神貫注正是神馳狀態的精髓。這個方式本身可構成一良性循環，要排除雜思刻意專注眼前的事物，需要一定的努力與自制。但只要跨出第一步，專注力本身就成為一股動力，一方面一切雜思不易侵入，一方面做起事來不費吹灰之力。

另一個方式是從事自己很在行但難度略超出能力的事，齊琛米哈力指出：「一個人面對難度略超出一般的挑戰最能夠貫注精神，也能比平常更加努力。太沒有挑戰會使人厭煩，太大的挑戰又會使人焦慮。這兩者之間的狹窄地帶最易達到神馳的境界。」

這種境界的特色是在純粹的樂趣中達到最高的效率，這種時刻絕不可能發生邊緣系統席捲大腦組織的情緒失控。這種輕鬆但高度的專注絕不同於厭煩或疲倦時的勉強專注，或是在焦慮憤怒時的費勁。

神馳的狀態不存一絲情緒雜質，只有激勵人心的輕微興奮，這是全神貫注的必然結果。很多哲學著作都談到這種精神凝鍊而至行雲無礙的高明境界。

觀察一個處於神馳狀態下的人，會讓你覺得再艱難的事彷彿都很容易，極傑出的表現似乎都很自然。這種矛盾也表現在腦部的活動上：付出最少量的心力即可達成最艱難的任務，此時腦部活動可謂不疾不徐，神經系統恰如其分地因應當刻的需求。當一個人毫不費力地全神貫注於一事，皮質的活動量會減少。這當然是很奇特的現象，理論上要完成極艱難的事（不論是棋弈或數學），將促使腦部皮質活動量**增加**才對，可見神馳的狀態發生在神經系統效率最高的能力巔峰期。

勉強專注時腦部皮質的活動量會增加，神馳狀態則僅需少量活動即可達到最佳效果，這也可從熟能生巧的道理來了解：不管是體力的活動（如攀岩）或勞心的差事（如電腦程式設計），熟練之後都可提高從事該活動時的腦部效率，與初學或難度太高的活動相較，所費的腦力少得多。同樣的道理，當腦部因疲倦或緊張而降低效率時，皮質活動會較不精確，許多重疊的部分同時活動，精神無法集中。感覺枯燥無聊時也是同樣的情況。反之，在神馳狀態下，腦部皮質會因應情勢動員精確部位的活動。這時艱難的工作不但不費力，反而有刺激腦力一新耳目的效果。

新教育模式

神馳的境界多出現在某項活動激發一個人最大潛力時，隨著技巧的純熟，要進入神馳的境界需要愈高的挑戰。太簡單的工作顯得枯燥，太艱難的又會造成焦慮。促使人不斷追求更高造詣的部分理由，是渴望回到神馳的狀態。齊琛米哈力研究過二百名藝術學校畢業已十八年的人，發現後來成為畫家的人，在學生時代都體味過繪畫本身的樂趣，學生時代夢想名利的人畢業後多半與本行漸離漸遠。

齊琛米哈力的結論是：「一個人必須喜歡繪畫甚於一切才能成為畫家。如果你站在畫架前，一心想著這幅畫將可賣多少錢或是批評家會有什麼評語，便很難有所成就。一心一意全神貫注是創造性活動的精髓。」

神馳是專精任何技藝或藝術的根本條件，也是學習的要素。讀書時能進入神馳狀態的學生學習成績都比較好，這是傳統考試測驗不出來的。芝加哥某理科中學的學生參加某數學競試都名列前茅，後來卻漸漸分出高下。於是老師就學生平常的活動情形做追蹤，請每個人帶一個呼叫器，一天中不定時提醒他們記錄所從事的活動及當時的心情。果然成績較差的每週在家讀書的時間僅十五小時，成績較優的則高達二十七小時，前者其他時間都在遊玩或與親友聚會。

再看他們的心情紀錄更顯示出一個重要訊息。不論成績優劣，所有學生都花很多時間從事毫無挑戰的無聊活動，如看電視，這也是一般青少年共有的現象。最重要的差異是學習上的，成績優異的學生讀書時，有四〇%的時間感受到神馳的經驗，成績差的只有一六%，且常常因難度太高而產生焦慮感，這些學生反而是在社交時能得到樂趣與神馳的經驗。也就是說，有些學生能充分發揮甚至超越其學習潛力，常是因為神馳的經驗吸引他們主動去讀書。成績較差的則因疏於練習，不但喪失學習的樂趣，更可能因而自我設限，將來只能從少數的智能活動中得到樂趣。

提出多元智能論的哈佛心理學教授嘉納認為，帶引孩子進入神馳境界是最理想的教育方式，亦即以內在動機取代威脅或獎賞。嘉納指出：「我們應順應孩子的能力，鼓勵他們在所屬性向領域發展，孩子能進入神馳的狀態表示該活動是適合他的。每個人都必須找到自己真正喜歡的事才能貫徹下去，孩子在學校會吵鬧，多半是因為對學校的活動感到無聊，或是功課超出其能力。孩子必須從事他喜歡而又能從中得到樂趣的事，才能有最佳的表現。」

目前有很多學校採用嘉納的理論，他們的作法是確認孩子的性向，幫助他發揮長處與補強弱點。譬如說一個孩子天生具備音樂或運動細胞，自然在從事該活動時較易進入神馳境界。由於老師對孩子的性向相當了解，教導時多能選擇最適合的方式與程度，孩子也不再對學習懷有恐懼或厭倦。嘉納指出：「事實證明孩子從學習中得到神馳的經驗後，較能勇於接受其他領域的新挑戰。」

理論上，學習技藝或知識最好是自然而然的，亦即孩子是因從事喜歡的事而產生自發的興趣。這種最初的濃厚興趣往往是未來成就的種籽，因為孩子會發現不斷浸淫該領域便可不斷獲得神馳的快樂。而維持神馳的要素是將個人的能力推到極限，於是便成了孩子力求精進的最佳動機。當然，我們的學習經驗多半沒有這麼理想，多數人回想起就學期間的總印象，大概都是無止境的枯燥活動穿插令人焦慮的事件。教育其實也是導引ＥＱ的一門學問，而從學習中追求神馳的快樂，的確是比較人道自然而高效率的教育方式。

這也證明將情感導向積極的目的，是最重要的性向指標，所謂情感的導引是多方面的，包括衝動的克制、延緩立即的滿足、調整情緒以利思考、找出進入神馳境界的途徑等等。

CHAPTER 7

同理心的根源

前面提過情感表達障礙型的蓋瑞，他對自己或別人的感情同樣冷漠，令未婚妻痛苦不堪。情感表達障礙型的人見事不明，對他人的處境缺乏感同身受的同情。當未婚妻說她心情低落，蓋瑞毫不表示同情；未婚妻向他表達愛意時，他又顧左右而言他。而且常對未婚妻的行為做「建設性」的批評，卻不知道這些評語的殺傷力。

同理心必須要以自覺為基礎，一個人愈能坦誠面對自己的情感，愈能準確閱讀別人的感受。像蓋瑞這樣的人對自己的感覺一無所知，當然更不可能了解周遭的人在想什麼，這種人可稱為情感上的音盲。他人言談舉止間或隱或顯的各種音律節奏，如語調的起伏、姿態的變化、別有含義的沉默、顯有所指的輕顫等，音盲者一律置若罔聞。

當別人直接對其表情達意時，情感表達障礙型的人常感困惑不已，這不但在EQ上是一大缺陷，更是人性方面可悲的缺憾，因為融洽的關係是人們相互關懷的基礎，而融洽的關係又源於敏銳的感受與同理心。

同理心簡單的說就是了解他人的感受，這個能力在各個領域中都扮演很重要的角色，不管是銷售、管理、戀愛、育兒、政治活動都無一例外。缺少這個能力可能導致極可怕的後果，心理變態的罪犯、強暴者、虐待兒童者都是顯著的例子。

一般人的情感很少直接訴諸語言，多半是以其他方式表達。捕捉他人情感的關鍵就在判讀這些非語言的訊息，如語調、手勢、表情等。這方面研究最廣泛的當推哈佛心理學教授羅伯特·羅森索（Robert Rosenthal）及其學生。羅森索設計了一種稱為非語敏感度的同理心測驗，以一位女性表達各種情感為主題製作一系列錄影帶，所表達的情感從厭惡到母愛應有盡有，發生的場合包括因嫉妒而發怒、請求寬恕、表達感謝、誘惑等等。錄影帶並經過特殊處理，使同一畫面每次只出現一種表達的管道。舉例來說，有些畫面（當然語音已消掉）去除了所有因素，只能看到臉部表情，有些則只能看到身體的動作，如此受測者便必須根據單一管道辨別情感。

他們針對美國等十八個國家七千多人做實驗，發現對非語訊息判讀力高的人有多項優點：情感調適力較高、較受歡迎、較外向、較敏感。一般而言，女性判讀力較男性高。由於這項測驗長達四十五分鐘，有些人在受測過程中表現愈來愈好，顯示其有不錯的同理心學習能力，研究發現這種人與異性關係較佳，可見同理心有助於豐富我們的愛情生活。

正如EQ的其他元素一樣，同理心的敏感度與性向測驗、智力測驗或學校考試沒什麼關係，這也可以從一種專為兒童設計的非語敏感度測驗得到證明。一項針對一〇一一名兒童所做的測驗發現，敏感度高的孩子在學校較受歡迎，情感也較穩定，在校表現較佳，雖然其智力並不比敏感度低的孩子要高，顯示同理心有助於學習或是有助於獲得老師的喜愛。

人的理智運作是以語言為媒介，情感則是非語言的。當一個人的語調、手勢等非語訊息與所說的話不一致時，真正透露其情感的是表達**方式**而非表達**內容**。研究傳播學的人都知道，情感訊息有九〇%以上是非語言的。我們多半在無意識中接收這類訊息（如語調中的焦慮或手勢中的煩躁），我們不會特別注意訊息的性質，而只是無言地接收，然後做出無言的反應，而這種能力通常也是透過非語言的形式學習的。

同理心的形成

九個月大的小望每次看到其他小孩跌倒，眼眶便浮起淚水，然後爬到母親懷裡尋求慰藉，彷彿跌倒的人是她。十五個月大的麥可看到朋友保羅在哭，會拿出自己的玩具熊安慰他，如果保羅仍哭個不休，麥可還會拿抱枕給他。這些情形是孩子的母親協助專家做研究時觀察記錄下來的，該研究顯示同理心的形成可溯及嬰兒時期。事實上，嬰兒自出生日起，聽到其他嬰兒啼哭便會感到難過，有人認為這是人類同理心表現的最早徵兆。

發展心理學家發現，嬰兒還未完全明瞭人我之分時，便能同情別人的痛苦。幾個月大的嬰兒看到其他孩子啼哭也會跟著哭，彷彿感同身受似的。約週歲時孩子開始明白別人的痛苦是別人的，但仍會感到不知所措。紐約大學的馬丁．霍夫曼（Martin L. Hoffman）做過相關研究，他注意過一個一歲大的孩子帶他媽媽去安慰一個哭泣的小朋友，而事實上小朋友自己的媽媽就在身旁。其他同齡孩子也表現出同樣的困惑，他們會模仿別人的痛苦（可能是為了更了解他人的感受）。譬如說看到其他孩子手受傷時，一個一歲大的孩子可能會把手伸進嘴裡，看看自己是否也會痛。或者看到母親哭泣時，孩子可能會擦拭自己的眼睛，雖然他並未流淚。

一九二〇年代美國心理學家鐵欽納（E. B. Titchener）首度使用**同理心**一詞時，指的就是這種**行為模仿**（motor mimicry）。同理心一詞源自希臘文empatheia（神入、移情，編註：有進入他人情感或知覺世界之意），原來是美學理論家用以形容理解他人主觀經驗的能力。鐵欽納認為同理心源自身體上模仿他人的痛苦，從而引發相同的痛苦感受。他使用**同理心**一詞與同情區別，因同情並無感同身受之意。

到二歲半時小孩不再做行為模仿，而能區別他人與自己的痛苦，也較能安慰別人。下面是一個母親的記錄：

鄰居的一個小孩在哭……珍妮走過去拿餅乾給他吃，一路跟著他走，甚至自己也開始發出哭音。接著她想要撫摸他的頭，但他躲開了……他漸漸不哭了，但珍妮似乎仍很關切，仍不斷拿玩具給他，拍他的頭和肩。

到這個階段小孩子對他人情感的敏感度開始有所不同，有些很敏銳（像珍妮），也有的開始變得冷漠。美國心理衛生學會的瑪麗安．瑞耶若（Marian Radke-Yarrow）與卡洛琳．詹衛斯勒（Carolyn Zahn-Waxler）做過一系列相關研究，發現同理心的差異與父母的管教方式很有關係。管教方式如果強調對別人的影響，如看你害妹妹這麼難過，而不只是你怎麼這麼調皮，孩子的同理心會較敏銳。此外，身教也很重要，孩子會觀察大人對其他人情感的反應方式，從而加以模仿，逐漸塑造出長大後的反應模式。

敏感的孩子

莎拉二十五歲時生下雙胞胎馬克與佛萊，她覺得馬克較像她，佛萊較像她丈夫，其實這可能與她對待兩個孩子的雖不顯著、但很巨大的差異有關。小孩三個月大時，莎拉常凝視佛萊的眼睛，即使他轉開臉，莎拉的眼神仍緊追不捨。於是佛萊更用力轉開臉。然後她會望向別處，這時佛萊便轉回來看著母親，接著便又回到原來的眼神追逐上，常弄到佛萊要哭出來。莎拉對馬克則很少如此，馬克可隨時轉開眼睛，母親絕不會繼續凝視。

這只是個小動作但寓意深遠，一年後，佛萊明顯較馬克膽小而倚賴。他害怕時會把頭低下或轉開，避免與人相視，就像他三個月大時與母親的眼神追逐。相反的，馬克總是坦然直視對方，想要望別處時，便微仰起頭帶著自信的笑容。

莎拉母子之所以被如此巨細靡遺的觀察，是因為他們參加一項研究計畫，主其事者是康乃爾醫學院心理治療專家丹尼爾・史登（Daniel Stern）。史登對母子間不斷交換的小動作非常感興趣，深信我們情感生活的基本觀念便是在這種親密的時刻奠定的，尤其在孩子知道父母對他的感覺感同身受並予以回饋時，史登稱這個過程為**感情的調和**（attunement）。莎拉對待馬克便達到調和的效果，與佛萊的溝通卻走了調。史登認為這些不斷進行的調和（或失調）動作，影響我們長大後對親密關係的期望，其影響可能比童年時一些看似重大的經驗還深遠。

這種情感的調和都是無言地進行的，屬於親子關係整體節奏的一部分。史登長期拍攝親子相處的實況，對這個問題有極精確的觀察與研究。他發現母親透過調和的動作可讓嬰兒知道母親了解他的感覺。譬如說小孩愉快地尖叫，母親會輕搖嬰兒，低聲應和或發出同樣的尖叫聲，表示認同他的快樂。或者小孩搖動博浪鼓，母親很快搖動身體以示回應。在這樣的互動中，母親必須配合小孩的興奮程度做相對因應。這種情感微調讓孩子感受到情感的聯繫，而且這種微調相當頻繁，根據史登的觀察，母親與嬰兒互動時約每分鐘發生一次。

情感的調和與純粹的模仿截然不同，史登指出：「模仿嬰兒的動作只是表示你明白他在做什麼，要讓他知道你了解他的感受，你必須以不同的方法回應。」

成人生活中最接近這種母子情感調和的行為莫過於做愛，史登說：「做愛時彼此都會感受到對方的主觀存在：情投意合，慾望交織，是一種共同沉浮的經驗。」種種細密的呼應宣示的是無聲勝有聲的深情。做愛臻於極致是交互移情，等而下之的則完全缺少這種情感的交流。

情感失調

史登指出，嬰兒透過不斷的情感調和慢慢了解有人願意分享他的感受，這種感覺約始於八個月大時（這時嬰兒開始有人己之別），之後終其一生仍會因應其他親密關係不斷形塑。失調的親子關係是很糟糕的。在一項實驗中，史登請母親刻意對嬰兒的行為做過度或過少的反應，結果嬰兒立刻表現出驚慌或痛苦的樣子。

親子之間長期缺乏調和，對孩子的情感會造成嚴重的傷害，例如母親對孩子的特定情感（快樂、悲傷、對擁抱的渴望等）一直未能做同理心的回應，孩子會漸漸逃避表達或甚至不去感受這些情緒，終至其他的情感也會萎縮消失，特別是這些感受在童年時期即或隱或顯地被壓抑時。

同樣的道理，小孩也會因某些不當的情緒特別容易得到回應而有偏好的傾向。嬰兒也會「感染」大人的情緒，研究發現，三個月大的嬰兒因母親情緒沮喪，在遊玩時較易表現憤怒與悲傷，與其他正常家庭的小孩相較，較少表現自發的好奇與興趣。

參與史登研究計畫的一個母親持續對孩子的行為做冷淡的反應，後來這個孩子竟變得較被動。史登指出：「小孩會告訴自己，我的活躍舉動反正引不起母親的相對反應，還不如靜靜的。」所幸這樣的後果並非無可補救：「在人的一生中，人際互動模式會不斷因人際關係而重塑，包括與親友乃至心理醫師的關係。早年的失衡還是可以調整過來，這是一輩子不斷進行的歷程。」

有些心理分析專家認為心理治療做的就是情感調和的補救工作，治療過程中醫師必須時時做出回應，以示了解病患的內心狀態，這很類似親子之間的情感調和動作，有些專家稱之為**回映**（mirroring）。這種回映往往是意在言外，不知不覺中進行的，但仍可讓病患產生有人深深了解自己的安慰感。

童年時期缺乏情感調和可能造成一生的情感傷害，而且受害者可能不只是孩子本身。有人研究過極端殘酷暴力的犯罪，發現罪犯早年生活有一共同特點，不是待過多個寄養家庭，就是在孤兒院長大，顯然在情感上遭忽略，少有情感調和的機會。

情感上遭忽略會使同理心鈍化，長期的情感虐待（嚴酷體罰、威脅、羞辱等）卻可能造成相反的後果，可能對周遭人們的情感過度敏感，對預示威脅的訊息有一種近似受過創傷而養成的警覺。童年遭受心理虐待的孩子便常有這樣的問題，長大後情感嚴重起伏不定，有些甚至被診斷為近似邊緣型人格違常（borderline personality disorder）。這類人往往敏於判讀周圍人們的感受，而不少在童年時都有受虐的經驗。

從神經病學看同理心

關於同理心與腦部結構的關係，最早的線索來自一些奇特難解的案例，這也是神經病學常有的現象。一九七五年的一份報告指出，前額葉右邊受損的病患有一奇特的症狀：他們無法了解別人語調中傳遞的情感訊息，但可正確無誤地了解別人所說的話。別人說謝謝時語帶諷刺、感激或憤怒，對他們而言都一樣。一九七九年的一份報告則顯示，右腦受損的人有另一種問題：無法透過語調及手勢表達自己的情感。病患清楚知道自己的感受，但就是無法表達。兩份報告的作者指出，這些受損部位都與腦部邊緣系統有密切的關係。

上述案例是加州科技學院心理治療專家李絲麗．布拉葸（Leslie Brothers）發表一篇報告時引述的，她的報告主題正是由生物學探討同理心。布拉葸檢視多項神經病學的發現及動物比較研究的結果，指出同理心的產生源自杏仁核及其與視覺皮質的連結。

很多相關的神經病學研究都以動物（尤其是靈長類）為對象。靈長類確實有同理心的表現（布拉葸喜稱之為情感的溝通），且確實經過下列研究的證實：研究人員首先讓恆河猴學會畏懼一種聲音，方法是每次聽到這種聲音就會被電擊一下。然後讓猴子學會聽到聲音時推一根桿子就可避免電擊，接著讓猴子分居不同的籠子，彼此只能透過閉路電視看到對方的表情。首先讓第一隻猴子聽到可怕的聲音（第二隻聽不見），臉上露出害怕的表情。第二隻看到後竟然去推桿子，這顯然是同理心的作用，甚至有些接近利他主義。

這時研究人員確定靈長類可從同類的表情判讀其情緒，接著將一條細長的電極輕輕插入猴子的腦中，以記錄單一神經元的活動。結果發現，當猴子看到同類的表情時，這個訊息會先傳到視覺皮質，繼之傳到杏仁核。這正是一般情緒訊息的傳送路徑，值得驚訝的是另一項發現：視覺皮質的一些神經元**只**對特定的表情或姿勢有反應，如張牙咧嘴或溫馴臥倒。這些神經元不同於辨識熟悉臉孔的神經元，似乎顯示人腦原本就設計有對特定表情反應的機轉，也就是說，同理心是天賦的本能。

布拉惹提出另一項研究來證明，杏仁核連接皮質這條路徑，對情緒判讀與反應的重要，研究方式是將野生猿猴的這一神經連結切除，然後再放回野地。結果猿猴在爬樹、餵飽肚子等日常事務上仍能應付，但卻失去與同類情緒互動的能力。當另一隻猴子友善地接近時，牠卻趕快跑開，終而過著離群索居的生活。

布拉惹指出，只對特定情緒反應的神經元特別集中於若干皮質區，這些區域恰好與杏仁核的連結最密集。顯見情緒的判讀須透過杏仁核與皮質之間的路徑，再據以做出適當的反應。布拉惹說：「這樣的設計當然攸關靈長類的生存能力，當動物察覺有異物靠近時，便可激發特定的生理反應，進而極快速地判斷對方的意圖是攻擊、求偶或其他原因。」

柏克萊加州大學心理學家羅伯特．李文森（Robert Levenson）發現，人類的同理心也有相似的生理規則，他研究的對象是激烈爭執的夫妻，方法很簡單：將夫妻爭執的情形錄下來，同時測量其生理變化。事後請夫妻看帶子，並敘述當時自己及**對方**的反應。

結果發現：**生理變化與配偶同步的人**敘述內容最準確。所謂同步是配偶冒汗時他也冒汗，配偶心跳減緩時他也跟著減緩。也就是說，他的身體無時無刻不模仿配偶的細微生理變化。但也有人觀看錄影帶時，身體變化仍與爭執時自己的生理狀況相同，這種人便完全無法掌握配偶的感覺。可見生理步調相同才能產生同理心。

當強烈的情緒驅使身體做出激烈反應時，同理心很難產生。本身必須平心靜氣，才可能接收及模仿對方的細微變化。

利他主義

「莫問鐘聲為誰而響，不是別人，正是為你。」這是英國文學史上的名句。詩人約翰·但恩（John Donne）一語道出人的相互關懷源自人溺己溺的同理心，關懷就是設身處地、將心比心。從這個角度來看，**同理心**的相反就是**憎惡**。所有的道德判斷幾乎都涉及同理心，因為道德判斷總是關乎某個潛在受害者或弱勢者。這類例子不勝枚舉。譬如說，應不應該為了顧及朋友的感受而做出善意的欺騙？你是否應放棄一個重要的宴會，如約去探望病中的友人？還有安樂死的問題等等。

提出這些問題的是專門研究同理心的霍夫曼，他認為同理心是道德的基礎，因為促使人們互相幫助的動力，就是對弱勢者的處境感同身受。這種設身處地為他人著想的能力，影響每個人的道德準則。

霍夫曼指出，同理心自出生起即自然而然慢慢養成。前面說過，一歲大的孩子看到別的小孩跌倒哭泣，便會同感難過，而且那是一種立即而強烈的感受，小孩甚至恍如自己跌倒似地躲進母親懷裡撒嬌。之後小孩開始有人己之別，會主動拿玩具安慰別的孩子。到約二歲大時，孩子開始了解每個人有自己的情緒，於是對於顯露情緒的種種線索較敏感，譬如說，他可能為了顧及其他孩子的自尊，在對方哭泣時刻意不去特別注意。

孩子到更長大一些時，同理心的發展更趨成熟，漸能了解痛苦不只是表面上看到的，而往往源自個人的境遇或更複雜的原因。於是孩子能夠同情整個族群的命運，如窮人、被壓迫者或社會邊緣人。這種同情心可能構成青少年的道德信念，啟發減輕世間不幸與不義的力量。

許多道德判斷與義舉都是源自同理心，如英國哲學家約翰．穆勒（John Stuart Mill）所說的「移情而生的憤怒」，意指「看到別人受傷害時，我們也會感到受傷害……在理智與同情交互作用下……自然會產生的報復心理」。穆勒稱之為「正義的守護神」。路見不平拔刀相助是另一個例子，研究顯示，旁觀者對受害者的同理心愈濃，愈可能拔刀相助。此外，同理心也會影響人們的道德判斷。舉例來說，在德國與美國所做的研究都顯示，同理心愈濃的人愈贊成資源應依人們的需求分配。

犯罪心理

亞瑞．艾卡特（Eric Eckardt）的名字對讀者也許很陌生，但若說他是美國花式溜冰選手佟亞．哈汀（Tonya Harding）的保鑣，大家可能就有印象了，就是他派人去暗算與哈汀角逐一九九四年奧運金牌的對手南西．克瑞根（Nancy Kerrigan）。克瑞根因膝蓋被打傷錯過重要的訓練。後來艾卡特在電視上看到泣不成聲的克瑞根，懊悔之情油然而生，乃向朋友吐露心聲，才揭露這件轟動一時的案子。這就是同理心的表現。

可悲的是，那些犯下慘無人道罪行的人通常都缺乏同理心，這是強暴犯、兒童虐待犯或家庭暴力犯常見的共同問題。正因為他們對受害者的痛苦視若無睹，才能以種種藉口合理化其犯行。強暴犯會告訴自己「女人其實喜歡被強暴」，或「女人抗拒其實是以退為進」，性騷擾犯的藉口可能是「我是在表達對孩子的愛」，虐待兒童的父母則認為那才是適當的管教方式。這些藉口並非憑空揑造，而是因上述問題接受治療的病患自述其進行或計畫犯行時的心理。

這類罪行的發生往往是情感惡性循環的一個環節，使其在犯罪時完全泯滅同理心。以兒童性騷擾為例，通常犯罪者先產生憤怒、沮喪、寂寞等感覺，譬如說看到電視上愛戀中的情侶，自憐孤單而感到沮喪。於是嘗試在幻想中尋求慰藉，通常都是與孩童產生溫馨的友誼，但後來漸走向性幻想而以自慰結束。犯罪者的寂寞因此得到紓解，但這只是短暫的，繼而產生更強烈的沮喪與寂寞。於是犯罪者開始想到將幻想付諸行動，告訴自己「只要孩子的身體不受傷害就不算傷害」，「對方如果不願發生性關係自可拒絕」。

這時性騷擾是透過變態的幻境來看待受害者，而無法對小孩子真正的感受產生同理心。後續的犯罪細節都與這種情感冷漠有關，包括如何使受害者落單，仔細模擬犯罪過程到實際犯罪。犯罪者將幻想中順服的孩童形象投射在受害者身上，因此在他們眼中，受害者彷彿自身沒有任何感覺，他們看不見受害者的掙扎、恐懼、厭惡的反應，否則也就不可能犯罪了。

對這類罪犯的一種新的治療法，便是針對同理心的缺乏對症下藥，其中一項是讓犯罪者閱讀讓人心痛的罪行細節，但是採取受害者的敘述觀點，觀看錄影帶中受害者泣訴被騷擾的痛苦。然後請犯罪者以受害者的角度敘述其犯行，想像受害者的感受，以受害者的角度回答關於犯罪過程的問題。最後請犯罪者參與犯行的模擬重演，但這一次他必須扮演受害者。

這種治療方式是佛蒙特監獄心理專家威廉．皮塞斯（William Pithers）發明的，他告訴我：「對受害者的處境產生同理心，可改變犯罪者的觀點，如此他甚至在幻想中也很難否定對方的痛苦。」這可使犯罪者在抵抗不正當性衝動時有更強烈的動力。在獄中接受過這類治療的罪犯，再犯的比率是未受治療者的一半。如果沒有這股因同理心產生的動力，其他治療都很難奏效。

不過，要在另一種罪犯：心理變態者（最近則習稱**社會變態者**）的腦中灌輸同理心，希望渺茫得多。心理變態者通常個性迷人，即使犯下最令人髮指的罪行也無絲毫悔意。這種人完全無法設身處地為人設想，或是同情別人、感到一絲良心譴責，這種情感上的嚴重缺陷是很難解釋的，其中一個原因似乎是他們無法做任何情感的聯想。例如有些殘酷的連續殺人犯，以看到受害者臨死受苦為樂，可說是心理變態的極致。18

而且心理變態者極善於說謊，為達目的可說出任何謊言，無動於衷地玩弄受害者的情感。十七歲的洛杉磯幫派分子費洛（Faro）就是個典型的例子，他在一次瘋狂槍殺中使一對母子殘廢，事後卻沾沾自喜毫無悔意。作家里恩．冰（Leon Bing）曾為了撰寫一本關於洛杉磯幫派的書而訪問費洛，費洛便在車上露了一手，他告訴里恩他要給鄰車兩個傢伙顏色瞧瞧。里恩記述這段經過：

鄰車的人意識到有人在看他，略望向我們這邊。當他觸及費洛的眼神時眼睛張大了一點，然後便匆匆轉開低下頭去。我在他眼中清清楚楚看到一樣東西：恐懼。

費洛讓里恩見識他剛剛的眼神：

他直視著我，整張臉彷彿變魔術似地陡然變色，這是一張夢魘中的臉，令人望而生畏。它告訴你，如果你膽敢回視，如果你膽敢向這個孩子挑戰，你最好能站穩腳跟。他的眼神顯示他什麼都不在乎，不論是你死或他亡，他都不在乎。

當然，犯罪是極其複雜的行為，有些解釋完全與生物學無關。一種理論是，生存在暴力充斥的環境中，異常的情感表現技巧（如威嚇）或犯罪可能對生存下去較有利，同理心太敏銳反而不利。事實上，順應情勢去除同理心在很多時刻幾乎是一種「優點」，如負責審訊犯人或商場上的投機分子。根據一些獨裁國家中專事刑求的獄吏的自白，他們都努力不去感受被刑求者的痛苦，以免影響「職務」。很多理由會使人走向操控他人情感的道路。

另外一種缺乏同理心的現象，是在研究以殘酷手段毆妻的案例時無意間發現的。專家研究經常毆打或以刀槍威脅妻子的人，發現多數人表現出異常的生理反應，他們並不是在盛怒之下出手的，而是一種處心積慮的冷酷行為。當他們的怒氣上升到一定程度時，心跳竟然不升反**降**，這表示他們的行為雖然愈來愈暴力，生理上其實愈趨冷靜。顯見這是有計畫的恐怖行為，以威嚇手段達到控制妻子的目的。

這類冷血型的丈夫與一般毆妻者不同，他們在家庭以外較易有暴力行為，如喝酒打架或與同事親戚不和。多數毆妻者都是出於衝動，可能因被拒、嫉妒、害怕被拋棄而感到憤怒。這種計畫型的毆妻者則會毫無來由的打老婆，而且一旦出手，不管老婆怎麼做都無法遏止其暴力行為。

有些專家認為心理變態者會如此冷酷而缺乏同理心，可能源自某種神經方面的缺陷（註）。專家所採用的兩種證明方式都與邊緣系統的神經路徑有關。一種方式是讓實驗者看字母次序打亂的字，同時觀察其腦波變化。每個字出現的時間很短暫，約只有十分之一秒。多數人對富情感含義的字（如**殺害**）與中性的字（如**椅子**）會有不同的反應；辨識第一種字的速度較快，腦波的形式也不同。心理變態者則沒有這種區別，顯示負責辨識字的語言皮質，及負責賦予字義的邊緣系統的連接出了問題。

負責這項實驗的是英屬哥倫比亞大學心理學教授羅伯特．海爾（Robert Hare），他認為這顯示心理變態者對富情感含義的字理解力較差，也顯示情感的淺薄。他指出，心理變態者的冷酷無情，可能是因為杏仁核及相關路徑的運作有缺陷。他早期一項研究發現：即將接受電擊的心理變態者毫無恐懼的反應，這與一般人面對痛苦的反應大相違背。正因為面臨痛苦不會引發焦慮感，心理變態者對其行為可能招致的懲罰毫不在乎。也因為他們對恐懼沒有感受，對受害者的痛苦與恐懼也無法產生同理心或同情心理。

註釋

註 特別值得一提的是，即使某些犯罪確實有生物上的原因，如同理心機制的缺陷，並不表示所有的犯罪者都有生理上的缺陷，或是可從生物上找出特定的犯罪標記。目前在這方面有不少爭議，已有的共識是並無所謂生物標記或犯罪基因的存在。即使某些個案確有缺乏同理心機制的現象，也不代表這樣的人必會淪為罪犯，事實上多數人都不至於如此。造成犯罪的原因很多，有心理的、經濟的、社會的因素，缺乏同理心只是其中一端。

CHAPTER

8

社交技巧

五歲大的藍尼原本與二歲半的弟弟傑伊在玩積木，不久便因傑伊將積木弄得亂七八糟而不耐煩，一怒之下咬了傑伊一口，傑伊立刻哇哇大哭。母親一聽跑進來斥責藍尼，命他將積木收拾好。這對藍尼而言顯然是極不公正的處置，止不住也哭了起來。母親正在氣頭上，根本充耳不聞。

結果安慰藍尼的是最不可能的人——傑伊，原本被欺負的人看到哥哥哭了，反倒過來安慰他。下面就是兄弟倆的對話。

先是聽到傑伊懇求的聲音：「藍尼別哭，別哭了好不好？」

但藍尼仍哭個不停，傑伊眼見懇求無效，轉而向母親求助：「媽咪，藍尼在哭。看，藍尼在哭耶。」

接著他又轉向哥哥，像媽媽似地拍拍他，一邊安慰道：「藍尼乖，不哭。」

藍尼仍抽噎不止，於是傑伊又採取另一項策略，幫忙將積木收拾好，同時很好心地說：「我幫你收積木好不好？」

藍尼依舊沒有停止哭泣，計謀百出的傑伊又想到另一招——轉移注意力。他拿出玩具車給哥哥，想讓他忘記剛剛發生的小小悲劇。「車裡有個人耶！藍尼，你看這是什麼？這是什麼？」

藍尼一點興趣都沒有，彷彿悲不可抑似地淚流不止。母親看得不耐煩，終於使出傳統的管教法寶：「你想挨揍嗎？」藍尼嘀咕著說：「不想。」

「那就拜託你別哭了。」母親的語氣堅定而帶著惱怒。

藍尼可憐兮兮地哽咽著說：「我是想不哭啊。」

這讓傑伊想起最後一招，他學著母親的權威口氣威脅道：「藍尼不許哭，不然打屁股。」

這個故事顯示出兩歲半的孩子在處理別人的情感時懂得多麼複雜的技巧。為了安慰哥哥，傑伊採取多種策略，包括懇求、求助另一個人（可惜母親未伸出援手）、以身體語言安慰、幫忙收拾玩具、轉移注意力、威脅、直接命令等。顯然這些策略是傑伊自己難過時體驗過的，最值得注意的是，他在這麼小的年紀就能隨機應變立刻派上用場。

當然並不是每個小孩都這麼善解人意，有的小孩可能會藉機報復，讓哥哥哭得更兇。同樣的策略也可用來嘲諷或折磨對方，但即使是心懷惡意也是一種情感能力的表現，表示小孩有能力認知他人的情感，並採取行動進一步左右其情感。而左右他人的情感正是處理人際關係的關鍵藝術。

幼兒要展現這種人際能力以前，必須先達到某種程度的自制力，開始能夠壓抑自己的憤怒、難過、衝動或興奮；儘管孩子的嘗試常常失敗。自身要先心平氣和才可能掌握別人的情感，這種自制力在兩三歲幼兒身上開始顯現。孩子能夠耐心等待而不哭泣，有時會採取說理求情等手段（當然有時還是會哭鬧蠻橫），不再一味亂發脾氣，時而展現成熟的耐性。兒童約二歲時開始出現同理心的反應，傑伊會那麼努力安慰哥哥便是出自同理心，或者說同情心的根源。由此看來，掌握他人的情感（人際關係的高度藝術），必須先具備兩項技巧：自我掌握與同理心。

人際技巧便是以此為基礎慢慢培養起來的，即使是最聰明的人，如果缺乏這方面的能力，也很難有成功的人際關係，甚至給人傲慢、可厭或遲鈍的感覺。具備這種能力的人與人接觸時常可居主導地位，容易打動別人，能享有豐富的親密關係，既可說服，又能影響，同時還可讓人覺得自在。

情感表達

自我情感的表達是很重要的社交能力，保羅．艾克曼（Paul Ekman）指出，社會對情感表達的時機與方式有一套規則，亦即他所謂的**表情規則**。不同文化在這方面可能有很大的差異。艾克曼及其日本同僚便曾請一群學生觀看少年土著行割禮儀式的恐怖影片，藉以研究學生的表情。這些日本學生每當有較具權威的人士（如長者）在場時，臉上僅有些微的表情。獨自觀看時（實際上被隱秘的錄影機錄下來），則明顯地露出痛苦、恐懼、厭惡的表情。

這裡試列舉幾種基本的表情規則。一是**盡量抑制**情感的表現；這是日本人在權威人士在場時的典型表現，譬如上述實驗中的學生便都戴上了假面具。一是**誇張**的表情；前面提過一個六歲大的孩子因被哥哥欺負，誇張地愁眉苦臉顫抖著嘴唇向母親哭訴，即是最佳例證。第三種是**替代**表情；有些亞洲國家認為拒絕別人太失禮，多會做虛假的應允。一個人運用這些策略的時機與技巧，與其EQ的高低有關。

我們每個人都很早就開始學習這些規則，其中一個管道是明確的言教。譬如說，孩子生日時祖父送了一份他很不喜歡的禮物，我們可能會教孩子不可露出失望的樣子，這就是表情規則的教育。但更多時候是透過身教的方式，簡而言之就是有樣學樣。教育時應注意情感既是媒介，本身也承載一定的訊息。當父母告訴孩子要「微笑說謝謝」時，如果口氣嚴厲而冷淡，得到的恐怕是反效果，小孩子很可能皺著眉冷冷地簡短說聲謝謝，聽在祖父耳裡自然也是兩樣；前者雖是誤導的訊息卻讓他很高興，後者必然使他難過不已。

情感的表達方式對接受者的影響是立即的。小孩子學到的教訓可能是：「如果真情感受會傷人，你應該隱藏起來，代之以較不傷人的假情感。」這樣的規則已不只是社交禮儀的一種，更攸關我們的情感對他人的影響。謹遵規則才能達到最佳效果，反之則可能釀成災難。

演員當然是表情達意的專家，他們就是憑藉豐富的表情引發觀眾的反應。有些人的確具備天生的演員才華，但因為每個人接受的身教不同，情感表達技巧自是高下迥異。

感染力

越戰初期一排美國士兵在某處稻田與越共激戰，這時突然有六個和尚排成一列走過田埂，十足鎮定地一步步穿過戰場。美國兵大衛．布西（David Busch）回憶道：「這群和尚目不斜視地筆直走過去，奇怪的是竟然沒有人向他們射擊。他們走過去以後，我突然覺得毫無戰鬥情緒，至少那一天是如此。其他人一定也有同樣的感覺，因為大家不約而同地停了下來，就這樣休兵一天。」

這些和尚的處變不驚在激戰方酣時竟澆息了士兵的戰火，這正顯示人際關係的一個基本定理：情緒會互相感染。這當然是個極端的例子，一般的情況沒有這麼直接，而是隱藏在人際接觸的默默交流中。在每次接觸中彼此的情緒互相交流感染，彷彿一股不絕如縷的心靈暗流，當然並不是每次交流都很愉快。這種交流往往細微到幾乎無法察覺，譬如說同樣一句謝謝可能給你憤怒、被忽略、真正受歡迎、真誠感謝等不同的感受。情感的感染是如此無所不在，簡直可比擬為一種病毒。

我們在每一次人際接觸中不斷傳遞情感的訊息，並以此訊息影響對方。社交技巧愈高明的人愈能自如地掌握這種訊息。社交禮儀其實就是在預防情感的不當洩漏破壞人際和諧，如果將這套禮儀運用在親密關係上必然讓人感到窒息。情感的收放正是ＥＱ的一部分，比較受歡迎或個性迷人的人通常便是因為情感收放自如，讓人樂於與之為伍。善於安撫他人情緒的人更握有豐富的社交資源，其他人陷入情感困境時必然會求助於他。事實上我們每個人都是彼此的情感轉變機制，只是有時變好有時變壞。

情緒的感染通常是很難察覺的，專家做過一個簡單的實驗，請兩個實驗者寫出當刻的心情，然後請他們相對靜坐等候研究人員回來。兩分鐘後研究人員回來了，請他們再寫出自己的心情。注意這兩個實驗者是經過特別挑選的，一個極善於表達情感，一個則是喜怒不形於色。實驗結果，後者的情緒總是會受前者感染，每一次都是如此。

這種神奇的傳遞是如何發生的？很可能是我們會在無意識中模仿他人的情感表現，諸如表情、手勢、語調及其他非語言的形式，從而在心中重塑對方的情緒。這有點像俄國導演史坦尼拉夫斯基（Stanislavsky）所倡導的表演逼真法，亦即要演員回憶產生某種強烈情感時的表情動作等，以便重新喚起同樣的情感。

日常生活的情感模擬很難察覺，瑞典烏普沙拉（Uppsala）大學研究人員伍夫·丁柏格（Ulf Dimberg）研究發現，人們看到一張微笑或憤怒的臉時，會感染同樣的情緒，這可以從臉部肌肉的細微改變得到證明，但這改變須透過電子儀器偵測，肉眼是看不出來的。

情緒的傳遞通常都是由表情豐富的一方傳遞給較不豐富的一方，也有些人特別易於受感染，那是因為他們的自主神經系統非常敏感，因此特別容易動容，看到煽情的影片動輒掉淚，和愉快的人小談片刻便會受到感染（這種人通常也較易產生同理心）。

俄亥俄州大學社會心理生理學家約翰·卡西波（John Cacioppo）在這方面有相當深入的研究，他指出：「光是看到別人表達情感就會引發自己產生相同的情緒，儘管你並不自覺在模仿對方的表情。這種情緒的舞動、傳遞與協調無時無刻不在進行，人際互動的順利與否便取決於這種情緒的協調。」

觀察兩個人談話時身體動作的協調程度（通常彼此並不自覺），可了解其情感的和諧度。諸如適時的點頭表示贊同，或兩人同時改變坐姿，或是一方向後一方傾前，甚至可能是兩個人以同樣的節奏搖動椅子。這種動作的協調與史登所觀察到的母子關係有異曲同工之妙。

動作的協調似有利於情緒的傳送，即使是負面的情緒也不例外。有人做過下面的實驗：請心情沮喪的婦女攜同男友到實驗室討論兩人的感情問題，結果發現兩人的非語言訊息愈一致，討論完後男友的情緒愈糟，顯示他們已感染了女友的沮喪。

師生之間也有類似的情形，研究顯示上課時師生的動作愈協調，彼此之間愈覺得融洽、愉快而興趣高昂。一般而言，動作的高度協調表示互動的雙方彼此喜歡。從事上述實驗的奧瑞崗大學心理學家法蘭克．柏尼瑞（Frank Bernieri）告訴我：「你與某人相處覺得是否自在，其實與生理反應有關，動作協調才會覺得自在。而協調與否又與投入的程度有關，十分投入的雙方正負面的情感都會緊密交織。」

簡而言之，情緒的協調是建立人際關係的基礎，這與前面所說的親子情感的調和並無不同。卡西波指出，人際關係的好壞與情感協調能力十分相關。如果你善於順應他人的情緒或使別人順應你的步調，人際互動必然較為順暢。成功的領導者或表演者便是能夠使千萬人隨著他的情緒共舞。拙於傳遞或接收情緒訊息的人，在人際互動上總是窒礙難行，因為別人與其相處易感不自在，雖則他們可能說不出任何理由。

人際互動中決定情感步調的人，自然居於主導地位，對方的情感狀態將受其擺布，這與生物學的生物時鐘（zeitgeber）很接近。譬如說對跳舞中的兩個人而言，音樂便是他們的生物時鐘。在人際互動上，情感的主導地位通常屬於較善於表達或較有權力的人。通常是主導者較多話，另一人較常觀察主導者的表情。高明的演說家（如政治家或布道家）便極擅長帶動觀眾的情緒，誇張地說就是玩弄對方的情緒於股掌之間，這正是影響力的本質。

基本社交智能

瑞奇與羅傑上同一家幼稚園，下課時間他們和其他小朋友在草地上奔跑。瑞奇突然跌倒碰傷膝蓋，哭了起來。所有小朋友都照樣往前跑，只有羅傑停下來。瑞奇慢慢停止哭泣，這時羅傑彎下腰撫摸自己的膝蓋說：「我也受傷了。」

湯瑪士．海奇（Thomas Hatch）認為，羅傑的表現是人際智能的最佳範例，海奇與嘉納同樣服務於實行多元智能教育的光譜學校（Spectrum）。羅傑對同伴的情感表現出異常的敏感，而且很快地與他建立關係，他是唯一注意到瑞奇的處境而嘗試安慰他的人，雖則他的安慰方式不過是撫摸自己的膝蓋。這個小動作卻顯示出建立人際關係的能力，這種技巧是維持任何親密關係（婚姻、友誼或事業夥伴）的關鍵。一個稚齡孩童已顯示出這樣的技巧，長大後必發展出更成熟的人際能力。

海奇與嘉納指出人際智能的四大要素是：

- **組織能力**。這是領導者的必備技巧，包括群體的動員與協調能力。劇院的導演與製作人、軍隊指揮官及任何組織的領導者多具備這種能力，表現在孩子身上則常是遊戲場上的帶頭者。
- **協商能力**。這種人善於仲裁與排解紛爭，適於發展外交、仲裁、法律、事業購併等長才。表現在小孩子身上則常為同伴排難解紛。
- **人際聯繫**。亦即羅傑所表現的同理心，這種人深諳人際關係的藝術，容易認識人而且善體人意，適於團體合作，更是忠實的伴侶、朋友與事業夥伴，事業上是稱職的銷售員、管理者或教師。像羅傑這樣的小孩幾乎和任何人都可相處愉快，容易與其他小朋友玩在一起，自己也樂在其中。這種孩子最善於從別人的表情判讀其內心情感，也最受同伴的喜愛。
- **社交分析**。敏於察知他人的情感動機與想法，易與他人建立深刻的親密關係，心理治療師與諮商人員是這種能力發揮到極致的例子，若再加上文學才華，則可成為優秀的小說家或戲劇家。

這些技巧是人際關係的潤滑油，是構成個人魅力與領袖風範的根本要件。具備這些社交智能的人易與人建立關係，長於察言觀色，領導與組織能力俱強，更是魯仲連式的人才。這種人可說是天生的領導者，能夠充任集體情感的代言人，引導群眾走向共同的目標。也因為與其共處是如此愉悅自在，這種人總是廣受歡迎。

人際能力其實是建立在其他EQ的基礎上，譬如說，社交能力好的人必善於控制自己的情感表達，懂得因應對方的招式拆解，進而隨時對自己的表現做微調，以達到預計的效果。從這個觀點來看，人際能力高明的人實與高明的演員無異。

然而你必須同時清楚掌握個人的需要，才不致成為一個空洞的交際人，雖廣受歡迎而內心空虛無主。明尼蘇達大學心理學家史耐德便是持這種看法，他研究發現，有些高明的社交變色龍極善於提升自我形象，其心理狀態卻正如文學家奧登（W. H. Auden）所說的，其自我觀感「迥異於為使自己受歡迎而營造的形象」。如果你的社交技巧超越自知之明，便可能發生這種現象，因為社交變色龍原就具備見鬼說鬼話的本領。史耐德發現這種人通常能給人絕佳的印象，但極少有穩定而滿意的親密關係。當然，比較理想的情況是在忠於自我與社交技巧之間取得平衡。

社交變色龍很容易為了贏得認可而說一套做一套，他們在公開場合與私下生活戴的是不同的面具。心理分析家海蓮娜．戴伊志（Helena Deutsch）稱之為「面具型性格」，可根據周遭人們的反應彈性變換性格。史耐德告訴我：「有的人公私場合表現出一致的性格，有的人卻像萬花筒似地讓人眼花撩亂。就好像伍迪．艾倫的人物賴利格（Zelig）一樣，急於與周圍的人打成一片。」

這種人會先觀測對方的期望再做回應，而不會坦承心中的感受，而且會為了維持良好的關係，故意對自己不喜歡的人表示友善。在不同的情況下，他們可以有判若兩人（或多人）的表現，一會兒是活潑的花蝴蝶，一會兒是保守的謙謙君子。當然，某些行業確實需要這樣的技巧，如演藝界、法律、銷售、外交、政治等。

有的人會成為隨波逐流的變色龍，有的人卻能在社交技巧與真實情感間取得平衡，關鍵因素在於是否能忠於自我，亦即無論如何都能堅持內心深處的感受與價值觀，甚至可能為了揭穿謊言不惜與人對立，而這種勇氣正是變色龍所缺乏的。

社交低能兒

西索是個聰明人，不僅是大學外語系的高材生，也是傑出的翻譯人才。但他在某些方面卻又十足低能，連最簡單的社交技巧都缺乏，既不懂得如何與人閒聊，長時間相處更是捉襟見肘。總之，他拙於最基本的人際交往，尤其是與女性共處時更是如此，以致西索懷疑自己是否「本質上有同性戀的傾向」，並因此求助心理醫師，實則他完全沒有這方面的問題。

西索向醫師坦承，他真正的問題是害怕別人對他的話不感興趣，使得原本已很笨拙的社交技能更加不堪。他與人相處時常因緊張過度而在不適當的時候吃吃傻笑，別人講笑話時又僵立無反應。他自承這個問題可溯自童年時期，並自稱一生中只有與哥哥在一起才覺得自在，離開家庭後他的笨拙便顯露無遺，成為社交上的低能兒。

引述這個故事的是喬治華盛頓大學心理學家拉金・菲利普（Lakin Phillips），他認為西索的問題源自孩提時未能學習基本的社交互動。西索小時候應該學到的是：

> 坦然直接與人對話，主動與人接觸，交談時要積極投入而不是被動地答是或不是，適時表達感謝，進出時讓他人先行，作客時耐心等候被接待……常說請和對不起，以及許多我們二歲起就開始學習的基本道理。

我們很難判斷西索的問題究竟源於長者疏於教導，或自己的學習能力太差，卻可由這個故事窺知人際互動的意義與不成文的社交規則。這些規則的意義在於使人際互動的雙方同感自在，不懂規則的人不只是缺乏社交手腕，更拙於處理他人的情感，所到之處總是造成不快或不安。

我們周遭不乏西索這樣的人；總有人不知適時結束談話，對一切明喻暗示皆視若無睹地繼續高談闊論，或者不停地談論自己，對其他人一概沒興趣，不管你如何嘗試把話題轉開，他們依舊堅定不移，或者不斷刺探他人的隱私。這些違常的社交演出都顯示出人際互動的基本課程不及格。

心理學有個名詞叫非語訊息障礙（dyssemia），意指對非語言的訊息缺乏認知能力，據統計約有十分之一的孩童有這方面的問題。這些孩童表現在外的可能是對個人的空間認識不清，與人談話時會站得太近或者把自己的東西放在別人的地方，或是對身體語言或臉部表情的認知或運用不當，或是不善以音調表達情感，以致說話時聲音太尖銳或太單調。

人際技巧拙劣的孩子常會被同伴排擠，因此有不少人致力於研究如何發現孩子的社交問題。這類孩子之所以不受歡迎倒不是因為會欺侮同伴，多半是因為不懂得與人面對面相處的基本規則，特別是不成文的規則。語言表達能力較差的孩子，可能被視為愚笨或教育程度差，但如果是拙於非語言的人際互動規則，同伴可能認為他很「奇怪」而退避三舍。這類孩子可能不知道如何以適當的方式加入遊戲，或者碰觸別人時讓人覺得不自在而不是親暱。這類孩子通常很不善於非語言的情感表達，因而會不自覺地傳遞讓人不安的訊息。

艾莫瑞（Emory）大學心理學家史帝芬．諾威基（Stephen Nowicki）專門研究兒童的非語言能力，他指出：「拙於判讀及表達情感的孩童常易有挫折感。對別人的反應常覺莫名其妙。要知道任何行為都附帶有非語言的情感表達，你不能停止臉部表情或姿勢，也不可能隱藏語調。如果你傳遞的是錯誤的情感訊息，你將無法理解別人的反應；可能被拒絕了還不明白為什麼。譬如說你自覺表現出很高興的樣子，給別人的印象卻是過於激動或憤怒，於是其他孩子也對你表示憤怒，結果你必然是一頭霧水。漸漸地你覺得無法掌控他人的反應，也無法預測自己所造成的印象，於是無力、沮喪、冷漠等感受便慢慢浮現出來。」

這類孩子不但易被孤立，課業的表現也多半不盡如人意。拙於社交的孩子可能誤解老師的意思或做出錯誤的反應，因此而產生的困惑與焦慮又會影響學習效果。專家曾對兒童的非語言敏感度做過實驗，發現誤讀情感訊息的孩子課業表現不如其他同等ＩＱ的孩子。

「我們討厭你」

每個孩子都會面臨一個重要關卡，這時他的社交技巧將面臨最痛苦而無從逃避的考驗：面對一群正在玩耍的孩子卻覺得格格不入。在這關鍵的一刻別人會喜歡你或厭棄你，接納你或排擠你，都是毫無掩飾地公然表現。研究兒童心理發展的人，特別喜歡研究這個關鍵時刻，他們發現人緣好與不好的孩子，採取的策略有很大的差異，這個發現更凸顯出對各種情感與人際訊息的注意、解讀與因應能力有多重要。看到一個孩子徘徊在一群遊戲的團體之外卻不得其門而入，的確讓人很心疼，但這卻是多數孩子共有的經驗，即使是最受歡迎的孩子有時也會被排拒。一項針對小學二、三年級學生所做的調查發現，最受歡迎的同學想要加入一遊戲團體被拒的機率是二六％。

幼兒在排拒他人時，常間接表達出負面的情感判斷，有時甚至坦白得有些殘忍。下面是幾個四歲大孩子的對話。芭芭拉、南茜與比爾正在玩狗熊與積木，琳達旁觀了幾分鐘，嘗試走過去坐在芭芭拉旁邊，開始玩狗熊。芭芭拉轉向她說：「妳不可以玩！」

「可以，」琳達反駁：「我也可以玩。」

「不可以，」芭芭拉不客氣地說：「我們今天不喜歡妳。」

比爾嘗試為琳達辯護，也遭到南茜圍剿：「我們討厭她。」

這是所有孩子都害怕聽到的一句話：「我們討厭你。」因此他們在加入一個新團體時都會格外謹慎。這種焦慮感和成人並沒有太大不同，譬如說我們參加一個與會者都不太認識的派對，看到一群狀甚熟稔的人聊得正起勁，又不知如何加入，可能便產生同樣的焦慮。誠如某研究人員所說的，正因為這個關鍵時刻對一個孩子非常重要：「我們可以從中很快判斷出孩子的社交技巧。」

通常新加入的人會先旁觀一會兒，然後嘗試性加入，謹慎地慢慢採取主動。影響孩子是否被接納的重要因素，包括是否能進入該團體的指涉架構，亦即明白正在玩的是什麼遊戲，哪些行為是不適當的等等。

有兩大禁忌幾乎一定導致被排拒：太急於取得領導地位及與其他人顯得不搭調。人緣差的孩子卻常常會犯了大忌，比如以蠻橫的姿態加入，突然改變話題，急於表達自己的意見，直截了當反對別人的意見等等，目的顯然都是要引起別人的注意。只可惜效果往往適得其反，不是被忽略就是遭排斥。相反的，人緣佳的孩子會先觀察一段時間再加入，並表現出接受該團體的意思，而且會等到自己的地位獲認可後再主動提出意見。

前面提到表現出高度人際智能的四歲的羅傑，海奇觀察發現，羅傑要加入一團體以前會先做觀察，然後模仿其他孩子的行為，最後主動與人交談，進而完全加入，這的確是很高明的策略。舉個例子，羅傑與瓦倫玩一種遊戲，將小石子當作炸彈放入襪子。瓦倫問羅傑他要坐直升機或飛機，羅傑並不直接回答，反問他：「你是坐直升機嗎？」

這段看似無關緊要的對答正顯示羅傑對別人的想法很敏感，且懂得據此維繫彼此的關係。海奇的觀察是：「羅傑時時留心玩伴的想法與作法，因而能真正地玩在一起。我看到的很多小朋友都只是坐上自己的直升機或飛機，然後便各自分飛。」

一個真實故事

如果說安撫他人痛苦的情緒是社交技巧的表現，那麼妥善對待一個盛怒中的人，可能是最高難度的表現。根據我們對憤怒的控制及情緒感染的研究，面對一個憤怒的人最有效的方式，可能是轉移他的注意，對他的感受表現同理心，進而帶引他產生較愉悅的感受；這種以柔克剛的道理與柔道差相彷彿。

下面轉述泰瑞．道森（Terry Dobson）所說的一個故事就是極佳的例證。道森是五〇年代最早去日本學習合氣道的美國人之一。某天下午他坐東京的地鐵要回家，車上遇到一個酒氣沖天的壯碩男子，看樣子是個工人，臉色陰沉沉地彷彿要打架滋事。這人一上車來就顛顛倒倒，把一車子的人嚇得半死，只見他高聲詛咒，把個懷抱嬰兒的婦人撞得跌在一對老夫婦身上，老夫婦嚇得與其他乘客奔逃到車廂另一端。那醉漢又繼續衝撞別人，但因醉得太厲害而失準，緊急抓住車廂正中央一根鐵柱子，大吼一聲想將它連根拔起。

當時的泰瑞每天練八個小時的合氣道，體能正處於最佳狀況，這時他覺得應該站出來干預，以免其他人無辜受傷。但他想起合氣道老師的話：「合氣道是一種調和的藝術，凡是心存干戈之念的人，便破壞了與宇宙的和諧。如果你想要屈服別人，自己已立必敗之地。學合氣道是為了解決衝突，而不是製造衝突。」

泰瑞開始學藝時已答允老師絕不主動尋釁，只有自衛時始可動武。現在他自認終於有機會小試身手，而且理由絕對充分。此時其他乘客都僵坐不敢動彈，泰瑞便慢條斯理站了起來。

醉漢一看見他便吼道，「啊哈！一個外國佬！教你認識認識日本禮儀！」接著便作勢準備出擊。

就在醉漢將動未動之際，突然有人發出一聲宏亮而且愉快得有些奇怪的聲音：「嗨！」那彷彿是好友久別乍逢的欣喜，醉漢驚訝地轉過身，只見一個年約七十著和服的矮小日本老人。老人滿臉笑容地對醉漢招了招手說：「你過來一下。」

醉漢大踏步走過去，怒道：「憑什麼要我跟你說話？」這時泰瑞目不轉睛地注意他的動作，準備一有不對勁立刻衝過去。

「你喝的是什麼酒？」老人眼睛充滿笑意地望著醉漢。

「我喝清酒，關你什麼事？」醉漢依舊大吼大叫。

「太好了，太好了，」老人熱切地說：「我也喜歡清酒。每天晚上我都和太太溫一小瓶清酒，拿到花園，坐在木板凳上……」接著又說起他後園的柿子樹，各種水果，以及夜品清酒的雅興。

醉漢的臉色漸漸柔和起來，緊握的拳頭也鬆開了。「我也喜歡柿子樹……」他的聲音愈來愈小。

老人愉快地問他：「你一定也有個不錯的老婆吧？」

「不，她過世了……」他哽咽地開始說起他的悲傷故事，如何失去妻子、家庭和工作，如何感到自慚形穢。

這時泰瑞要下車了，他走過時聽到老人鼓勵醉漢把所有的心事都說出來，只見醉漢斜倚在椅子上，頭幾乎是埋在老人懷裡。

這就是ＥＱ的精彩表現。

3

EQ的應用

Emotional Intelligence Applied

CHAPTER 9

親密的敵人

佛洛伊德曾對門徒艾瑞克・艾瑞克生（Erik Erikson）說，真正成熟的人必具備愛與工作的能力。果真如此，成熟的人恐怕愈來愈稀有，依目前社會上結婚與離婚的趨勢來看，EQ顯然是愈來愈不容忽視。

先來看離婚率，目前**每年**的離婚率的確有緩和的趨勢，但從另一個角度來看，新婚夫婦**未來**離婚的機率卻有危險攀升的現象。整體的離婚率雖不再增加，離婚的**風險**其實是轉移到新婚夫婦身上。

比較各年份結婚者的離婚率可以得到更清楚的印象，例如美國一八九〇年結婚的人有十分之一以離婚收場，一九二〇年結婚的人離婚率增加為一八％，五〇年結婚的更攀升到三〇％。七〇年結婚的有一半最後勞燕分飛，九〇年結婚的離婚率預估將高達六七％。如果這個預估是準確的，表示新婚的人只有三分之一可望白頭偕老。

有人會說離婚率的提高不見得是因為ＥＱ降低，反倒比較可能是因為社會壓力的日益腐蝕。過去即使是最不堪的怨偶，也可能因社會賦予離婚的禁忌標誌，或妻子對丈夫的經濟倚賴等因素而勉強相守，現在這些因素已逐漸瓦解。但從另一方面來看，社會壓力既已不足以支撐婚姻，那麼夫妻要能長相廝守就更要倚賴情感的力量了。

夫妻和諧與失和的問題近年來受到前所未有的重視，這方面的研究最大的突破當屬精密的生理測量，據此我們得以隨時追蹤夫妻相處過程的細微情感變化。丈夫吵架時的腎上腺素激增、血壓急遽升高，或是妻子臉上轉瞬即逝的細微情緒訊號，都逃不過現代科學家的精密儀器。透過這些生理測量，我們可以找出隱藏在夫妻相處困境背後的生物因素（這些因素通常連當事人都很難察覺或視而不見），進而揭露婚姻生活存續的情感因緣。事實上很多問題可溯及早年的兩性情感差異。

他與她

有一次我到一家餐廳吃飯，進門時看到一個年輕人氣沖沖地走出去，僵硬的表情慍怒未消。一名少婦緊跟在他身後跑出來，氣急敗壞地搥打他的背部，一邊喊道：「你這個殺千刀的！你為什麼不能對我好一點？」她這前後矛盾的詛咒加懇求，以及他的背對著她的姿態，象徵著所有怨偶的關係：她要求對話，他不斷退卻。婚姻諮商專家早就發現，當一對怨偶走到尋求諮商或治療的地步，通常都是陷入這種一進一退的模式：常常是他抱怨她的要求與脾氣不可理喻，她怨嘆他對她的話毫不在意。

這個現象顯示婚姻生活中兩性的情感模式經常牴觸，這種差異也許有生物的背景，但與兩性成長過程中的教養也很有關係。這方面的大量研究發現，造成兩性情感差異的，不僅是男女所玩的遊戲不同，也因為小孩子總是害怕被嘲弄有異性朋友。一項研究發現，三歲大的孩子約有一半的異性朋友，五歲大的孩子只有二〇%，到七歲前則幾乎沒有任何異性朋友。兩性世界自此分道揚鑣，要到開始約會後才又交叉在一起。

此外，在情感處理方面，男女所受的教養也非常不同。一般而言，父母較常與女兒討論情感的問題（除了憤怒以外）。女孩接收到的情感方面的訊息遠多於男孩，父母說故事給女兒聽時使用較多富情感的字眼，母親與女嬰玩耍時表現較多樣的情感，母親也較常與女兒詳細討論情感的本質，但卻常與兒子談論憤怒等情緒的因果關係（可能帶有預防鬧事的教育意義）。

李絲麗．布羅迪（Leslie Brody）與茱蒂絲．霍爾（Judith Hall）總結兩性情感差異的研究指出，女性的語言能力比男性成熟得早，因此較善於表達情感，比男孩懂得運用語言探索情感，較少以暴力等做為情感表達的方式。反之：「我們較不鼓勵男孩把情感說出來，於是男孩對自身及別人的情感狀態較不敏感。」

十歲時男女孩直接表現攻擊性的比率約略相當，被激怒時都會公然反抗。到十三歲時兩性之間便出現明顯的差異，女孩變得較善於技巧性的攻擊策略，諸如排擠、耳語、迂迴爭鬥等。男孩則完全不會使用這些策略，被激怒時依舊正面對抗。事實上，男性一直到成人後，對多樣的情感表達都不及女性擅長。

女孩一起玩時多採親密的小團體方式，強調的是減少敵意與促進合作，男孩則是大團體的遊戲，強調的是競賽。我們可以從遊戲因一人受傷而中斷的情形了解兩者的差異。某一男孩受傷時，他應退出遊戲並停止哭泣，好讓遊戲繼續進行。同樣的情形如果發生在女孩堆中，大家會**中止遊戲**，圍繞在哭泣的女孩身旁安慰她。這正顯示出哈佛學者卡洛·季利根（Carol Gilligan）所稱的兩性主要差異：男孩以堅毅自主與獨立為傲，女孩則自認為是群體的一環。也因此男孩在意的是失去自主，女孩害怕的是關係破裂。黛博拉·田南（Deborah Tannen）在《你根本不了解》（*You Just Don't Understand*）一書也指出，這種觀點上的差異使得兩性在對話時有很不同的預期，男性以就事論事為足，女性尋求的是情感上的聯繫。

相反的情感教養導致兩性的差異，女孩變得善於判讀語言與非語言的情感訊息，懂得自我感受的表達與溝通，男孩則力求減低脆弱、愧疚、恐懼、受傷等情緒。這種差異並不是專家想當然耳，而是有充分的科學證據。舉例來說，數百份研究發現，一般而言女性比男性富同理心，至少從兩性對面部表情語調等非語言訊息的判讀能力來衡量是如此。同樣的，成年女性的臉部表情較易洩漏其情緒。但在幼年時期男女孩喜怒形於色的程度約略相當，上小學以後才漸漸有所區別。這一點可能反映出兩性另一項重大差異：女性對任何一種情感的體驗都較強烈，而且情緒較易變化，或者如一般人所說的，女性**的確是**比較「情緒化」。

一般而言，女性踏入婚姻時已具備情緒管理的能力，男性則不太了解情緒處理對婚姻的重要。一項針對二六四對夫婦所做的研究發現，女性認為美滿的婚姻最重要的因素是「良好的溝通」，男性則不作此想。德州大學心理學家泰德．休斯頓（Ted Huston）對婚姻關係深入研究後發現：「妻子多認為談心才是親密的表現，尤其要討論兩人的關係。丈夫則普遍不明白妻子到底需要什麼，常聽到男人說，『我要和她一起做點事，她卻只想說話。』」戀愛時男性較願意配合女友的需求談心，一旦結婚了，便愈來愈少和妻子交談（尤其是傳統式的夫妻），反而覺得一起做點事（如園藝）感覺較親近。

造成這種現象的部分原因可能是男性對婚姻較樂觀，妻子則較常注意到婚姻問題。一項研究顯示丈夫對婚姻的每個層面都比妻子樂觀，包括性關係、財務狀況、與姻親的關係、夫妻是否傾聽對方的心聲、能否包容對方的缺點等。妻子一般比丈夫會抱怨，真正的怨偶更是如此。一方面男性較易對婚姻滿意，一方面又不喜歡情感交流，無怪乎許多妻子抱怨丈夫總是逃避夫妻關係的討論（當然，這不能涵蓋所有夫妻，我有一位從事心理治療的朋友，他便常抱怨妻子不願討論兩人的情感問題，反而每次都是他先提起的）。

更糟糕的是男性很不善於從臉部表情閱讀情感訊息，比較兩性判讀異性臉上透露的悲傷情緒，女性顯然高明許多。也因此，女性要讓男性注意到她的悲傷，臉上的表情必須更加強烈，如果要讓他關切妳為何悲傷，自然要更加戲劇化才行。

任何夫妻都不免會有不快或意見相左的時候，這時兩性的情感處理差異自然會產生影響。事實上，影響婚姻存續的並不是做愛次數、子女教養方式、財務的處理等特定的爭議，而是討論這些問題的**方式**。對互持異議的層面達成共識是婚姻存續的關鍵，夫妻在面對婚姻的情感波濤時，都應努力克服根本的性別差異，否則不免因情感裂痕而愈離愈遠。下面將探討的是EQ的缺陷如何影響婚姻關係的和諧。

婚姻問題模式

佛萊德：送洗的衣服妳拿回來沒有？

英格麗：（嘲弄的口吻）送洗的衣服妳拿回來沒有？你自己不會拿？我是誰？你的女

傭嗎？

佛萊德：當然不是，如果妳是女傭，至少妳知道怎麼洗衣服。

如果這是電視劇裡的對話，或可博君一笑。很不幸，進行這段唇槍舌劍的夫妻幾年後便離婚了（也許並不令人意外）。這對夫妻是華盛頓大學心理學家約翰．高特曼（John Gottman）的實驗對象，對於婚姻分合的情感因素做過如此詳盡分析的，大概沒有人及得上高特曼。他的實驗方式是將夫妻相處的情形錄影下來，就隱藏在對話背後的情感因素進行冗長而詳細的分析。他們的研究找出導致離婚的幾種問題模式，更加印證EQ對婚姻的重要。

過去二十年來高特曼追蹤了兩百多對夫妻的情感起伏，其中有新婚夫婦，也有婚齡長達數十年的。我們可以舉個例子來說明高特曼的研究有多精細。在一項研究中，高特曼可以預測哪一對夫妻在未來三年內會離婚，**準確率達九四％**（佛萊德與英格麗就是其中一對）。在所有婚姻研究中這樣的準確率幾乎是前所未聞。

這要歸功於高特曼鍥而不捨與巨細靡遺的方法。一對夫妻在談話時，所有細微的生理變化都會被記錄下來，事後並分析每一秒的臉部表情變化（運用艾克曼的判讀技巧），以捕捉任何稍縱即逝的情感轉折。事後再請夫妻個別觀看他們對話的錄影帶，並說出自己在激越的時刻內心真正的感受。這樣所得出的結果幾乎可說是婚姻的X光片了。

高特曼指出，婚姻觸礁的一個最早警訊是惡意的批評。在健康的婚姻中，夫妻彼此若有不滿自可坦然直言，但往往在盛怒之下，直言變成惡言批評對方的性格。舉個例子，潘蜜拉和女兒去買鞋子，丈夫則去逛書店，約好一個小時後在郵局前碰面，再去看電影。母女倆準時到達，卻不見湯姆的蹤影。潘蜜拉開始抱怨：「跑哪去了？電影再十分鐘就開演了，妳爸爸就是最會給別人出狀況。」

十分鐘後湯姆來了，高高興興地敘說他剛剛碰到一位老友的事，同時連聲道歉，卻遭到妻子的嘲諷：「沒關係，這讓我們母女有機會探討你是多麼會給人出狀況。你實在太自我中心，太不會為人著想了。」

潘蜜拉這段話已經不是抱怨，而是人格謀殺，是一種人身攻擊。事實上湯姆已經道歉了，卻因為遲到十分鐘而被妻子貼上「自我中心、不會為人著想」的標籤。多數夫妻都有過這種抱怨過了頭，變成對人不對事的情形。嚴厲的人身攻擊自然比理性的抱怨更具殺傷力，如果抱怨的一方覺得他的抱怨未受重視，自然更常訴諸人身攻擊。

抱怨與人身攻擊的區別再清楚不過了，前者是對**事**不對人，譬如妻子可能會說：「你又忘了幫我拿回送洗的衣服，這讓我覺得你不夠關心我。」這裡表現的是基本的EQ，亦即明確表達自己的感受，而非挑釁或閃爍其詞。人身攻擊則是將事件擴大為全面的不滿：

「你這個人就是這麼自私無情，再一次證明我不能交代你做任何事。」這樣的評語只會讓對方覺得你在羞辱、怪罪、討厭他，甚至覺得自己性格有缺陷，結果可能引發的是自我防衛而不是改善缺點。

特別是帶有輕蔑的批評更是要不得，憤怒時很容易流露輕蔑之意，而且不只是透過語言，語調表情等都可以傳達這樣的訊息。最常見的形式是嘲諷或侮辱性的字眼；混帳、不要臉、沒有男子氣概等。身體語言的殺傷力一樣不容小覷，諸如嗤之以鼻、嘴角微斜或是翻白眼等。

典型的輕蔑表情是臉頰的肌肉緊縮，嘴角上揚（通常是左邊），翻出白眼。當夫妻的一方顯露這種表情時，另一方也會做出無言的反應：每分鐘心跳加快兩三下。這種無言的對話後遺症相當嚴重，據高特曼觀察，如果丈夫經常表示輕蔑，妻子的健康較易惡化，感冒、水腫、腸胃毛病都出來了。如果是妻子經常表示厭惡（輕蔑的近親），例如十五分鐘的對話裡出現四、五次，顯示這對夫妻未來四年內可能勞燕分飛。

當然，偶爾的輕蔑或厭惡還不至於使婚姻瓦解。這類情感上的小發作有點像是吸菸或高膽固醇對心臟病的影響；時間愈長或嚴重性愈高，當然愈危險。在通往離婚的路上，這類因素常是屋漏偏逢連夜雨似地環環相扣。經常的批評輕蔑或厭惡的表現之所以危險，是因為顯示夫妻對伴侶做了最低的評價，因而在內心經常批判對方。敵對或負面的觀感導致攻擊的言語或行動，對方當然也會採取守勢或加以反擊。

反擊或逃避是被攻擊的一方常有的反應，盛怒之下奮力反擊當然是最直接的表現，結果往往導致毫無意義的惡言相向。但逃避可能更糟糕，尤其是採取冷戰的方式。

冷戰是最終的防衛，冷戰者以面無表情及沉默無言的方式拒絕任何對話，但卻能傳遞給對方極其強烈而令人不安的訊息：融合了冰冷的距離、優越感與不屑。冷戰的夫妻通常婚姻已亮起紅燈，據研究，有八五%的冷戰是由丈夫發起的，原因則是遭受妻子的批評與輕蔑。習慣性的冷戰會嚴重扼殺婚姻的前途，因為這等於關閉一切協談之門。

危險的想法

馬丁與梅蘭夫婦坐在客廳，小孩子在一旁吵鬧，馬丁有些不耐煩了。他抬高聲音對妻子說：「妳不覺得孩子太吵了嗎？」

他真正的想法是：「她太放任孩子了。」

丈夫的不耐讓梅蘭覺得有股怒氣逐漸湧上來，繃緊臉皺著眉回答：「孩子玩得很開心啊，反正他們馬上要睡覺了。」

她心裡想：「又來了，一天到晚嫌東嫌西。」

現在馬丁顯然真的生氣了，狀似威脅地向前傾，握緊拳頭，更不耐煩地說：「要不要我叫他們現在去睡覺？」

他想的是：「她凡事都和我唱反調，還是由我掌控比較好。」

梅蘭突然對丈夫的憤怒感到害怕了，溫順地說：「我馬上叫孩子去睡覺。」

她想的是：「他要情緒失控了，說不定會打孩子，我還是妥協的好。」

認知治療的先驅亞倫．貝克（Aaron Beck）提出這個表象與內在對話平行呈現的例子，說明動搖婚姻的危險想法。馬丁與梅蘭真正的情感交流是由個別的想法主導的，而這些想法根植於貝克所謂更深一層的「自發思想」；亦即你對己對人的基本假定，這也是最深刻真實的情感態度。譬如說梅蘭的基本思想是：「他總是藉由發脾氣來欺凌我。」馬丁的想法則是：「她憑什麼這樣對待我？」梅蘭自覺是婚姻中受迫害的一方，馬丁則自覺受到不公平待遇而憤恨難平。

問題婚姻中被迫害情結與憤恨不平是兩種典型的想法，而且會不斷地火上添油，彼此傷害。一旦成為自發思想，會變得愈來愈罪證確鑿；自覺被迫害的一方會不斷從配偶的行為中尋找證據，與其期望不符的行為一律加以忽略或打折。

這種自發思想威力不可小覷，常常會觸動神經警戒機制。譬如一個憤恨不平的丈夫一旦情緒失控，腦中立刻喚起妻子對他的種種不善，而且反覆思索，從兩人相識以來妻子對他的諸般好處卻無一憶起。在這種情況下，妻子的劣勢自是一面倒的，透過丈夫偏曲的視角，即使是刻意的溫柔也可能被解釋成口是心非。

有些夫妻則比較能不溯及既往地就現況做較溫和的解釋，從而避免情緒失控，或者即使失控也能較快恢復。第六章提到心理學家沙里曼所說的樂觀與悲觀的思考模式，夫妻的思想走向當然也不脫這個模式。悲觀的想法認為配偶本質上具有無法改變的缺陷，因而注定婚姻關係的不幸，比如：「他是個自私而自我中心的人，他所受的教養就是如此，只怕本性難移。他只希望我做牛做馬地服侍他，根本不關心我的感受。」樂觀的想法則可能是：「他今天不太好相處，但他以前很溫柔，也許是心情不好……會不會工作上有什麼不如意？」這樣的想法並未將丈夫的好處一筆勾消，認為婚姻已無可挽救，而是歸諸一個可改變的外在因素。第一種思想只會帶來痛苦，第二種則有安慰的效果。

常持悲觀想法的夫妻非常容易情緒失控，動不動就因配偶的行為感到憤怒、受傷或難過，而且從一開始情緒就受影響。結果當然較容易訴諸批評與輕蔑，對方也就更可能以防衛或冷戰來反制。

一個有暴力傾向的丈夫若再抱有這種負面思想，自然是很危險的。印第安那大學心理學家針對暴力型丈夫所做的研究發現，這些男性的思考模式與學校中的惡霸無異；妻子的任何行為都被解釋成含有敵意，據此合理化其暴力行為。約會時有性暴力傾向的男性同樣會曲解對方的意圖，因而會對女性的抗議置之不理。第七章提過，這類男性特別無法忍受妻子的輕視、排拒或當眾給他難堪。下面是丈夫合理化其毆妻行為的典型例子。夫妻一起參加某聚會，丈夫發現妻子一直和同一個英俊的男子談笑，時間已長達半個小時。他推斷：「他們可能在談情說愛。」若妻子的行為有任何排拒或遺棄丈夫的含義，這類男性的反應通常是義憤填膺，繼而怒不可遏。於是腦中可能浮起「她將要離開我」的自發思想，進而情緒失控，引發暴力行為。

情緒決堤

這些不當的心態會使得情緒失控的次數愈來愈頻繁，殘留的傷害愈來愈難平復，從而導致一連串的婚姻危機。高特曼以**情緒決堤**（flooding）一詞形容這種現象，這時夫妻對彼此的爭吵已幾近忍無可忍，內心無法克制地充滿各種可怕的感覺。情緒決堤的人聽到的是偏曲的訊息，而且無法做出冷靜的反應，思考沒有組織，終而只能訴諸原始的反應。這時你可能只希望問題立刻結束，或者逃離現場，有時候則一心只想反擊。情緒一旦決堤，便很容易陷入惡性循環。

有些人防止決堤的門檻較高，較能忍受憤怒與輕蔑，有些人只要聽到配偶一句輕微的批評便立刻爆發。從技術面來說，所謂情緒決堤是就心跳加速的程度而論。在休息狀態下女性每分鐘心跳約八十二下，男性約七十二下（每人的心跳速率與其體型有關）。情緒決堤的開始大約是每分鐘加快十下，若是高達每分鐘一百下（盛怒或痛哭時），身體會分泌腎上腺素及其他賀爾蒙，使得高度痛苦的狀態維持一段時間。情緒失控時心跳會有顯著的改變，每分鐘可增加十、二十甚至三十下，肌肉緊繃，呼吸困難。這時情緒是如此強烈，視角如此狹隘，思想又如此混亂，幾乎不可能寄望改變當事人的觀點或達成理性的協議。

當然，夫妻吵架偶爾難免有這種現象，這是人情之常。婚姻真正亮起紅燈的警訊，是其中一方表現持續性的情緒決堤，於是他對配偶的忍受力幾達臨界點，防衛心理十分強烈，對任何攻擊、侮辱或不公的待遇保持高度敏感，一有風吹草動立刻反應。假設在這種狀態下妻子說：「我們應該好好談一談」，引發的反應可能是：「她又要找我吵架了」，不免又是一波情緒決堤。這種生理的警戒狀態愈來愈難消退，很容易產生說者無心聽者有意的情形，進而引發另一波情緒決堤。

這可能是婚姻最危險的轉捩點，夫妻關係面臨巨大的質變。情緒決堤的一方幾乎時時刻刻看到的都是配偶最壞的一面，對其言行舉止做最負面的解釋。小問題可以引發大爭吵，不斷地彼此傷害。漸漸的，情緒決堤的一方認為婚姻中的所有問題都嚴重到無可挽救，這是因為決堤當頭很難進行防洪工事。一段時間後雙方都覺得溝通也屬枉然，轉而以自己的方式紓解情緒。於是夫妻開始過著同床異夢貌合神離的生活，雖然是兩個人卻倍感孤獨。高特曼指出，下一步通常便是離婚。

觀察一對有情人走向離婚的悲劇，我們不能忽略EQ的重要性。當他們陷入批評與輕蔑，自衛與冷戰，負面思想與情緒決堤的惡性循環，顯然欠缺的是情感的自覺與自制，以及彼此撫慰心靈的同理心。

男人，你的名字是弱者

前面說過性別差異是婚姻問題背後的一個原因，即使是共同生活超過三十五年，夫妻對於情感的處理仍有基本的不同。一般而言，女性較能忍受婚姻齟齬的不快感。柏克萊加州大學李文森研究過一五一對婚齡相當長的夫妻，發現丈夫一致認為夫妻吵架是非常不愉快的，甚至是可厭的，妻子則似乎比較不受影響。

丈夫比妻子容易因配偶的批評或負面訊息引發情緒決堤，促使身體分泌腎上腺素，情緒退潮也需要較長時間。像克林·伊斯威特（Clint Eastwood）那種泰山崩於前而色不變的形象頗受男性歡迎，可能就是代表情感不易決堤的自制力吧。

高特曼指出，男性較易發動冷戰可能也是基於同樣的理由，他的研究顯示，冷戰開始後，男性的心跳速率每分鐘約減少十下，因而產生放鬆的感覺。反諷的是，同時間妻子的心跳卻迅速加劇，顯示陷入高度痛苦。這種你來我往的暗中較勁，導致夫妻相反的情感處理；丈夫急於逃避爭吵，妻子更加努力尋求溝通。

男性較常發動冷戰，女性卻較常批評配偶，尤其是妻子常主動想要檢討婚姻關係，更凸顯出彼此的差異。丈夫自知檢討大會一定愈演愈烈，總是百般想脫身。妻子眼見丈夫缺乏討論的誠意，便會提高音量，抱怨開始變成批評。於是丈夫採取自我防衛甚至冷戰，更讓妻子覺得怨怒交加，輕蔑的字眼也出籠了。這個遭妻子批評與輕蔑的丈夫很容易陷入受迫害或憤恨不平的思想，情緒決堤乃一觸即發。為了避免氾濫成災，丈夫可能會繼續自我防衛或索性冷戰到底。但別忘了，丈夫冷戰的結果是使妻子情緒決堤。如此惡性循環，自然使婚姻的元氣大傷。

婚姻忠告

兩性的差異既然可能導致這麼慘重的後果，夫妻應如何呵護彼此的愛與關懷呢？或者更簡單的說，如何能讓婚姻可長可久？專家觀察牽手數十年的夫妻互動的情形，為兩性提供了若干建議。

兩性需要做很不同的情感調適。男性最好不要逃避爭執，當妻子提出不滿或某項爭議時，很可能是出於維護婚姻關係的動機（當然有時不完全是）。不滿醞釀日久終會爆發，但只要有機會溝通，壓力自會獲得紓解。丈夫也要明白，憤怒或不滿不等於人身攻擊，妻子的情緒表現有時只是強調她對事件的感受有多強烈。

男性也要注意，不可為了縮短爭執時間而過早提出解決方案；妻子更重視的是丈夫是否用心傾聽並體會她的**感受**（丈夫大可持不同的意見）。妻子聽到丈夫輕率提出意見時，可能會解釋成丈夫不重視她的感受。丈夫如果能耐心協助妻子走過盛怒期，會讓妻子覺得貼心而受尊重，一般而言，妻子都會很快平靜下來。

給女性的建議是相對的。男性最感困擾的是妻子抱怨時太過激烈，因此妻子應特別注意不要做人身攻擊，批評時要對事不對人，且不可流露輕蔑之意。盛怒下的人身攻擊幾乎肯定會促使丈夫採取防衛或冷戰，結果只是更增怨怒。此外，妻子在抱怨時不妨同時讓丈夫知道，這是一種愛的表示。

吵架的藝術

報上常有一些社會新聞可做為夫妻的反面教材，下面就是個例子。一對夫妻因看電視而爭吵，丈夫要看球賽，妻子要看新聞。結果丈夫搶贏了，但妻子卻告訴他「她已經受夠了那些球賽」，接著便跑進臥室拿了把手槍，對坐在沙發上的丈夫射殺兩槍。結果妻子被控重傷害，五萬美元交保。先生一槍擦過腹部，一槍穿過肩頸之間，治療後無大礙。

夫妻吵架這麼暴力，代價如此昂貴的並不多見，卻也提供我們重視ＥＱ的教訓。我們發現婚姻成功的夫妻有幾個特點：如較能堅持談完一個主題，開始時就能讓彼此有機會表達意見，更重要的是讓彼此覺得有人用心傾聽對方的心聲，事實上夫妻吵架爭的往往不過就是這一點，適度表現同理心很有助於緩和張力。

走向離婚的夫妻也有一個共同的特點：吵架時都未努力降低火藥味。夫妻爭執是免不了的，有沒有修補裂痕的能力是婚姻成敗的關鍵。修補的藥方其實很簡單，諸如吵架時不要偏離主題，設身處地為對方著想，緩和緊張的氣氛等等。這些就像家用電器的變溫自動開關裝置，避免情緒因過分沸騰而燙傷彼此。

維繫婚姻的一個基本策略是不要專注在個別議題上（如孩子的教養、性生活、財務、家事等），而應努力培養兩人共有的ＥＱ，遇到爭議時自然較容易達成共識。設法讓自己及配偶平心靜氣，設身處地為對方著想，用心傾聽等都是值得培養的技巧。如此你會發現建設性的吵架只會讓婚姻更成熟，反而可以避免不同的意見惡化到摧毀婚姻的根基。

當然，情感處理的習慣不可能一夕改變，高度的毅力與警覺心是起碼的要求。最重要的要有足夠的動力。表現在婚姻中的情感反應模式多半是從小慢慢形成的，從父母的身教與言教中學習，結婚時可說已是積習難改。譬如說有的人口口聲聲絕不重蹈父母的錯誤，但自以為被輕視時總是反應過度，或者面臨一絲爭吵的預兆立刻效法駝鳥的作法。

冷靜以待

任何強烈的情緒追根究柢都是源自衝動，適度地克制衝動便是基本的ＥＱ。但是兩性關係攸關人生幸福，克制衝動談何容易。衝動的背後往往是在追求愛與尊重，恐懼情愛轉薄，甚至一朝被棄，無怪乎夫妻吵起架來常常恍若生死之爭。

然而，夫妻一旦陷入情感失控的狀態，是不可能解決任何問題的。學習如何安撫自己的情緒是維繫婚姻的一個關鍵，亦即要能很快自失控或決堤的情緒漩渦中脫身，因為在這時候你的傾聽、思考與表達的能力都會逐漸瓦解，更不必奢談進一步獲得共識。

可能的話，不妨學習在爭執時每五分鐘量一次心跳，練過有氧舞蹈的人應該都會觸摸耳垂下的頸動脈。只要測量十五秒鐘，再乘以四即可。你可依日常平心靜氣的心跳數為基準，如每分鐘超出十下，表示你的情緒即將決湜。這時夫妻最好分開二十分鐘平靜一下，再回復協商。也許你會覺得五分鐘已經夠長了，但要知道生理的復元是漸進式的。第五章探討過，殘餘的怒火往往能引發更熊烈的大火，因此復元時間愈長愈好。

當然，很多人會覺得吵架時還測量心跳很不可思議，一個簡單的替代方式是彼此事先約定，任何一方只要意識到對方情緒即將決堤便可要求暫停，各人利用有氧運動等方式（或第五章介紹的其他方式）放鬆心情。

解開心結

導致情緒決堤的常是對配偶的負面評價，因此不滿的一方最好直接質疑這個評價的真偽。「我不要再忍受下去了」及「我不該受到這樣的待遇」是典型的受迫害及怨憤情結。認知治療專家貝克指出，你不一定要被這樣的想法激怒或傷害，反而可以透過正面質疑而擺脫其影響。

首先你要提醒自己這樣的想法未必可信，轉而刻意去尋找反面的證據或觀點。舉例來說，妻子在盛怒之下可能會想：「他一向就是這麼自私，從來不顧及我的需求。」她應該努力回想丈夫是否做過任何體貼的事，於是她可能修正自己的想法：「他有時候是滿體貼的，雖然他剛剛的行為讓我很難過。」前一種想法只是徒增憤怒與傷感，後者卻開啟了解決與改變的可能。

不設防的傾聽與訴說

我們常聽到類似下列的對話：

他說：「妳幹嘛愈講愈大聲？」

她說：「我不大聲行嗎？你根本沒在聽，一個字也沒聽進去！」

傾聽是維繫婚姻的重要力量。即使當雙方情緒失控吵到最高點時，用心傾聽還是可能發現彼此有妥協的誠意。很多走向離婚的夫妻都是被怒火沖昏了頭，一味執著於爭議的問題，而忽略了對方話語中蘊含的和解意圖。被抱怨的一方往往急於自我防衛，視對方的抱怨為攻擊，不是充耳不聞就是立刻駁斥，殊不知抱怨也可能是一種期望改變的呼聲。當然，相罵無好話，吵架時有時不免因語氣太強烈而被誤以為是攻擊。

但即使是在最不堪的情況下，你還是可以刻意修正你聽到的訊息，過濾掉敵意或負面的成分（不善的語氣、侮辱、輕蔑的批評等），找出對方要傳達的主要訊息。這當然是很不容易的修養，只要你隨時記住，任何負面的訊息往往只是為了吸引你對配偶的感受或某一事件的重視，便會發現並不是那麼難。下一次如果你的妻子大聲說：「你難道就不能聽我說完再打岔？」也許你不會對她的盛氣凌人反應過度，而會耐心聽她說完。

同理心就是最高境界的不設防傾聽，亦即聽出語言**背後**真正的含義。第七章提過，要發揮同理心，自己必須心平氣和到能夠在生理上反映對方的感受，否則所謂的同理可能變成曲解。當個人的情緒強烈到凌駕一切時，同理心自是無由發揮。

婚姻治療中常用的一種傾聽技巧是「反射法」，一方抱怨時，另一方用自己的話重複一遍，除了抱怨的內容以外對方的感受也要反映出來。如果對方仍覺得未反映出其真實感受，再嘗試一次。這個方法看似簡單，實行起來卻不容易。正確反射的作用不只是讓對方覺得被了解，還會有情感調和的效果。這樣一來往往使得即將發動的攻擊消弭於無形，也可避免小爭執擴大到不可收拾。

至於不設防表達的藝術是避免讓對事的抱怨流於人身攻擊。最早提倡良性溝通法的海姆．季諾（Haim Ginott）認為最佳的抱怨模式是XYZ：因為你的X行為，讓我產生Y感受，我希望的是你能改正為Z行為。舉個實例：「你沒有事先打電話告訴我約會會遲到，我感到憤怒而且不受尊重，你應該打個電話的。」但很多夫妻吵架時衝口而出的是：「你這個只顧自己從不為人著想的混蛋！」總之，坦誠的溝通應該免除所有恐嚇、威脅、侮辱的字眼，或是其他各式各樣的自我防衛：尋找藉口、推卸責任、反唇相稽等。這時候同理心同樣是最有力的後盾。

婚姻和人生一樣，要靠尊重與愛來化解敵意。吵架時如果能讓對方知道你能夠從另一個觀點思索事情，雖然你最終未必同意這個觀點，但將很有助於減少火藥味。另一個方法是勇於認錯勇於負責。即使你的態度一時無法軟化，至少要表示你很用心在傾聽，而且能體會對方的感受。在沒有吵架的時候，不妨多讚美對方，當然不是鼓勵你虛情假意，而是找出你真正欣賞的優點來讚美。尊重與愛不但可安撫配偶的情緒，平時也可累積兩人的情感資本。

愛也需要練習

上述種種技巧都必須在硝煙戰火中立刻派上用場，平時自須練習到純熟流暢。因為人在持續的憤怒與受傷害的狀態下，腦部會不斷採取生命中最早學習的反應模式。人的記憶與反應又有同類情緒互相牽連的現象，激越時很難憶起心平氣和時的反應。也就是說，一個較有利的反應模式如果腦部不熟悉或練習得不夠，便很難臨機派上用場。反之，如果熟練到成為自動反應，在情感危機時較可能臨危受命。也因此，上述策略必須在平時及吵架時多加練習，才可能成為後來的第一反應（或是及時的第二反應）。這幾帖預防婚姻瓦解的藥方，其實只是ＥＱ教育的一小節。

CHAPTER

10

用「心」管理：集體EQ

梅爾賁．麥布倫（Melburn McBroom）是個相當跋扈的上司，同事都有些怕他。如果他的工作單位是辦公室或工廠，這種管理風格也許沒什麼特出，問題在於他是飛機駕駛。

一九七八年的某一天，麥布倫的飛機正飛近奧瑞崗的波特蘭，突然他發現降落裝置有些問題。於是他讓飛機在高空迴旋，一邊處理出問題的裝置。

這時飛機的油料表正穩定下降到接近零，但副駕駛因平時就畏懼麥布倫，在這緊要關頭依舊不敢說話。結果飛機墜落，導致十人死亡。

今天這個故事成為駕駛員安全訓練的活教材據統計，八○％的墜機事件導因於可避免的駕駛失誤，如果機員能合作無間，失誤的機會更少。今天的駕駛訓練強調的不只是技術，團隊合作、坦誠溝通、用心傾聽等基本的社交智能也同樣受重視。

機艙其實是任何職場的小縮影。除非發生墜機這樣的悲劇，職場上許多情感處理失當的問題，諸如士氣低落、下屬飽受欺壓、上司傲慢自是等，鮮少為圈外人知道。而這是要付出昂貴代價的，生產力降低、進度落後、人為與意外失誤、員工流失等都是具體的例子。職場上EQ的低落影響的是企業的實質盈虧，嚴重時甚至可能影響企業的存續。

談EQ的成本效益對企業界還是很新的觀念，有些管理者可能覺得很難接受。一項以二五〇位管理者為對象的研究發現，多數人認為他的工作需要的「是理性而不是感性」。很多人覺得對下屬產生同理心或同情心可能會違背企業目標，其中一人表示，去了解下屬的感受是很荒謬的，因為「這樣就不可能去管理他們了」。另有些人表示，在情感上與下屬保持距離才能做成複雜的企業決策，這可能有些言過其實，事實是與下屬接近只會讓他們在做決策時更人性化一點。

這項研究完成於一九七〇年代，今天的企業環境已非昔日可比。我認為上述理性至上的心態已經過時，是舊時光的奢侈品，新的競爭態勢已使得EQ成為職場與市場制勝的重要因素。哈佛商學院心理學家夏沙那．魯伯夫（Shoshona Zuboff）曾對我說：「企業界在二十世紀經歷了劇烈的變化，情感層面也產生相應的改變。曾經有很長一段時間，受企業管理階層重用的人必善於操控他人並熟諳叢林爭鬥法則，但是到八〇年代，在國際化與資訊科技化的雙重壓力下，這一嚴謹的管理結構已逐漸瓦解。叢林法則象徵企業的過去，長袖善舞的人際技巧則是企業的未來。」

人際能力之所以重要有幾點顯而易見的理由：想想看團體中有一個人總是無法克制火爆的脾氣，或是毫不顧及其他人的感受，對整個團體會有什麼樣的影響？第六章談過激昂的情緒有礙思考，在職場上當然也不例外。一個情緒低落的員工無論是記憶力、注意力、學習力及清晰決策的能力都會減弱。誠如一位管理顧問所說的：「壓力使人變得愚鈍。」

此外，基本EQ可幫助我們掌握同事或客戶的情緒，發生爭議時能妥善處理避免惡化，工作時較容易進入神馳狀態等等。領導不等於壓制，而是說服別人共同為一個目標努力的藝術。再談到個人事業的管理或規畫，最重要的是認清自己對目前工作的真正感受，以及如何讓自己對工作更滿意。

其他較不顯著的理由則反映了職場上的巨變，首先要特別提出EQ運用在職場上的實際效益：可化不滿為建設性的批評，創造一個多元而不衝突的工作環境，形成高效益的合作網。

批評的重要

他是一個經驗豐富的工程師，主持一項軟體發展計畫，這時正在向公司的副總裁做成果報告。長達數月與他並肩努力的同仁也都在場，個個對這項成果深感驕傲。沒想到簡報完畢後副總裁竟語帶譏諷地對工程師說：「你從學校畢業多久？這樣的規格實在太可笑了，恐怕只能停留在紙上作業。」

工程師聞言大為尷尬，就像洩了氣的皮球似地終場悶不作聲，斷斷續續有其他組員提出辯護，有些甚至帶有敵意。這時副總裁突然有事離席，會議因而中斷，慍怒不平的氣氛卻經久不散。

此後兩週工程師對此事一直耿耿於懷，他沮喪地想，公司再也不會給他重要的計畫案了，甚至開始考慮離開這個他很喜歡的工作。

終於他決定去見副總裁，把他的感受全盤托出，最後並小心翼翼地問道：「我不太明白你真正的用意。我想你的目的應當不只是要讓我難堪，你還有其他意思嗎？」

對此副總裁大感訝異，他完全不知道那句無心的話會有這麼大的殺傷力。事實上他認為那項計畫案前景看好，但還須再加修飾，他絕對無意貶低。他告訴工程師，他實在不知道自己不當的表達方式會傷害到其他人，為此他致上遲來的歉意。

這裡涉及的問題是如何以適當的回饋讓員工努力的方向不致偏差。在系統理論上，**回饋**（feedback）一詞原義是指就組織各部分的情況互相交流，如發現任何部門偏離方向便可加以導正。公司的每個成員便是系統的一個環節，因此回饋等於企業的血液；透過資訊的交換，每個人才知道自己的努力是否切合需要，或是需要做微調改進，甚至全面修改。少了回饋這一環，每個人宛如在黑暗中摸索，對上司的態度、與同事的關係、公司對自己的期望一無所知，任何問題只要一浮現必會迅速惡化。

批評可以說是管理者最重要的任務之一，但管理者往往因畏懼批評而一再拖延。就像前面那位語帶嘲諷的副總裁，很多管理者很不善於掌握回饋的藝術，往往因而付出昂貴的代價。正如婚姻的和諧與不滿的宣泄方式很有關係，員工的工作效率、心理滿意度、生產力等，都與上司對棘手問題的處理方式有關。員工對工作、同事、上司的滿意度，確乎深受批評這項藝術的影響。

錯誤的激勵方式

情感因素在職場上的發酵與婚姻並無二致。對事的不滿往往變質為對人的攻擊，甚至加上厭惡、譏諷、輕蔑的成分，所引發的反應同樣也是自我防衛、逃避責任及冷戰，或者因自覺受到不公平待遇而發動消極的抵抗。正如某企業顧問所說的，職場上最常見的毀滅性批評是「你把事情搞砸了」這類蓋棺論定以偏概全的評語，且說者常帶著嚴厲、譏刺或憤怒的口氣，既不讓對方有解釋的機會，也沒有任何建設性的建議，徒然讓聽者覺得憤怒而無力。從EQ的角度來看，批評者顯然完全不了解聽者的感受，以及對聽者今後工作的動力、衝勁與信心會產生如何重大的殺傷力。

曾有心理學家對管理者做過實際調查，請他們回想是否曾對員工大發脾氣，盛怒之下做出人身攻擊。調查發現攻擊的結果與夫妻吵架很相似，被攻擊的員工多半會自我防衛，尋找藉口或是規避責任。另一種反應是冷戰，亦即盡量避免與該上司有任何接觸。如果我們以高特曼觀察吵架中夫妻的方式，細察這些員工的變化，必然會發現他們開始產生無辜受迫害或義憤填膺的念頭。若再測量他們的生理變化，很可能發現強化這些念頭的情感決堤現象。發出批評的上司也必然因員工的這些反應而更被激怒，惡性循環的結果可能導致員工辭職或被炒魷魚，等同於夫妻以離婚收場。

有人針對一〇八位管理者與白領員工做過研究，發現職場衝突的主因是不當的批評，其嚴重性超過不信任、性格衝突、爭權奪勢及薪資問題。還有人在倫斯勒工技學院（Rensselaer Polytechnic Institute）做過一項實驗，參加實驗者設計一種新型洗髮精的廣告，由另一個人加以評斷。研究人員故意請此人給予兩種批評，一種溫和而具體，另一種語帶威脅，且批評設計者個性上的缺陷，諸如「我看別試了，你好像什麼事都做不好」，「也許你就是不具備這方面的才華，我看還是找別人試試看好了」。

可以想見，被攻擊者會憤怒、僵硬、充滿敵意，表明未來拒絕再與批評者合作任何計畫案。很多人甚至完全不想再與批評者接觸，這是冷戰的徵兆。而且被批評者士氣會遭受嚴重的打擊，不但不願再努力，自信心更是嚴重受損，顯見人身攻擊對士氣的打壓多麼可怕。

很多管理者都是樂於批評而吝於讚美，於是下屬會產生自己老是在犯錯的印象，更糟糕的是有些管理者根本沒有做任何回饋。伊利諾大學心理學家拉森（J. R. Larson）指出：「員工的問題通常並非突然發生，而是慢慢成形。如果管理者在發現問題時沒有立即提出，便會在內心慢慢醞釀積壓，直到有一天爆發開來。事實上如果能及早提出批評，員工便可據以改進。問題是管理者往往在問題嚴重惡化，積怒難消時，才提出最具破壞性的批評。由於累積了諸多不滿，常不自禁出語尖酸刻薄，甚至語帶威脅。結果引起反彈是必然的，被攻擊者會視為一種侮辱而憤恨難平。而管理者原意是要激勵員工，卻採用了最不智的激勵方式。」

技巧性的批評

技巧性的批評，可以是管理者與下屬之間最理想的橋梁。就以前面那位副總裁為例，其實他可以換個方式對工程師說：「現階段最大的難題是你的計畫將耗時太久，成本可能因此太高。我希望你再研究一下，尤其是軟體的設計，看看能不能縮短完成時間。」得到的絕對是完全不同的效果，不但不會引發無力感、憤怒、叛逆等感受，更可提振上氣，規畫出光明的前景。

技巧性的批評，強調一個人的功勞及可改善之處，而不是從問題中挑出個性上的缺陷。誠如拉森所說的：「人身攻擊（如批評對方愚蠢或無能）其實是毫無意義的，因為對方會立刻採取防衛姿態，也就聽不進去你給他的任何建議。」同樣的道理也可適用於夫妻的相處上。

我們再從激勵的角度來看，一個人如果覺得他的失敗歸因於本身無法改變的缺陷，必然會因絕望而停止嘗試。別忘了，樂觀的根本定義是深信挫折或失敗是由於外在的因素，可以靠人為的努力去扭轉。

哈利·李文森（Harry Levinson）原是心理分析專家，後轉行擔任企業顧問，下面是他所提出關於批評的建議，這些建議與讚美的藝術息息相關：

- **批評要具體**。應提出某特定事件說明問題所在，如果你只是告訴對方他的表現不佳，卻未說明如何改善，必然會嚴重斲傷他的士氣。批評時一定要言之有物，指出哪裡表現不錯，哪裡不太理想，應如何改善等。絕對不要拐彎抹角或指桑罵槐，如此徒然模糊你所要傳達的訊息。這一點很類似前面提到的夫妻表達不滿時的XYZ原則，亦即說明你因問題X而有Y感受，你希望朝Z的方向改變。李文森指出：「具體也是讚美的一項重要原則。模稜兩可的讚美當然也不是完全無效，但效果不大，聽者也無法從中學到什麼。」[7]

- **提出解決方案**。不論是批評或其他形式的回饋都應提出解決方案，否則聽者只會感到挫折、憤怒與喪氣。批評者不妨提出對方原來未曾想到的方向，或提醒問題的所在，同時也要提出因應的建議。
- **面對面**。批評和讚美一樣，都是私下面對面最有效果。有些管理者覺得公然批評或讚美很不自在，因而偏好書面或其他遠距離的方式。然而如此不但不夠直接，也讓對方沒有回應或澄清的機會。
- **體恤別人**。應發揮你的同理心，注意你的話聽在別人耳裡的感覺。李文森指出，同理心薄弱的管理者最常以打壓貶抑等傷害人的方式回饋，結果自然可想而知，不但無法開啟改善之門，且徒然引發怨恨、自我防衛、距離感等反彈。

對於接受批評的人，李文森也有一些建議。第一是將批評當作有用的建議而非人身攻擊，第二是注意自己是否有規避責任、自我防衛的傾向。如果對方的批評實在太傷人，不妨先冷靜一段時間再去找對方談一談。最後，他建議雙方將批評視為批評者與被批評者合力謀求改進的機會，而非彼此對立。這些建議或許讓讀者想起前面關於維繫和諧婚姻的探討，事實上，工作與婚姻的確有很多不謀而合之處。

多元與寬容

三十多歲的西維亞．史基特（Sylvia Skeeter）原服務於南卡羅萊納的一家丹妮餐聽，一天下午四個黑人進來用餐，但左等右等服務生就是不理不睬。史基特回憶：「那些服務生兩手閒散地放在屁股上，不友善地盯了點餐的黑人一眼，便又回頭去聊天，彷彿眼前那位黑人根本不存在似的。」

史基特見狀大感不平，便挺身質問那些服務生，並向經理抱怨。沒想到後者聳聳肩道：「她們從小就被教成這樣，我也沒辦法。」史基特當場憤而辭職，她本身也是黑人。

如果這是單一事件，當然也不會引起太大注意。問題是除了史基特以外，還有數百人挺身而出指控該連鎖餐廳歧視黑人，結局是餐廳付出五千四百萬美元賠償數千名受過歧視的黑人顧客。

龐大的原告群中包括七位非裔美人情報局的幹員，他們當時正要去保護巡視海軍學校的柯林頓總統，這幾名幹員等了一個小時才吃到早餐，坐在隔桌的白人同事卻立刻有人服務。另一位原告是一位小兒痲痺的黑人女孩，她在某個深夜參加完學校舞會後坐著輪椅到該餐廳，結果等了足足兩個小時。原告律師指稱，這樣的歧視導因於該餐廳普遍認為黑人顧客對生意不利，分店經理尤其深信不疑。經過那次訴訟及傳媒的報導等因素，今天該餐廳開始努力對黑人做出補償。每一位員工（尤其是管理階層）都必須參加訓練，了解接納多元種族的顧客群才是有利的。

這類課程已成為全美各企業在職訓練的重要部分，因為管理者已逐漸了解，即使員工本身有某種偏見，工作時也必須加以壓抑。理由並不全然是尊重他人的基本要求，還有實際上的考量。第一，美國企業的面貌已經改變，過去居主宰地位的白人男性已淪為少數。一項針對數百家企業所做的調查發現，超過四分之三的新進員工不是白人，這種人口變化同時也反映在顧客結構上。其次，日益增加的跨國企業需要的員工不僅要能拋開偏見，了解不同的文化與市場，更要能將這份了解轉化為競爭上的優勢。第三，多元化意味著可觀的集體創造力與開創力。

這一切在在顯示即使個人的偏見無法完全消除，企業仍必須培養更寬容的文化。但企業要如何做到這一點？事實是短短幾個小時或幾天的訓練課程似乎很難真正撼動一些深具偏見的員工，不論是白人對黑人、黑人對亞洲人，或亞洲人對拉丁美洲人的偏見都一樣。其實，設計不當的課程反而可能給予員工不切實際的期望，或甚至製造對立的氣氛，使得職場上原來不太顯著的種族問題益形惡化。要解決這個問題，我們有必要先探討偏見的本質。

偏見的根源

土耳其裔的瓦米克．佛肯（Vamik Volkan）是維吉尼亞大學的心理治療專家，成長於賽浦路斯，當時正處於土耳其與希臘的激烈爭奪戰中。佛肯記得小時候聽過一個謠言，說當地的希臘牧師勒死過無數土耳其小孩，也聽過大人說起希臘鄰居吃豬肉的驚訝語氣（土耳其人認為豬肉太髒）。現在的佛肯對種族衝突的問題下工夫研究，他以孩提的經驗為例，指出各族群之間的仇視會歷代延續，便是因為從小浸淫在充滿偏見的環境。忠於自己族群的代價是對另一族群充滿敵視，特別是族群間具有長久的敵對歷史者更是如此。

偏見是一種後天習得的情感，但因早年即已慢慢形成，即使長大後覺得不應該也很難完全根除。加州大學社會心理學家湯瑪斯．派特格魯（Thomas Pettigrew）研究偏見有多年的歷史，他認為：「偏見是在童年形成的，合理化偏見的信念則較晚出現。稍長你也許想扭轉偏見，但這種深刻的感情比其他信念更難動搖。很多（美國）南方人便向我坦承，他們心中對黑人已無偏見，但與黑人握手時仍會覺得很不自在。這是他們童年受家庭影響的殘餘印象。」

另外，我們心中自有一套刻板印象支撐我們的偏見，而刻板印象的形成又源自不自覺的思考習慣。我們較容易憶起符合刻板印象的例子或經驗，對不符合的則常會加以否定。舉例來說，你在宴會中遇到一個較熱情開朗的英國人，這與傳統印象中英國人的冷靜保守頗不符合，你很可能會告訴自己這是個特例，或者「他可能喝醉了」。

過去四十多年來美國白人對黑人的態度的確愈來愈寬容，但一些較難察覺的偏見依舊存在，只是大家可能口頭不承認罷了，要解釋這種現象或許只能說隱藏性的偏見確是陰魂不散。舉例來說，一個自信並無種族偏見的白人主管，面對兩個背景相當的應徵者時，可能會取白捨黑，理由是黑人的學經歷「不太適合」。或者一個統領各膚色銷售群的白人主管，也可能有意無意地透露給白人下屬較有用的訊息或訣竅。

對不寬容的人絕不寬容

積習經年的偏見雖難以根除，但至少我們**可以**對持偏見者的**行為**加以要求。以丹妮餐廳為例，那些執意歧視黑人的服務生與分店經理便很少被質疑或指責，反倒是有些經理有默默鼓勵之嫌，甚至提議黑人顧客要先付款，眾人皆知的免費生日餐也不讓黑人享有，看到一群黑人將上門時故意關門表示將打烊等等。代表前述黑人安全人員提出告訴的律師約翰·瑞曼（John P. Relman）指出：「該餐廳管理階層對員工的作為根本是睜隻眼閉隻眼。分店經理必然得到上層的某種訊息……才敢明目張膽表現其種族歧視。」

然而，正是這種睜隻眼閉隻眼的態度，讓種族歧視日益坐大。其實默默坐視也是一種行動，等於是毫不抵抗地讓偏見的病毒蠶食鯨吞。光是舉辦多元化課程還不夠，更重要的是從管理階層以降必須積極地反對歧視，從而徹底改變整個組織的文化。如此一來，即使個人依然存有偏見，至少可以根絕歧視的行為。誠如ＩＢＭ某主管所說的：「我們不容許任何形式的輕蔑或侮辱，尊重個人是ＩＢＭ的文化本質。」

關於偏見的研究顯示，要塑造更寬容的企業文化，即使是輕微的歧視或騷擾也應鼓勵成員勇於唾棄，例如不雅的笑話或張貼對女同仁不敬的清涼月曆。研究發現，當群體中有人侮辱其他種族，其他人會起而效尤。指出一項行為涉及偏見，或進而當場反駁，有助於塑造反歧視的社會環境，默默坐視則形同認可。在這方面居權位者扮演極重要的角色，如果他們未能譴責歧視行為，便形同默許。若每次都能實際加以斥責，則等於發出強力的訊息，告訴大家此種行為不僅不能等閒視之，而且會導致不良的後果。

這時候ＥＱ便顯得很重要，你必須把握適當的時機，**技巧**地表達反歧視的立場，正如你對別人提出建設性的批評時，必須特別注意遣詞用字才不會引起反彈。企業內部上上下下如果能做到這一點，歧視的現象自然會大為減少。

成功的反歧視訓練課程應該能樹立一套整個企業一體遵守的規則，明確禁止任何形式的歧視行為，從而鼓勵過去默默坐視的人大聲反對。課程的另一個重點應該是訓練大家採取設身處地的寬容角度，一旦每個人對被歧視者的痛苦能夠感同身受，自然較能挺身為其辯護。

簡而言之，與其根除歧視心態，不如設法消除歧視的行為較實際。固有的偏見即使能改變也是非常緩慢。也有人提倡讓不同族類聚集在一起，但這對增進彼此的寬容心似乎效果不大，很多學校取消種族隔離後，不同族群間敵意反而升高。目前企業界盛行的各式各樣的多元訓練，應設定一實際的目標：即改變社會對歧視或騷擾的**容忍標準**，透過訓練讓一般大眾漸漸唾棄歧視與騷擾的行為。但要寄望短短的訓練就能拔除根深柢固的偏見，未免太不實際。

偏見既是後天習得的，自是可以重新學習，當然這需要一段時間，不應期望上一兩堂課就幡然改變。但如果能讓不同背景的人有機會培養同志感情，朝夕為共同的目標努力，必然大有助於消弭彼此的芥蒂。再以種族融合的學校為例，不同族群的學生如果未能打成一片，甚至形成敵對的團體，只會使彼此偏見日深。但當學生因參加運動比賽或樂隊而有機會合作時，固有的偏見會漸漸消除，就好像不同背景而共事多年的人往往也能成為好友。

打破職場上的偏見對企業還有一項額外的收穫，可因人才的多元化享有更豐碩的果實。只要同仁之間能相處和諧，集思廣益的結果往往比各人單獨所能貢獻的力量大得多。

組織藝術與團體IQ

據估計，到二十世紀末美國將有三分之一的勞動力屬於「知識工作者」，其生產力建立在資訊價值的提升，再具體一點說，這些未來的員工可能是市場分析師、撰稿員、程式設計師等。知識工作者一詞是研究企業的大師彼得．杜拉克（Peter Drucker）發明的，他指出這類工作者的技術非常專門，做為組織中的一員，其生產力與各成員的協調效果息息相關。他特別強調組織的協調，譬如說撰稿員與出版商，程式設計者與軟體銷售商便有唇齒相依的關係。杜拉克表示，在企業界團體合作由來已久，知識工作的特點是「工作單位是團隊而非個人的總和」。這也是為什麼在明日的企業界，促進人際和諧的EQ將成為益形重要的企業資產。

企業界最基本的團隊合作形式應該是會議，這是任何主管不可避免的宿命，不管是在會議室或辦公室。這種實際共聚一堂的會議只是最傳統的一種方式，電子網路、電子郵件、電子同步會議及其他正式非正式的合作則是新興的花樣。如果說明上下從屬關係的組織圖是企業的骨幹，人與人的接觸便形同中樞神經系統。

不管是主管會議或產品研發小組，任何具合作關係的團體可說都有一個團體IQ，亦即所有成員才華與技術的總和，IQ的高低決定團體表現的良窳。但影響團體IQ高低的主要因素並不是成員的平均智力，而是其EQ，亦即成員的人際和諧程度。

首先提出團體IQ觀念的是耶魯大學心理學家羅伯．史登柏格及研究生溫蒂．威廉斯（Wendy Williams），他們比較不同團體的表現時發現這個新的解釋角度。一群人集合起來共同努力，必然各自貢獻出不同的才華，諸如流暢的口才、創造力、專業技術等。團體的總表現也許無法超出這些個別才華的總和，但如果內部運作不協調，團體表現可能大打折扣。這個道理在史登柏格與威廉斯的實驗中獲得印證，他們偽稱有一種銷售前景極佳的新式代用糖將上市，請兩組人設計一套廣告。

實驗結果有些地方令人頗為訝異，譬如說太急於參與的人反而會拉低團體的表現，因為這些過度求表現的人往往喜歡控制或主宰別人。這些人在基本人際規則方面有EQ低落的現象。此外，缺乏熱忱的人同樣不利於團體的發展。

影響團體表現最重要的因素，在於成員是否能塑造和諧的氣氛，讓每個人的才華發揮到極致。特別有才華的個人對和諧的團體是一項利多，但若是流落到摩擦較多的團體，恐怕會發生有志難伸的遺憾。一個團體如存在嚴重的情感障礙（如恐懼、憤怒、惡性競爭、不平等待遇等），各成員的才能很難做最有效的發揮。

上面所說的道理不僅適用於企業的工作小組，也同樣適用於企業的所有員工。多數人工作時都需要其他同仁的配合，只是合作結構不及明訂的工作小組嚴謹，如果我們視之為旋聚旋散的臨時編組，那麼高度的協調能力便可確保臨時組員的才能、專業知識與職務分配達到最高效率。這種人力資源網的動員能力便決定一個人的事業成就。

我們就以一項針對貝爾實驗室頂尖研究員的調查為例。貝爾實驗室在普林斯頓附近，是世界知名的科學實驗室，內部的工程師與科學家ＩＱ都很高。但在這群優秀的人才當中，有些成為學界泰斗，有些卻表現平平。研究發現原因不在ＩＱ的差距，而是EQ的高下。那些表現較佳的人都比較能自我激勵，也較能運用人力資源網形成臨時編組。

要研究實驗室的頂尖人才首先要找出這些人才，負責這項研究的羅伯特．凱利（Robert Kelley）與珍娜．凱普蘭（Janet Caplan）先鎖定負責設計一種電子轉換器的部門。由於該設計工作非常複雜，一個人絕無法獨力完成，依情況至少需五名至一百五十名工程師合作。他們請實驗室管理者及同僚提名最傑出的一〇到一五%的頂尖人才。

接著他就這些人才與其他實驗者做比較，第一個重要的發現是兩者差異極少。凱利與凱普蘭在《哈佛商業評論》（*Harvard Business Review*）中撰文表示：「我們比較了ＩＱ、性格等多項因素，發現他們本質上並沒有太大不同。顯見學術上的能力或ＩＱ都不是預測事業成就的準確標準。」

後來經過詳盡的個別談話才發現，最重要的關鍵在於頂尖人才會採用不同的人際策略。這些人會多花時間與關鍵時刻可能有幫助的人培養良好的關係，在面臨問題或危機時便較容易化險為夷。兩位作者分析：「一位表現平平的實驗員說，當他遇到棘手的技術問題時，會努力去請教專家，之後卻往往因苦候沒有回音而白白浪費時間。頂尖人才則很少碰到這種問題，這是因為他們在平時還用不到的時候已建立豐富的資源網，一旦有事請教立刻便能得到答案。」

這類非正式的資源網特別有助於解決突發性的問題。一項相關的研究報告指出：「一般正規的組織是為了應付可預期的問題而設立的，遇到突發狀況便要靠非正規的組織。同事之間的每一次溝通都為這個複雜的資源網多織了一條線，漸漸地形成牢不可破的網絡。這個網絡深具彈性，能夠迂迴曲折躍過整個體制而發揮作用。」

一起共事的人不見得就能形成非正式網絡，有些人雖天天共事卻不會互相吐露心事（如預備跳槽、厭惡某個上司或同事等），危機臨頭也不一定彼此支援。更深入研究可以發現非正式資源網至少可區分為三種：溝通網、專業網與人緣網。位居專業網樞紐的人可能是大家徵詢專業問題的對象，在升遷上握有重要籌碼。但專業能力強不見得是同事吐露秘密或疑慮的對象，一個專制型或氣度狹窄的上司即使在某方面很專精，也可能因人緣太差被排除在資源網之外，終而動搖其管理能力。企業界的紅人通常在三方面都建立了堅實的網絡。

除了這三種基本資源網以外，貝爾實驗室的頂尖人才還展現出下列特質：善於人力的組織協調；能領導眾人建立共識；能參考別人（顧客或組員）的觀點；具說服力；懂得促進合作與避免衝突。這些都可歸類為社會性技巧，此外他們還具備兩項特質：一是富主動精神，能自動自發肩負起超越本身崗位的責任；一是自我管理能力，善於調配時間與工作進度。當然，上述這些能力都屬於ＥＱ的範圍。

我們深信貝爾實驗室的現象預示了企業界未來的面貌，將來無論在團隊合作或提高效率上，ＥＱ將扮演愈來愈重要的角色。知識性工作及智慧財產在企業運作中所占的比重日增，提升企業成員的合作效率則是運用智慧財產的重要方式，也是確保競爭力的關鍵。未來的企業要生存下去，乃至振衰起敝，集體ＥＱ的提升是第一個必修學分。

CHAPTER

11

心靈與醫藥

「醫生，你是如何學到這些知識的？」

他毫不猶豫地回答：「從苦難中學到的。」

——艾伯特・卡謬（Albert Camus），《瘟疫》（*The Plague*）

我因為鼠蹊部有些疼痛去看醫生。剛開始好像沒什麼異常，但後來醫生看過我的驗尿報告，發現有血尿的現象。

「我安排你再去做更詳細的檢驗……腎功能、細胞檢驗……」醫生面無表情地說。

後面的話我都沒聽進去，整個腦子都凝注在**細胞檢驗**四個字上。那不是癌症嗎？

檢查的時間地點我都沒聽清楚，雖然只是簡單的幾句話，我卻問了三、四遍。我的腦子仍停留在那四個字，彷彿我剛回到家卻在門口被人敲了一記悶棍。

我的反應怎會如此強烈？那個醫生算是很盡職，仔細檢查了每個該檢查的部位。事實上得癌症的可能性微乎其微，問題是這時候理性分析根本派不上用場。病中的情緒影響一切，很容易有草木皆兵的恐懼心理。病人之所以如此脆弱，是因為心理的健康一部分是建立在長生不老的幻覺上，疾病（尤其是重病）卻打破了這個幻覺，突然我們發現死亡不是那麼遙不可及，虛弱無助的感覺立刻襲來。

而醫護人員在照顧病人的身體時，往往忽略了病人的**情緒**反應，殊不知情緒深深影響身體的抵抗力與復元能力。我們只能說，現代醫學太過缺乏ＥＱ。

對病人來說，每一次與醫護人員接觸都是獲得安慰的良機，當然，處理不當的話，也可能因此落入絕望的深淵。而醫護人員對病人的痛苦通常不是輕率處理就是無動於衷。當然，願意付出時間與愛心照料病人身心的醫護人員所在多有，但我們看到的普遍趨勢是，醫護人員為顧及體制上的其他急務，無暇照應或根本忽略了病患的感受。再加上醫護系統與經濟因素關係愈益緊密，情況似乎有惡化的傾向。

我們認為病患的心理狀態應列為醫護過程的重要考量，絕不只考慮到人道的因素。科學證據顯示，治療時兼顧心理有助於疾病的預防與治療。當然這不能適用於所有病人和所有病情，但如果我們細察許許多多的病例，將發現**心理**的照護的確有相當的幫助，治療重症患者時應列為標準醫護程序。

現代醫學界一向自視其任務在於治療**病症**，卻忽略了**生病**的主體：病人。病人也因習慣了這種觀念，恍如共犯似地也忽略了自己在情緒上的反應，即使有反應也視之為與疾病無關。尤其一般人完全無法接受心理影響身體的觀念，更是強化了這個不當的趨勢。

同時我們又看到另一套矯枉過正的極端思想，以為再嚴重的疾病都可藉由樂觀的思想自行治療，或是以為生病要怪自己思想不利健康。這類心靈至上的觀念徒然讓大眾對心理與疾病的關係更增混淆，更糟糕的是讓人誤以為生病代表道德或心靈的缺陷而自慚形穢。

事實的真相介乎這兩種極端之間。下面我希望舉出科學證據解除矛盾，澄清誤解，讓大家更了解情緒及EQ對疾病與健康的影響。

情緒與健康

一九七四年羅徹斯特大學牙醫學院實驗室的一項發現，改寫生物學對人體的了解。心理學家羅伯特．艾德（Robert Ader）發現，免疫系統與腦部一樣有學習能力。這項結果震驚醫界，過去大家都以為只有腦部與中樞神經系統會隨經驗改變反應方式。繼這項發現之後，學界又進行許多相關研究，發現中樞神經系統與免疫系統之間有許多溝通管道，證明心智、情緒與身體是密不可分的。

艾德的實驗方式是先給白老鼠吃一種藥物，抑制其血液中抵抗疾病的T細胞數量，而每次吃藥時同時給老鼠喝糖水。後來老鼠即使只喝糖水，T細胞的數量也會減少，有些老鼠甚至因此病得奄奄一息。也就是說，老鼠的免疫系統已學會因吸收糖水而抑制T細胞，依當時的醫界常識，這種情況根本不可能發生。

誠如巴黎艾科爾工技學院（Ecole Polytechinque）神經科學家法蘭西斯科・維瑞拉（Francisco Varela）所說的，免疫系統是「身體的頭腦」，負責身體的敵我辨識工作。免疫細胞周遊全身的血液，幾乎與所有細胞都會接觸到。遇到認識的細胞便放行，遇到不認識的則加以攻擊，幫助身體抵抗細菌、病毒、癌細胞的侵襲。但萬一將自己人誤認作敵人，便會發生過敏、狼瘡等自體免疫疾病。在艾德的意外發現問世以前，所有的解剖學家、醫師、生物學家都以為腦部（及中樞神經系統）與免疫系統是獨立不相關的，監測老鼠攝取糖水的腦部細胞與負責製造T細胞的骨髓毫無關聯，這種觀念已盛行了一百年。

自艾德的初步發現以來，醫界不得不重新審視免疫系統與中樞神經系統的關係，也因而誕生了新興的熱門科學：精神神經免疫學。顧名思義，業界已承認精神、神經內分泌系統與免疫系統之間確有一定的關聯。

研究人員發現，腦部與免疫系統最活躍的化學傳導物質，正好是情緒中樞中數量最大的一種。關於情緒影響免疫的直接路徑，提出最有力證據的是艾德的同僚大衛．費爾頓（David Felten）。費爾頓首先發現情緒對自主神經系統有很大的影響，繼而又與妻子蘇珊（Suzanne）及同僚發現自主神經系統與淋巴球、巨噬細胞有直接溝通的證據。

他們在電子顯微研究中發現，自主神經系統的神經終端直接比鄰免疫細胞，並發生突觸狀的接觸。接觸點上的神經細胞可釋放出神經傳導物質，以調節免疫細胞，甚至會交互傳遞訊息。這確實是革命性的發現，過去從未有人想到免疫細胞會接收神經訊息。

費爾頓進一步研究神經終端對免疫功能的影響，以動物為實驗，切除淋巴結與脾臟（儲藏或製造免疫細胞之處）的若干神經，然後注入病毒向免疫系統發出挑戰，結果發現免疫反應大減。他的結論是：神經系統不僅與免疫系統連接，更攸關免疫系統的正常功能。

情緒與免疫系統另外有一層關聯，壓力下釋放出的賀爾蒙會影響免疫力，這些賀爾蒙包括兒茶酚氨（包括腎上腺素與正腎上腺素）、氫氧基皮質酮、催乳激素，及身體本身的止痛劑 β、內啡肽、腦啡肽等。影響的方式非常複雜，簡單地說；當賀爾蒙釋放到全身時，免疫細胞的功能會受阻。也就是說，壓力會抑制免疫力（至少在短暫的時間內），這可能是為了保存精力以應付立即的危機。但如果長期面臨強大的壓力，則可能會對免疫系統造成恆久的抑制效果。微生物學家與其他科學家也在腦部與循環系統、免疫系統之間，發現愈來愈多類似的聯絡。

有害的情緒

儘管證據確鑿，多數醫師仍抱持懷疑的態度。其中一個原因是，雖然很多研究發現壓力與負面情緒會減弱免疫細胞的效力，影響的確切程度尚無定論。

不過還是有愈來愈多的醫師認為，情緒的因素不容忽視。史丹佛大學婦科腹腔鏡手術醫師坎倫．奈澤（Camran Nezhat）便說：「如果病人在手術當天告訴我，她因緊張過度而不想進行，我會取消手術。外科醫師都知道，病人如果太過恐懼，情況會很糟糕。可能流血過多，也較容易感染併發症，復元情況較差。最好是選擇病人心情平靜時進行手術。」

這種情況的原因很簡單，緊張與焦慮會使血壓升高，擴張的血管在劃開時會流出較多的血，而大量出血正是開刀時最麻煩的問題，有時甚至會致命。

愈來愈多證據顯示，情緒對健康的影響確實有**臨床**上的意義，最重要的一項資料是綜合一〇一項小型研究而成的報告，研究對象多達數千名男女，結果證實負面情緒對健康有一定的影響。長期焦慮、悲傷、悲觀、緊張、敵意、嚴重猜疑的人罹患下列疾病的機率比其他人高出**一倍**，比如氣喘、關節炎、頭痛、十二指腸潰瘍、心臟病等（各代表一種重要的疾病類別）。這個結果已足以將負面情緒列為對健康的重大威脅，與抽菸、高膽固醇對心臟疾病的威脅幾可相提並論。

這當然是就統計數字做較廣泛的解釋，並不表示有上述情況的人必會罹患疾病。但要注意，還有很多研究也提出相似的證據。下面且讓我們仔細探討相關資料，尤其著重在影響力最大的三種情緒（憤怒、焦慮與沮喪），雖然我們對其中的生物機制還無法完全了解，至少可進一步釐清情緒與健康的關係。

致命的憤怒

一個心臟病患回憶有一次他出了一個小車禍，車身撞凹了一塊，從此陷入一場徒勞而令人挫折的噩夢。經過保險公司的層層關卡以及成事不足的汽車修理廠，最後淨損失八百美元，而這場車禍他根本毫無過失。經過這次經驗，他每次坐進車子就覺得很生氣，最後終於把車子賣了。事隔多年，講起這件事他仍怒火難息。

這是史丹佛大學醫學院特意請病人回憶的紀錄，目的是進行一項心臟病與憤怒的關係研究，研究對象都是首次罹患心臟病的人。結果顯而易見：當病人敘述使其憤怒的事件時，心臟的運作效率會降低五％。有些人的降低幅度甚至高達七％以上，通常心臟病專家會視之為心肌局部貧血的徵兆。

病人處於其他負面情緒（如焦慮）或較費力時，心臟的運作效率並不會降低，似乎憤怒是唯一對心臟有害的情緒。病患自稱回憶不快事件時的憤怒程度僅及事件當時的一半，可以想見他們在實際發怒時心臟受到更大的傷害。

其他還有很多研究獲致類似的結論。過去曾有人以為，急躁而易給自己壓力的A型性格較易罹患心臟病，但並未得到證實，現在我們發現一個比較接近事實的現象：敵對意識強烈的人才是高危險群。

這方面的研究做得最詳盡的是杜克大學的威廉斯。他曾以醫生為研究對象，發現在校時敵意最強的人，五十歲以前死亡的機率是敵意較弱者的七倍，顯見要預測一個人是否會早夭，易怒比抽菸、高血壓、高膽固醇等更準確。北卡羅萊納大學的約翰．貝爾佛特（John Barefoot）曾在實驗中請心臟病人做敵意的測試，透過血管X射線檢查（管子伸入冠狀動脈觀測病兆），發現病情的嚴重性與敵意的強烈程度成正比。

當然這並不表示憤怒是造成冠狀動脈疾病的唯一原因，全美心肺血管學會行為醫學分支代會長彼得．考夫曼（Peter Kaufman）告訴我：「我們還不能確定憤怒與敵意，是否是冠狀動脈疾病初期發展的原因，或是病情開始後促使其惡化，或是兩者皆有。但我們可以假想一個二十歲的年輕人經常發怒，每一次發怒都會使心跳速率與血壓提高，從而增加心臟的負荷。長此以往，自然會有負面影響。」尤其是每次心跳衝過冠狀動脈的血液：

「可能造成血管微裂，形成血小板累積。如果你因時常發怒而造成心跳較快血壓較高，三十年下來可能導致血小板加速累積，以致罹患冠狀動脈疾病。」

心臟疾病形成後，憤怒更會影響心臟的運作效率，本節開頭介紹的病患回憶實驗已可證明。也就是說，憤怒對心臟病患而言特別是致命的情緒。史丹佛大學醫學院曾研究一〇一二名有過一次心臟病歷史的男女，做了八年的追蹤，發現開始時最暴躁易怒的人，二度罹患心臟病的機率最高。耶魯大學醫學院曾追蹤研究九二九位心臟病患十年，同樣發現易怒的人死於心臟停止（cardiac arrest）的機率，比溫和型的人高出三倍，如再加上高膽固醇的因素，機率更增為五倍。

上述的耶魯研究人員指出，造成因心臟疾病死亡機率升高的因素，可能不只憤怒一項，而是任何引發大量相關賀爾蒙的強烈負面情緒。不過，目前科學上最有力的證據仍指向憤怒。哈佛醫學院調查過一千五百名患過心臟疾病的男女，請他們敘述病發前幾個小時的情緒狀態。憤怒會使患過心臟病的人發生心臟停止的機率增加一倍以上，在發怒後兩個小時內都維持這個高危險率。

這並不表示大家都應盡可能壓抑怒氣，研究顯示，在盛怒之下嘗試完全壓抑怒氣反而使身體更激動，進而使血壓上升。但另一方面，第五章說過，每次生氣都要發洩只是火上添油，對任何新增的不快更無耐性。這麼說來，憤怒時發不發洩似乎都不好，對此，威廉斯的看法是發不發洩並不重要，重要的是一個人是否經常性的發怒。偶爾發怒對健康還不致構成危險，但如果一個人經常猜疑、憤世嫉俗、對人冷嘲熱諷或大發脾氣，可能這已經成為個性的一部分，對健康的影響恐怕便不能忽視。

所幸經常發怒並不等於被判了死刑，這種習慣是可以改變的。史丹佛大學醫學院便設計了一種課程，協助心臟病患改變性情。結果這些人二度罹患心臟病的機率比其他人低了四四％。威廉斯設計的一套課程也有類似的效果，同樣也是教導一些基本的ＥＱ，特別是留意怒氣何時開始上升，發怒之後如何調節，以及學習同理心等。他們要病患隨時記下猜疑或敵意的想法，刻意制止這種想法繼續下去。另外也鼓勵他們碰到不快時以理性思考取代猜疑，譬如說等電梯等了半天不來，不妨想一個較能接受的理由，而不必一味想像是某個人的錯而生起氣來。遇到令人挫折的情況，則必須學習站在別人的立場來看，同理心是止息怒火的良藥。

威廉斯告訴我：「消除敵意的關鍵是一顆信賴的心。只要有足夠的動機，這並不難培養。當大家知道敵意的結果只是提早進入墳墓，通常還是很樂意嘗試改變。」

壓力：過度焦慮

我無時無刻不覺得焦慮緊張，這種情形遠自高中時期就已開始。當時我成績很好，但總是不斷擔憂成績會退步，或是老師同學喜不喜歡我，或是上課會不會遲到之類的事。父母給我很大的壓力，讓我覺得一定要做個品學兼優的好學生……大概是受不了這些壓力，高二時我開始有胃痛的毛病。從此以後我對咖啡和辛辣的食物就特別小心。我發現每次一緊張或擔憂什麼事，胃就好像要燒起來，偏偏我又老在擔心些什麼，所以常覺得想吐。

很多種情緒與疾病的侵襲及復元的效果有一定的關係，但具有最充分科學證據的當屬因壓力引起的焦慮。焦慮對我們最大的幫助是為預見的危機做準備（這必然有利於人類的進化），但現代人的焦慮往往失之過度，引發焦慮的情況不是日常的生活經驗，就是想像的危險。經常性的焦慮顯示壓力過大，前面提到的那個經常胃痛的人就是最典型的例子。

一九九三年，耶魯大學心理學家布魯斯．麥艾溫（Bruce McEwen）在《內科醫學檔案》（*Archives of Internal Medicine*）討論過壓力與疾病的關係，舉出各種廣泛的影響：損害免疫功能，甚至因此加速癌細胞轉移；增加病毒感染的機會；加速血小板累積，導致動脈硬化、血凝塊，引發心肌梗塞；加速第一型與第二型糖尿病；引發氣喘或使其惡化。此外，壓力也可能導致腸胃潰瘍，引發潰瘍性結腸炎及腸胃發炎。長期的壓力也會對腦部造成傷害，如傷害到海馬回便會損及記憶。麥艾溫指出：「愈來愈多證據顯示神經系統會因壓力而耗損。」

關於壓力與疾病的關係，最有力的證據多半來自傳染性疾病（感冒、疱疹）的研究。事實上我們經常暴露在這些病毒的範圍內，只是因免疫系統的作用而免於罹病，但在壓力之下我們的防衛線可能潰不成軍。很多實驗顯示壓力與焦慮會削弱免疫能力，但多數無法確定削弱的程度是否足以致病。因此真正有力的證據要從前瞻性的研究（prospective study）去發現，亦即觀察到健康的人因壓力增加而削弱免疫力，並因而致病。

這方面最重要的研究，是卡內基美隆大學心理學家薛爾頓．柯漢（Sheldon Cohen）提出的，他與英國科學家合作，先仔細調查研究對象生活壓力的情形，然後有系統地讓他們接觸感冒病毒。結果並不是每個人都會感冒，免疫系統較強的人還是有抵抗力。但柯漢發現，生活壓力愈大的人感冒的機率愈大。統計結果，壓力較小的人有二七％感冒，壓力最大的一群則高達四七％，這顯示壓力的確會削弱免疫系統。雖然這項實驗只是證實了大家長久以來的觀念，卻因為提出科學根據而具里程碑的意義。

另一種實驗是請一對夫妻在三個月內每天記錄情緒變化（是否吵架等），結果也發現某種規律：在一連串特別不快的事件後三、四天，他們常會感冒或發生上呼吸道感染。而一般感冒病毒的潛伏期正好是三、四天，顯示他們在心情最低落時抵抗力特別低。

同樣的情形也適用於疱疹病毒，唇邊型與生殖器型皆包括在內。感染者病毒會潛伏在體內，不定時發作。我們可藉由血液中疱疹病毒抗體的量追蹤病毒的活動情形，研究人員追蹤發現，正值期末考的醫學院學生、剛離婚的婦女、家中有阿茲海默型癡呆症者的人，都有疱疹病毒復發的現象。

焦慮對健康的危害不只是降低免疫力，有些研究顯示對循環系統也會有不良影響。經常懷有敵意或易怒的男性罹患心臟病的機率比一般人高，對女性最致命的情緒則是焦慮與恐懼。史丹佛大學醫學院研究過一千餘名患過一次心臟病的男女，發現二度復發的女性顯著有較嚴重的恐懼與焦慮現象。其中很多人的恐懼已到了影響生活的程度，通常在第一次心臟病發後便不再開車、辭掉工作或足不出戶。

有些人因工作太繁重或家庭事業難兼顧（如單親媽媽），蒙受極大的心理壓力與焦慮，一項研究便將這種心理問題對生理的挫傷做了精微透徹的剖析。匹茲堡大學心理學家史蒂芬．梅納克（Stephen Manuck）曾讓三十名自願者在實驗室接受讓人充滿焦慮的艱難挑戰，同時觀察血液中三磷酸腺苷酸的變化，這種由血小板分泌的物質可能使血管產生變化，引發心臟病或中風。結果發現實驗者在巨大壓力下，三磷酸腺苷酸與心跳血壓都急遽升高。

可以想見工作壓力大的人在健康上所受的危害最大，尤其是工作要求高但周邊資源又非自身所能控制者，譬如說巴士司機便有較高比例的高血壓情形。有一項研究採樣五六九位直腸結腸癌患者及另一個比較組，發現前十年在工作上有過嚴重問題的人，罹患直腸結腸癌的機率比其他人高出五倍半。

負面情緒的影響既是如此巨大，可直接減除壓力的鬆弛技巧，在臨床上便被廣泛應用來治療多種慢性病，諸如循環系統的疾病、糖尿病、關節炎、氣喘、腸胃疾病、慢性疼痛等等。不管是任何疾病，只要病況會因壓力或情緒惡化，協助病人鬆弛與平靜都會有幫助。

沮喪的代價

她的病診斷出來是移轉性乳癌，她還以為幾年前的手術已完全治癒。醫生已提不出什麼有效的治療方法，化學治療至多只能讓她多活幾個月。可以想見她的心情非常沮喪，嚴重到幾次去看醫生都忍不住痛哭失聲。而醫生每一次的反應都一樣：請她立刻離開。

這位醫生的冷漠當然傷透了病人的心，姑且不論這一點，值得探討的是，對病人的情緒置之不理是否會使其病情惡化？當然，對這種病入膏肓的病人而言，任何情緒對病情的影響恐怕都微乎其微。雖說上述這位婦人的沮喪必使其最後的歲月更加黯淡，在醫學研究上憂鬱對癌症的影響尚無定論。但除了癌症以外，若干研究顯示沮喪對很多疾病都有影響，極可能使病情惡化。也有愈來愈多證據顯示，一個沮喪的重症患者會增加治療上的困難。

其中的一大困難是沮喪的症狀（沒有食慾、全身無力等）可能被誤認作其他疾病，尤其缺乏精神診斷訓練的醫師更易犯錯。當然誤診的結果是病患的沮喪問題未獲解決，進而益加惡化，甚至可能增加重症患者死亡的機率。

曾有醫師追蹤一百名接受骨髓移植的病患，發現十三名抑鬱症者中，十二名在第一年死亡，其餘八十七名中有三十四位兩年後還活著。再以洗腎病人為例，嚴重抑鬱症者最可能在兩年內死亡，對這種病人而言，以抑鬱症預測死亡率的準確度高於任何因素。此處情緒對疾病的影響不是生物上的，而是心態的問題。抑鬱症者對醫囑較不配合，譬如說對醫生規定的飲食陽奉陰違，便可能導致病情惡化。

心臟病似乎也會受抑鬱症的影響。一項研究追蹤二八三二位中年男女長達十二年，發現經常覺得無助絕望的人死於心臟病的機率較高。以抑鬱症最嚴重的三％的人，與毫無沮喪感的人比較，前者死於心臟病的機率高出四倍。

沮喪似乎對曾患過心臟病的人威脅特別大。有人研究過因第一次心臟病在蒙特婁醫院住過院的病人，發現抑鬱症者在半年內死亡的機率高出許多。其中八分之一屬於嚴重抑鬱症者，其死亡率高於其他同類患者五倍之多，這幾乎與左心室功能異常或有過多次心臟病史等因素的死亡率相當。抑鬱症會成為這麼可怕的心臟病殺手，一個原因可能是會影響心跳的規律性，使致命性心律不整的機率大為提高。

抑鬱對臀部骨折患者的復元也有影響。一項研究以數千名老年患者為對象，在他們入院時先做精神狀況評估，發現抑鬱症者住院日數平均多出八天，恢復走路能力的機率只有其他患者的三分之一。但這些抑鬱患者只要同時接受精神治療，便較不需要物理治療，出院後三個月再入院的機率也減少許多。

以耗用全美一〇％醫藥資源的重症患者而言，多半身兼數病，如心臟病加糖尿病，而其中約有六分之一有嚴重的抑鬱症，但接受精神治療者每年臥病日數自七十九日減少至五十一日，輕微抑鬱症者則自六十二日降至十八日。

快樂的醫學效益

由上面的資料我們知道，憤怒、焦慮與沮喪在臨床上確實會造成負面影響。經常性的憤怒與焦慮會增加患病的機率。沮喪也許不會增加患病的機率，卻極可能影響復元的速度，增加死亡的危險，尤其是病情嚴重的患者。

長期的負面情緒會危害健康，反過來說，正面的情緒多少也有利於健康。這當然不是說正面的情緒可以治病，或是說常笑與保持樂觀就可扭轉嚴重的病情。正面情緒的優點或許並不明顯，將研究對象放大，還是可從影響疾病的複雜因素中抽絲剝繭，找出正面情緒的作用力。

悲觀的代價

悲觀與沮喪一樣要付出醫藥上的代價，而樂觀則有一定的幫助。一項研究針對一二二名患過一次心臟病的人為對象，評估他們的悲觀或樂觀的程度。八年後發現，在最悲觀的二十五人中死亡的有二十一人，而最樂觀的二十五人只有六人死亡。以心態預測存活率的精確度高於任何因素，包括初次心臟病的嚴重性、動脈阻塞的情形、膽固醇、血壓等。另一項研究是以接受動脈分流手術的病人為對象，發現較樂觀的人復元較快，手術時與手術後引發併發症的機率都比悲觀的病人少。

對未來的希望也有助於改善病情，因為希望使人較能忍受病痛和其他痛苦。有人研究過因脊椎受傷而癱瘓的病人，對未來愈是懷有希望的人恢復的情況愈好。對這類病人而言，希望是很重要的復元指標，因為這些人多半在青春年華因意外而終生癱瘓，將來在身體及生活上能恢復到何種程度，患者的情緒反應影響至鉅。

心態對健康會造成影響有幾種解釋，一種目前尚未被證實的說法是悲觀會導致抑鬱，降低免疫力。另一種說法是悲觀者較不愛惜自己，有些研究發現悲觀的人較常抽菸喝酒，較少運動，也較不注意自己的健康習慣。也許有一天我們會發現，樂觀者的生理狀態確實有助於抵抗疾病。

人際關係的醫療價值

現在我們要討論影響健康的最後一個情緒因素：寂寞。二十餘年來相關研究涵蓋的對象超過三萬七千人，一致顯示孤立會使患病與死亡的機率加倍，這裡所說的孤立是指沒有親近的人或可傾訴心事的對象。根據一九八七年《科學》（Science）雜誌的一篇報導：「孤立對死亡率的影響相當於抽菸、高血壓、高膽固醇、肥胖、缺乏運動。」抽菸增加死亡率的係數僅一．六，孤立則高達二．〇，顯然對健康的危害更大。

孤立對男性的影響比女性大。孤立的男性死亡率比擁有緊密人際網的男性高出二至三倍，女性則僅高出一倍半。這個差異可能是因為女性的人際網本來就比男性親密，一二知交對女性的意義可能遠大於男性。

孤獨又不同於孤立，有些人總是獨來獨往或是只有好友幾人，卻活得健康滿足。真正危害健康的是疏離與寂寞的主觀感受，現代人偏好看電視式的靜態娛樂，再加上傳統的社交聚會逐漸式微，這方面所受的威脅格外顯著，也難怪美國一些互助團體（如匿名戒酒協會）受到歡迎。

以一項針對一百名骨髓移植病患的研究為例，自覺獲得配偶與親友強烈支持的病患中，移植兩年內的存活率是五四％，缺少親人支持的則僅二〇％。再看看老年心臟病患的研究：生命中有兩人以上做為情感支柱者，病發後存活一年以上的機率，是缺乏支柱者的兩倍。

這方面最有力的證據，可能是一九九三年問世的一項研究，研究方法是以居住在瑞典哥特堡（Göteborg）、且出生於一九三三年的男性為對象，免費為他們做健康檢查（共七五二人）。七年後再追蹤這些人的情況，結果有四十一人已死亡。

壓力沉重的人死亡率比生活平靜的人高出三倍，而造成沉重壓力的原因很多，包括嚴重的財務危機、工作不穩定或被迫離職、捲入法律糾紛或離婚。這些人在接受健康檢查的前一年內，如果遭遇這些問題中的三項以上，便可極準確地預測他在未來七年內的死亡機率，準確度超過高血壓、血中高濃度的三酸甘油酯或膽固醇等因素。

但對於擁有緊密人際網的人而言，壓力與死亡率之間**便沒有任何關係**。只要有人可以傾訴，可以尋求慰藉、協助與建議，生命的磨難與挫折便不致造成致命的威脅。

人際關係的質與量似乎同樣重要，負面的人際關係也會危害健康，譬如說夫妻吵架便會減弱免疫力。俄亥俄大學心理學家卡西波研究大專住宿生，發現一個有趣的現象，室友之間彼此愈不喜歡的愈容易感冒，看病的次數也較多。卡西波對我說：「對健康影響最鉅的似乎是生命中最重要的一些人，也就是你每天見到的人。這些人對你愈是重要，對你的健康影響愈大。」

情感支柱的治療力量

《羅賓漢歷險記》（*The Merry Adventures of Robin Hood*）的主人翁曾對他的追隨者說：「盡情吐露你們的煩憂吧，暢所欲言能解千愁，就像氾濫的洪水必要潰堤。」這個傳說中的英雄似乎深諳養生之道，而傾吐心聲確是一帖良藥。南衛理（Sothern Methodist）大學心理學家詹姆斯．潘納貝克（James Pennebaker）為此提出科學證據，他以實驗證明，讓病人說出最困擾的事情確實有助於治療。他的方法很簡單，在五天的時間內，請實驗者每天花十五至二十分鐘，寫下「一生中最痛苦的經驗」或是當時最煩憂的事情等等，寫下的東西實驗者可自行保留。

這樣簡單的自白確有驚人的效果：提高免疫力、未來半年減少看病次數、減少病假次數以及改善肝酵素的功能。而且自白內容愈是充滿困擾不安，免疫功能改善幅度愈顯著。實驗發現最有益健康的訴苦模式是：先表達深刻的悲傷、焦慮、憤怒等，之後數天慢慢組織成一篇陳述文，從痛苦中找出意義。

這個過程的確很像心理治療，事實上，很多研究顯示，病人如同時接受身體與心理的治療，效果比單獨接受身體的治療要好。

談到情感支柱在臨床上的效果，史丹佛大學醫學院設計的末期移轉性乳癌患者互助團體，是最典型的例證。這些婦女做過手術或其他初步治療後，癌細胞又移轉到其他部位。到了這個地步，死亡只是遲早的問題。研究結果發現，每週參加病友聚會的末期乳癌患者存活時間，是未參加者的**兩倍**，這項結果使主持該研究的大衛·史必哥（David Spiegel）與醫學界同感震驚。

所有的婦女都接受同樣的治療，唯一不同的是有些人參加聚會，向同病相憐的人傾吐內心的恐懼、痛苦與憤怒。通常這是她們唯一可以暢談心聲的地方，因為親友都不敢談及她們的病情與死亡的陰影。未參加聚會的病患平均在十九個月內死亡，參加的人則平均多活了三十七個月，這是任何藥物或治療方式無法做到的。紐約史凱紀念醫院（Sloan-

Kettering Memorial Hosital）腫瘤科心理治療主任醫師吉米．哈蘭（Jimmie Holland）認為，所有癌症病人都應參加這類聚會。如果有一種藥物能達到這種延長壽命的效果，醫藥公司早已擠破頭爭相生產了。

醫護工作與EQ

醫師發現我尿中有血，要我做進一步檢查，檢查前先為我注射放射性染劑。我躺在平台上，頭頂的X光機器照射染劑通過腎臟與膀胱的情形。陪同我的是幾日前來訪的一位醫師好友，他坐在旁邊，和我一起看著X光機器旋轉到一個新的角度，定位後發出「喀力」的照相聲，如此重複數次。

檢查共耗費一個半小時，最後一位腎臟科醫師匆匆走進來，簡短自我介紹，隨即離開去看X光片，之後也沒回來告訴我結果。

走出檢驗室時，我們碰到那位腎臟科醫師，我因為檢查後有些頭暈眼花，也忘了提出自己想了一個早上的問題。倒是我的朋友記起來問他：「醫生，我朋友的父親死於膀胱癌，他急於知道X光片是否顯示任何癌症的跡象。」

醫師極簡短地回答：「沒有異常。」便匆匆離去。

像我這種滿腹問題口難開的情形，每天都在無數的醫院重演。一項研究顯示，每位病患看醫生時平均有三個以上的問題要問，但最後得到解答的平均只有一個半。這充分顯示醫療界對病患的情感需求有多忽略。問題未獲解答的結果是疑惑、恐懼、誇大的悲觀思想，導致病患對不了解的治療不肯全力配合。

醫界只要有心改善，方法很多。譬如說，定期提供病人與其病情休戚相關的資訊。現在有些機構便提供電話諮詢服務，根據詢問者的病情提供完善的電腦相關資料，讓病人在做決定時具備與醫師較接近的知識。另一套程式設計可在短短幾分鐘內教導病患提出適當的問題，以確保病患心中的疑惑都能獲得解答。

患者在面臨手術或痛苦而不了解的檢查時總是充滿焦慮，這也是醫護人員關切其情緒的最佳時機。有些醫院設計有手術前指示，教導病患消除恐懼與不適。具體的方法包括教導病人放鬆的技巧，手術前盡量詳細回答病人的疑問，以及復元時的確切情況。結果證明成效斐然：病人復元速度平均提早二至三天。

住院病人可能會覺得非常孤單無助，有些醫院開始設計家庭式病房，讓家屬像在家一樣烹飪及照顧病人。諷刺的是，這在第三世界是行之有年的慣例。

鬆弛訓練可幫助病人減輕病痛或使病情惡化的情緒，麻州大學醫學中心的卡巴金（Jon Kabat-Zinn）壓力減輕中心便是個中典範，他們為病患提供為期十週的專注與瑜伽練習，重點是注意情緒的波動，每天做深度鬆弛的練習。有些醫院會在病人觀賞的電視上放映教學錄影帶，對飽受病痛之苦的患者而言，這實在比一般醫院放映的連續劇有益多了。

另一位醫師狄恩．歐尼許（Dean Ornish）為心臟病患設計的一套練習，也以鬆弛及瑜伽為重點，同時搭配低脂餐。原來嚴重到必須進行冠狀動脈分流手術的病人，經過一年後，動脈栓塞的現象有明顯改善。歐尼許告訴我，鬆弛訓練是這項計畫的關鍵，採用的也是所謂的「鬆弛反應」原理，亦即因應壓力引發的生理現象反其道而行。

此外，如果醫護人員具備同理心，懂得傾聽與溝通的藝術，更有助於發揮醫療效果。但首先醫護人員要了解他們與病人的良好關係攸關治療的效果。如果我們的醫學教育能將基本的ＥＱ列入，特別是著重自覺、同理心與傾聽的藝術，醫生與病人的關係才會更容易培養。

關懷的醫學

目前為止我們只是邁開一小步，醫界要有開闊的視野，充分了解ＥＱ的影響，下面兩項重要的科學論點應銘記在心：

一、協助人們管理負面的情緒可預防疾病發生。已有證據顯示，長期抱持負面情緒，對健康的危害與抽菸無異，那麼幫助人們處理負面情緒，就好像說服一個老菸槍戒菸一樣有益。要廣泛擴大這種效益，最好從小灌輸基本的EQ技巧，使之成為一生的習慣。另一個著重教導的對象是年屆退休的人，因為情感是否穩定是影響老年人衰老速度的關鍵。第三個目標族群則是所謂的高危險群；窮人、單親職業媽媽、高犯罪率地區的居民等，這些人每天都處在極大壓力下，協助他們處理壓力造成的情感問題有助於預防疾病。

二、對身體患病的人同時付出心理上的關懷，非常有助於病人的復元。這裡所說的人性化醫護不只是口頭上的安慰，但今天的醫療制度有很嚴重的盲點。儘管愈來愈多的資料顯示，關注病人的情緒需求有實質的效益，腦部情緒中樞與免疫系統的關係也已獲得證明，很多醫師仍抱持懷疑的態度，斥之為無關緊要或道聽塗說，甚至認為只是少數人的誇大其詞。

雖然說病人對人性化的醫療需求日殷，而悉心奉獻的醫護人員也並非沒有，今天的醫療界卻有日益商業化的傾向，人性化的醫療品質更不知何日才能實現。

事實上，關照病人的情緒需求是符合商業利益的。首先是減少成本，原因是可以預防或延緩疾病的發生，幫助病患提早康復。根據紐約市西奈山醫學院（Mt. Sinai School of medicine）與西北大學對臀部骨折的年老病人的研究，如果病人在一般整形治療之外再加上抑鬱的治療，平均可提早兩天出院，總計近百名病患可減少醫療支出九七三六一美元。

這樣的身心雙重照顧當然也讓病患更滿意。在未來的醫療市場中病患將有更多的「醫療產品」可以選擇，對醫療品質的滿意程度當然會影響選擇。

最後還有醫療道德的考量。《美國醫學協會雜誌》（*Journal of the American Medical Association*）一九九三年有一篇文章，提到某醫學報告說，抑鬱使心臟病患死亡率增加五倍。文章評論道：「顯然抑鬱與孤立使心臟病患成為死亡的高危險群，治療時如果不考慮這兩項因素，實在是不道德。」

今天我們應該正視情緒與健康的關係，推廣人性化的醫療制度，幫助病人提早康復。一位病人曾寫一封公開信給他的外科醫師，信中說：「同情不只是象徵性的支持與鼓勵，更是治病的良藥。」這句話的確值得醫界深思。

4

改變的契機

Windows of Opportunity

CHAPTER

12

家庭的試煉

下面是一則小小的家庭悲劇。卡爾與安妮正在教五歲的女兒麗絲玩電動玩具，但他們的過度熱心似乎造成女兒的困擾，只聽到一連串相互矛盾的指示。

「向右，向右……停，停！」母親的聲音愈來愈焦躁。麗絲咬著唇，兩眼盯著螢幕，努力遵照母親的指示。

「妳走歪了……快向左！向左！」父親卡爾也下達一串急促的指令。

同時母親無可奈何地翻了個白眼，大叫：「快停！快停！」

麗絲發現父命與母命都無法圓滿遵從，小臉繃得緊緊的，眼睛一眨，淚水就要掉下來。

父母卻未看到她的眼淚，自顧自地吵了起來，母親氣急敗壞地對父親說：「她按鈕按太慢了。」

麗絲的眼淚慢慢垂下臉頰，但父母兩人似乎都未察覺。麗絲用手抹去淚水，父親叫道：「快把手放到按鈕上……要準備射擊了。好，開動！」母親也一邊吶喊：「好，移動一點點就行了！」

這時候的麗絲卻已孤單無助地輕輕啜泣起來。

小孩子往往在這種時候學到深刻的教訓，以麗絲而言，這個痛苦的經驗告訴她，父母都不關心她的感受。如果童年時期一再重複相似的經驗，將會在孩子心上烙下一生難以磨滅的情感訊息，甚至因此決定一生的方向。家庭是我們學習EQ的第一所學校，在這個親密的熔爐中，我們學到許多基本訊息，諸如我們的自我觀感，別人對自己的反應，如何看待自己的感覺，是否有改變的可能，如何判讀別人的情緒與表達自己的喜怒哀樂等。這學習的過程不僅是透過父母對子女的管教，還包括間接觀察父母的行為及彼此相處之道。有些父母天生是情感的導師，但反面教材也不少。

無數的研究顯示，父母對待子女的方式，對子女的情感生活有長遠而深刻的影響。但直到最近才出現具體的科學證據，EQ高的父母對子女有很大的幫助。小孩子多半善於察言觀色，對家庭中細微的情感動態相當敏感。夫妻的相處之道對孩子影響甚鉅，父母直接對待子女的方式當然更不用說了。華盛頓大學的卡洛·胡文（Carole Hooven）與高特曼等人曾就教養子女的方式研究夫妻的互動，發現善於處理婚姻關係的夫妻，最能夠協助孩子處理情緒的起伏。

參與研究的家庭必須在孩子五歲及九歲時接受觀察，觀察的重點包括夫妻的交談方式，父母教導孩子玩電玩的情形……看起來只是日常瑣事，卻清楚洩漏了親子之間的情感暗流。

有些父母就像安妮與卡爾一樣，都是命令式的，很快失去耐性，不耐煩地提高聲音，有的甚至會罵小孩笨，其中的輕蔑與厭煩正是許多婚姻根基日益腐蝕的主因。但也有的父母極具耐心，能協助孩子用他自己的方法去學習，而不會動不動抬出父母的權威。這種親子電玩時間簡直是測量父母情感模式的溫度計。

觀察發現最常見的三種不良模式是：

- **完全忽略型**。這類父母多視小孩的負面情緒為令人煩心的芝麻瑣事，過一會兒就沒事，卻不懂得利用這個機會拉近親子關係，或教導孩子處理情感的方式。
- **太自由放任**。這類父母確實注意到孩子的感受，但又放任孩子自行處理，即使是暴力發洩也無妨。他們和第一型父母一樣，鮮少嘗試進一步教導孩子選擇其他反應方式，只希望平息孩子所有不愉快，甚至會賄賂孩子不要生氣或難過。

- **輕視型**。不尊重孩子的感受，這類父母通常言詞刻薄，處罰嚴厲。譬如說會禁止孩子有任何憤怒的表現，絲毫發怒的跡象都會惹來責罰。如果孩子為自己辯護，父母的典型反應是：「你敢頂嘴？」

但也有的父母會利用孩子情緒不佳的機會，上一課初階情緒管理。他們懂得重視孩子的感受，努力去了解前因後果（你生氣是因為小明傷你的心嗎？），進而協助孩子以適當的方式撫平情緒（與其打小明，你何不先自己玩玩具，等心情好了再和他玩？）。

父母親要成為適任的情感教練，本身必須掌握基本的EQ。譬如說小孩要學習的第一課是分辨不同的感覺，身為父親的人如果無法分辨自己的悲傷情緒，又如何教導孩子區別失落的悲傷、看一齣悲劇的悲傷以及親近的人發生不幸的悲傷。此外，當然還有更進階的課程，譬如說，告訴孩子憤怒常源自被傷害的感覺。

隨著孩子日漸成長，他們需要的情感教材也要跟著調整。第七章提過，同理心從嬰兒期就開始學習，方法是由父母做出與孩子的感受同步的反應。有些技巧可以在交友的過程中慢慢磨練，但父母的適當引導可讓孩子提早充實EQ的基本條件，包括學習認知、管理、駕馭自己的感覺，培養同理心，人際關係的處理等。

父母的引導對孩子的影響非同小可，前述的華盛頓大學研究小組發現，比較處理情感較擅長及較拙劣的父母，前者的親子關係較和諧，情感較濃，也較少摩擦。不僅如此，這些孩子也較善於處理自己的情緒，較懂得安撫自己，也較少產生負面情緒。從**生理**上來看，這些孩子較常處於放鬆的狀態，壓力賀爾蒙及其他情緒激昂的生理指標都較低，第十一章已說過，這種模式如果能持續一生，對健康很有幫助。其他還有很多社會性的優點，比如這些孩子在同儕間人緣較佳，在老師眼中社交能力較優越。父母與老師都認為這些孩子較少有行為上的問題（粗魯好鬥等）。最後還有認知上的優點，就是較能集中注意力，因此學習能力較好。以IQ相當的五歲孩子做比較，父母較善於做情感引導的孩子，到三年級時數學與閱讀能力都較好，足證教導孩子情感技巧不僅是人生的修養，也有助於提升學習能力。洋洋灑灑羅列下來，證明有一個善於引導情感修養的父母，對孩子的幫助是全方位的。

從心做起

父母的引導從孩子出生起就開始發揮影響力。知名的哈佛小兒科專家貝瑞·布雷佐敦（T. Berry Brazelton）以一個簡單的測驗測試嬰兒的人生觀。他拿兩塊積木給八個月大的嬰兒看，告訴他如何拼在一起。樂觀的嬰兒對自己的能力充滿信心，他的反應是：

拿起一塊積木來咬一咬，拿到頭上前後摩擦，然後丟到桌上，看看你會不會幫他撿起來。等你撿起來了，他才願意完成拼積木的任務。最後他會仰頭看著你，明亮的眼睛彷彿在說：「讚美我的聰明吧！」

這種孩子在生活中不斷受到大人的讚美與鼓勵，面對人生的挑戰自是充滿信心。反之，如果是來自一個黯淡、混亂、沒有關愛的家，孩子拼積木時便顯得毫無信心。事實上他們完全聽得懂指示，也可以拼得很好，但做的時候就是垂頭喪氣得很，彷彿在說：「我根本不夠好。你瞧，我要搞砸了。」這種小孩未來往往抱持失敗主義的人生觀，從來不期待老師會鼓勵或注意，也不認為學校生活會有任何樂趣，最後甚至中途輟學。

這兩種不同的心態，在孩子極小的時候便開始成形。布雷佐敦指出：「父母要知道如何能引發孩子的信心、好奇心與學習的樂趣，同時幫助孩子了解自我的極限。」這對孩子的人生發展是一大助力。他的建議是有科學根據的，愈來愈多的證據顯示，學齡前形成的情感特質相當程度地影響進入學校後的表現。第六章舉過一個例子，一個四歲大的孩子如果能克制拿一個棉花糖的衝動，十四年後入學測驗的成績可能比別人高二一〇分。

雖然孩子的ＥＱ在整個求學階段會持續發展，但ＥＱ的形塑開始得極早，後期的增長皆以此為基礎。誠如第六章所鋪陳的，這基礎也是所有學習行為的根本。美國臨床嬰兒計畫中心的一項研究顯示，要預測孩子在校表現的標準，不是看小孩累積多少知識，或比別人更早具備閱讀能力，而是看其他情感與社會性的因素，諸如是否有足夠的自信與好奇心，是否知道何種行為較恰當並能克制不當行為的衝動，能夠耐心等候、遵從指示及向老師求助，與其他孩子相處時懂得表達自己的需求。

該報告指出，幾乎所有在校表現不佳的學生都缺少上述能力的一項以上，不管是否有學習障礙之類的認知困難都一樣。而且這是個相當普遍的問題，美國某些州將近五分之一的孩子升不上二年級，之後落後得更加厲害，漸漸地變得喪失信心，憤世嫉俗，經常鬧事。

學習能力是一切知識的基石，也是決定孩子在校表現的根本原因。上述報告列出七種學習能力的基本成分，全都與ＥＱ有關：

一、**自信**。感覺能駕馭自己的身體、行為與周遭世界，相信只要努力就很可能成功，也相信大人會提供協助。

二、**好奇**。認為探索世界是好的，而且可帶來樂趣。

三、**意圖**。有發揮影響的意願、能力與毅力，具體而言就是一種能力與效率感。

四、自制。具有與其年齡相稱的自我控制能力。

五、人際關係。能與人達成起碼的互相了解，據以建立人際關係。

六、溝通能力。具備與人交流觀念及感受的意願與能力，首先必須能信任別人，且從人際交往（包括與大人的交往）中獲得快樂。

七、合作。能夠在個人需求與團體活動之間取得均衡。

孩子初上學校是否具備這七項能力，與父母及幼稚園老師是否教導基本的EQ很有關係。

打好EQ的根基

假想一名兩個月大的嬰兒半夜三點醒來開始啼哭，母親趕快將他抱起來，小寶貝滿足地躺在母親懷裡吃奶，母親慈愛的眼神彷彿在告訴他，即使是三更半夜被吵醒，母親看到他還是滿懷喜悅。半個鐘頭後，嬰兒滿足地沉入夢鄉。

再假想另一名兩個月大的嬰兒也是半夜起來啼哭，碰到的卻是個心煩氣躁的母親，因為她剛和先生吵完架，才睡了一個鐘頭。母親匆匆抱起小孩說：「你給我安靜點，我已經快受不了了。拜託，趕快睡行不行？」小嬰兒必然立刻感受到氣氛的異樣。嬰兒吃奶時，母親根本不看他，只是木然地望著前方，腦中還在反芻先前吵架的情節，愈想愈氣。嬰兒感受到母親的僵硬，跟著繃緊起來，吸奶的動作也停了下來。母親說：「只吃這麼一點點？不吃就別吃。」接著便匆匆把嬰兒放到床上，自顧自去睡覺，任嬰兒啼哭到疲乏才睡去。

提出這兩個例子的美國臨床嬰兒計畫中心指出，如果父母一再以同一方式對待孩子，久而久之，孩子對自己及親密的人際關係會產生極為不同的感受。第一個嬰兒學到的是：當他有需求時有人會注意到並幫助他，他的求助訊號是有效的。第二個學到的是：沒有人關心他，別人是不可信賴的，他想要尋求慰藉但失敗了。當然，多數小孩多少都嘗過兩種經驗。但如果其中一種成為常態，將影響小孩基本的安全感、掌控感與對人的信賴感。據艾瑞克生的說法，小孩將養成對世界的基本信賴或懷疑。

這種情感態度的養成開始得很早，進而在整個童年期逐漸成形。親子之間每一次溝通都暗含情感的交流，無數次的交流便奠立了孩子ＥＱ的核心。譬如說，一個小女孩在玩拼圖，半天老是拼不起來，便拿去問媽媽。媽媽的態度可能是欣然相助，也可能是簡短一句「我在忙，別煩我」，小孩得到的便是完全不同的訊息。同樣的訊息經過一再強化，孩子對人際關係的預期便會定型，進而影響生命的其他層面。

若碰到不成熟、吸毒、沮喪、經常發怒、生活漫無目標的父母，對小孩的影響尤其大。這類父母根本無法給孩子適當的照顧，更遑論關注嬰兒的情感需求，進而取得情感的調和。根據研究，忽略比虐待更糟糕。一項調查發現，在所有被苛待的孩子中，被忽略的一群問題最多，總是焦慮、注意力不集中、淡漠、有時太具侵略性，有時又很畏縮，有六五％升不上二年級。

小孩到三、四歲時，腦部會長到成人型的三分之二，其精密的演化速度是一生中最快的階段，最重要的學習能力也在這個時期發展，尤其是情感能力的學習。這時候如遭受巨大的壓力，將損傷腦部的學習中樞及智力。這種傷害稍長後雖可稍微彌補過來，但影響仍是很深遠的。五歲以前的情感經驗對一生具有恆久的影響：

一個小孩如果無法集中注意力，性格猜疑、易怒、悲觀、具破壞性、常感焦慮、有各種恐懼的幻想、對自己不滿意，未來面對人生的挑戰將很難掌握機會發揮潛力，根本可以說已輸在起跑線上。

壞小孩

不當的情感教養對孩子會造成終生的影響，尤其是強化孩子的侵略性，這一點可由長期的追蹤調查獲得證明。這類研究不少，有一項便是針對紐約北部八七〇名兒童所做的八歲到三十歲的調查。結果發現其中最好勇鬥狠的孩子最容易輟學，也最可能在三十歲以前犯罪。而且這種暴力性格有代代相傳的傾向，這些人的孩子在小學中的表現與其父如出一轍。

研究侵略性格如何代代相傳，能帶給我們不少啟示。姑且不論生物遺傳的因素，侵略性的人成為父母後，往往將家庭變成學習侵略的補習班。他們的父母採取的就是獨斷高壓的管教，輪到他們當父母時便也承襲這套方式，不管小時候表現出侵略行為的是父親或母親都一樣，跋扈的小女孩長大後，同樣變成嚴懲重罰全憑喜惡的母親。這類父母儘管對孩子異常嚴厲，大半時候對孩子的生活卻毫不關心。小孩子耳濡目染之下，也會將父母的侵略模式帶到學校遊戲場，甚至一生相隨。這類父母倒不一定是鐵石心腸或不為孩子著想，而似乎只是不自覺重蹈父母的行為模式。

這類父母管教的方式純憑喜惡，心情不好時做錯小事也嚴厲懲罰，心情好時鬧翻了天也沒事。獎懲的標準不是孩子的表現，而是父母的情緒。這種管教方式最易讓孩子產生無用和無助的感覺，彷彿隨時可能有禍事臨頭。如果我們從家庭背景來分析，這種孩子的好鬥與叛逆其實是可以理解的。最令人憂心的是，這種家庭的試煉在孩子早年便會烙下傷痕，對孩子的情感生活造成巨大的衝擊。

虐待：缺乏同理心的父母

二歲半的馬丁在托兒中心遊戲時撞到一個小女孩，女孩不由分說便哭了起來。馬丁想去拉她的手，女孩哭著走開，馬丁便在她的手臂打了一下。

女孩仍哭個不停，馬丁把頭轉開，大叫：「別哭了！**別哭了！**」愈喊愈急促，聲音也愈大。

接著馬丁又嘗試去拍拍她，但女孩還是躲開了。這回馬丁齜牙咧嘴，像隻兇惡的狗似地對她做鬼臉。

不久馬丁再度嘗試輕拍女孩的背，但愈拍愈用力，後來甚至變成在打她，打得女孩可憐地嚎啕大哭。

這段敘述是研究人員實際觀察所得，說明了一個經常被父母隨意打罵的孩子本然的同理心遭到怎樣的扭曲。馬丁從出生起就常被虐待，他對同伴的奇特粗魯的安慰方式正是這類孩子的典型反應。一般小孩看到同伴在哭，通常會同情地請他別哭並加以安慰（詳見第七章）。馬丁的暴力反應很可能反映了他在家中的遭遇；哭的時候父母先是以命令的語氣安慰，如果無效，便繼之以怒目而視、吼叫、輕打，最後索性狠狠揍一頓。最令人憂心的是，馬丁似乎已失去最基本的同理心，亦即停止攻擊一個已受傷害的人。僅僅二歲半，我們已看到一個殘酷虐待狂的雛形。

馬丁的情形並非特例，研究人員花了兩個小時觀察托兒中心九個一到三歲的孩子（馬丁是其中之一），發現從小在家遭受身心虐待的孩子都有類似的行為。做為比較組的九個小孩也是來自貧窮或壓力大的家庭，但在家中未被虐待。看到同伴受傷害時，這兩組小孩的反應有很顯著的不同。在二十三次同伴受傷害的事件中，比較組的九個孩子有五個表現出關心、難過或同理心。比較之下，受虐兒童在二十七次事件中沒有任何人表現絲毫的關心，反而對哭泣的同伴表現出恐懼、憤怒或像馬丁一樣的攻擊行為。

譬如說，有個受虐女孩看到同伴哭泣時，向他做出可怕威脅的表情。另一個受虐孩童一歲的湯瑪斯聽到房間另一頭傳來哭聲便嚇呆了，僵坐著動也不動。臉上充滿恐懼，背脊挺得筆直，整個人愈繃愈緊，彷彿預期有人要攻擊他似的。將近二歲半的凱蒂簡直是個虐待狂，將比她小的喬伊踢倒在地，溫柔地看著他，輕輕地拍他的背，後來卻不顧喬伊的哀求愈打愈重，還彎下身去用力打了六七下，直到喬伊爬著逃開。

其實這些孩子正是以父母對待他們的方式對待別人。有的父母雖不致虐待孩子，但常常恐嚇威逼，嚴懲重罰，結果同樣造就出缺乏同情心的孩子，只是程度不及受虐兒童。這類孩子長大後在學習上較易有認知的困難，容易有侵略行為，人緣較差，較易沮喪，長大後較易違法亂紀。

同理心的缺乏往往代代相傳，虐待孩子的父母小時候也是受虐兒童。多數父母會教導孩子關心別人，己所不欲勿施於人，小孩子表現出來的便是截然不同的行為。缺乏這樣的教導，小孩子似乎便完全無法學習同理心的真諦。

受虐兒童極早便開始承襲父母的行為模式，但有些小孩幾乎是天天挨打，也難怪傷痕會烙印得這麼深。前面說過，人在情緒激昂或面臨危機時，腦部管理原始反應的邊緣系統便會發揮作用。這時情緒中樞會訴諸過去經驗中一再重複的習慣。

我們看到人腦是如何因暴虐或愛的教育而形塑出不同的模子，也因此知道童年是修養EQ的絕佳時機。不幸的是有些受虐兒童太早接受經常性的痛苦試煉，以致留下恆久的傷痕。不過，再深刻的烙印也依舊有撫平的可能。

CHAPTER

13

創傷與二度學習

桑芝是逃離柬埔寨到美國的難民，當她聽到三個兒子吵著要買AK－四七玩具槍時大吃一驚。三個兒子年紀分別是六、九、十一歲，買玩具槍是因為現在學校流行玩一種叫波弟的遊戲：名叫波弟的壞蛋拿著半自動機槍掃射一群孩子，最後舉槍自裁。有時候遊戲會以另一個方式結局：孩子們殺了波弟。

這個遊戲是真實故事改編的，那是一九八九年二月十七日發生在加州史塔頓（Stockton）克利夫蘭小學的一樁悲劇。當天早上一、二、三年級下課時，派翠克．波弟（Patrick Purdy，約二十年前上過同一小學）走到操場邊，對著數百名正在遊戲的小孩瘋狂掃射近七分鐘，最後舉槍自殺。警察趕到時，發現五個小孩奄奄一息，二十九名受傷。

短短的七分鐘在孩子的記憶裡卻留下不可磨滅的痕跡，事發後幾個月，該校小朋友自然而然玩起所謂的波弟遊戲。我小時候就住在那附近，事發後五個月首次造訪該校。雖然那些恐怖的彈孔、一攤攤的血漬、模糊的血肉碎片都已清洗乾淨，重新粉刷，但波弟的陰影依然籠罩整個校園。

遭此事件破壞最嚴重的不是學校的建築，而是師生的心理。最顯著的後遺症是只要有一點風吹草動，那個事件便會在人們心中無比清晰地重演一遍。有個老師告訴我，當學校宣布聖派翠克日將屆時，立刻引起一陣恐慌，有些學生竟然想到是要紀念兇手波弟。

另一位老師說：「每次聽到救護車開往附近一家療養院，所有人的動作都暫停。小朋友全豎起耳朵傾聽救護車是否會在校門口停下來。」有一兩個月的時間很多孩子都不敢看廁所的鏡子，因為謠傳有妖怪藏在那裡。還曾有一個女孩驚慌地跑到校長室，一路嚷著：「我聽到槍聲！我聽到槍聲！」事後發現是操場球柱上鐵鍊的聲音。

很多小孩變得很神經質，好像隨時在防備類似事件重演。下課時有些人會躲在門邊，不敢到操場上玩。有些人總要成群結隊才敢玩，還要派一人當守衛。長達數月的時間，很多人都避開那個死過人的邪門地點。

不僅如此，可怕的記憶更化為噩夢侵擾小孩子的睡眠。除了模擬該事件的夢魘外，有的噩夢讓孩子充滿焦慮，惟恐自己不久就要死去。甚至有的小孩為了怕做夢而睜著眼睛不睡覺。

這些症狀正是心理治療師所謂的創傷後壓力異常症。史賓塞・伊斯（Spencer Eth）

是這方面的專家，他分析這種異常症的特質是「揮之不去的事件記憶，浮現的形式可能是暴力行為的片段，如拳擊、刀刺、槍響等。而且常常是強烈的知覺經驗——槍擊時的聲、光或硝煙味，受害者的尖叫或突然的靜默，血花四濺，警車的聲音等」。

神經科學家現在已知道，這些恐怖鮮明的事件片段深烙在情緒路徑而成為記憶。異常症的形成是因為杏仁核過度被刺激，迫使鮮活的記憶不斷侵入知覺層面。於是腦部變得極度敏感，只要發現類似事件可能重演的跡象，隨時準備發出警訊。這種草木皆兵的高度警戒狀態是所有情感創傷的特徵，包括童年時期肉體不斷被虐待的人。

任何可怕的經驗都會造成杏仁核的過度刺激，不管是火災、車禍、地震、颶風、被強暴、被搶劫，每年都有許許多多的人遭遇這些不幸，腦部多少都會印下創痕。

暴力事件又比地震之類的天災更糟糕，因為受害者會覺得自己是被刻意挑選來施暴的對象，從而對世界、對人失去信賴。頃刻間整個世界變得危機四伏，走到哪裡都覺得不安全。

暴力行為的受害者草木皆兵的情形特別嚴重。根據心理專家蒐集的實際案例，有一個人後腦被不明人士重擊，事後他走在街上一定選擇走在老婦人的前面。另有一名婦女進電梯時，被尾隨的歹徒持刀逼到無人居住的樓層，事後好幾個星期她不但不敢再坐電梯，甚至連地下道或任何封閉的空間都不敢進去。有一次她在銀行裡看到一個人把手伸進外套裡面，動作與歹徒十分相似，嚇得她落荒而逃。

有些恐怖的烙痕及其後遺症會持續一輩子，大屠殺後倖存的猶太人就是最明顯的例子。子。根據研究，事隔近半個世紀後，那些經歷過飢餓與集中營的恐怖經驗，目睹親人被屠戮的人，記憶依然鮮活如昨。三分之一的人經常活在恐懼中，近四分之三的人看到或聽到任何能引起聯想的事物就會感到焦慮：包括制服、敲門聲、狗吠、煙囪冒煙等。約六〇%的人幾乎每天想到五十年前的浩劫，較嚴重的有十分之八仍常做同樣的噩夢。一位倖存者說：「如果你待過奧斯維茲而不會做噩夢，那你就不正常了。」

凝結的恐怖記憶

下面是一個四十八歲的越戰退伍軍人的自述，關於他二十四年前在遙遠異鄉的經歷：

我根本無法拋開那段記憶！各種影像細節鮮活地不斷湧現，即使是無關緊要的事物也能喚起記憶：用力關門聲、東方女人的身影、竹蓆的觸感、炒豬肉的味道都能讓我回到過去。昨晚我本來睡得還不錯，到清晨突然暴風狂作，響起一聲巨雷。我立刻驚醒，恐懼得無法動彈。當下便好像回到越南，那時是雨季，我在站崗。我知道下一波砲擊一定會打中我，而且必死無疑。我的手都凍僵了，全身卻在冒汗，頸部根根汗毛直豎，心臟狂跳，彷彿就要窒息。這時我聞到一股硝煙味，突然看到同隊的特洛伊的斷肢……盛在一個竹盤子上，是越共送回來的……又是一陣雷電交加，我驚得跌下床來。

事隔二十餘年，這段鮮活無比而又巨細靡遺的記憶絲毫不減當年的恐怖。創傷後異常症患者的神經警戒系統超乎正常的靈敏，尋常事件也會被當作危機處理。第二章討論過的情緒失控似乎是使這些記憶深印不滅的主因，引發杏仁核奪權的事件愈是殘酷、可怖、驚人，愈是難以磨滅。就腦部的變化而言，似乎是因為極度的恐懼造成腦部化學物質的全盤改變。一般的創傷後異常症案例都是導因於單一事件，事實上持續數年的暴行也會造成同樣的結果，有些孩子長期遭受精神肉體或性虐待，也會出現類似的症狀。

這方面腦部變化的研究做得最多的是美國創傷後異常症中心，中心所在的退役軍人醫院收容大量因越戰或其他戰役而受傷的患者，大部分的相關知識便是研究這些退役軍人得來的。同樣的原理也可適用在受過嚴重情感創傷的兒童，例如前面提過的克利夫蘭小學生。

出身耶魯現任該中心神經科主任的丹尼斯．查尼（Dennis Charney）告訴我：「遭受重大打擊的人會產生永久的生理變化。不管創傷的原因是戰爭、刑求或童年受虐引發的恆久恐懼，或是天災、車禍之類的單一事件，凡是無法控制的壓力都會造成同樣的生理衝擊。」

這裡的關鍵因素是**無法控制**。如果人在危急時刻覺得還可以努力做點什麼，即使是再小的事，事後仍然比那些完全無助的人好過得多。無力感造成**主觀**的錯覺，彷彿事件遠超乎個人的負荷。該中心臨床精神病藥物實驗室主任約翰·克里斯多（John Krystal）指出：「假想兩個人同樣被持刀歹徒攻擊，一個知道如何自衛，一個卻立刻想到『我死定了』。後者發生創傷後異常症的機率便比較大。當你自覺身陷險境**卻完全無力脫逃**，這時腦部便開始產生變化。」

無力感與創傷後異常症的關係早已經實驗證明，實驗方式是將兩組老鼠放在不同的籠子裡，分別給予同等的輕微電擊（對老鼠而言已相當強烈）。其中一個籠子設有一根桿子，老鼠只要一推桿子，兩個籠子的電擊立刻停止。經過數週的實驗，兩組老鼠被電擊的次數與強度完全一樣，可推桿關閉電流的老鼠並無顯著的後遺症，只有另一隻無助的老鼠腦部發生改變。再以前面提過的校園濫射事件，對那些親眼目睹同學流血倒地的孩子，或是在一旁無力阻止不幸發生的老師而言，無力感必然非常強烈。

邊緣系統的疾病

幾個月前洛杉磯一場劇烈的地震將睡夢中的她驚醒，她在黑暗的屋子裡驚呼尋找四歲大的兒子。母子倆在黑夜中相擁躲在門下，在飢寒交迫的幾個小時中忍受一波又一波的餘震。地震過後的幾天，用力關門聲都能讓她嚇得發抖，幾個月後，她已沒有那麼容易受驚了。唯一殘餘的後遺症是丈夫不在時會失眠，因為地震當天只有她和兒子在家。

這種後天形成的恐懼感（最嚴重的型態便是創傷後遺症），源自腦部杏仁核周遭的邊緣系統發生改變，其中最主要的改變發生在負責調節腦部兒茶酚氨（腎上腺素與正腎上腺素）分泌的藍斑（locus ceruleus）。這些神經化學物質能讓身體在危急時刻動員起來，同時增強對特定事件的記憶。創傷後異常症患者的腦部變得過度敏感，如果面臨的處境使他聯想到引發原始創傷的經驗，即使毫無危險，腦部也會分泌大量的化學物質以資因應。這也是克利夫蘭小學生聽到救護車的聲音便會驚惶失措的原因。

藍斑與杏仁核、海馬回、下視丘等邊緣系統關係密切，傳遞兒茶酚氨的路徑直延伸到腦皮質。一般認為這些路徑的改變造成創傷後異常症的症狀，包括焦慮、憤怒、過度警覺、易悲易怒、隨時準備戰鬥或逃跑，以及強烈情緒記憶的烙印。一項以越戰退役軍人為對象的研究發現，有創傷後異常症症狀者，抑制兒茶酚氨的神經末梢較常人少了四〇%，顯示其腦部發生恆久的改變，兒茶酚氨的分泌已無法正常控制。

此外，連接邊緣系統與腦下垂體的路徑也會發生改變，腦下垂體負責調節親皮質素（CRF）的釋放，這是一種緊急狀況下促使身體戰鬥或逃跑的壓力賀爾蒙。患者會分泌過多的親皮質素，尤其是在杏仁核、海馬回及藍斑等部位，使身體在非緊急狀態也做出緊急因應。

杜克大學精神醫學專家查爾斯·聶梅洛夫（Charles Nemeroff）告訴我：「太多的親皮質素會使人過度反應。假設你是越戰退伍軍人，有創傷後異常症症狀，有一天在街上看到一輛車子發出爆炸聲，親皮質素便可能使你喚起原始創傷的感覺，你會開始冒汗害怕，全身發冷顫抖，甚至浮現清晰的影像。一個人如果分泌過多的親皮質素，也會有過度的驚嚇反應。舉例來說，如果你偷偷潛到某人身後，突然拍手，對方必然會嚇一跳。但只有第一次才能見效，第三第四次便嚇不到他了。親皮質素過多的人即使到第四次，驚嚇的程度仍然不減。」

第三個改變是，負責分泌內啡肽以減輕痛苦的賀爾蒙系統也變得過度敏感，這是杏仁核與大腦皮質共同作用的結果。這些具強烈麻木作用的腦部化學物質有點像鴉片或其他麻醉品，量極大時，對痛苦的忍受力會大為提高。譬如說，戰場上受重傷的士兵手術時只需少量的麻醉劑，甚至比平民百姓受輕傷時更少。

創傷後異常症病患也有類似的情形，由於內啡肽的改變，患者再度遭受打擊時，可能會出現**麻木不仁**的現象：病人常無法感受快樂，表現出整體的情緒麻木，對別人、對人生都漠不關心。親友可能會覺得這是同理心的喪失。此外，病人可能有解離的現象，譬如說無法憶起事件發生時最重要的幾分鐘、幾個小時或甚至幾天。

神經系統的改變似乎也使患者更禁不起打擊。動物研究顯示，幼時即使只是經驗過**輕微**的壓力，與未經壓力的動物比較，長大後還是比較無法承受打擊（顯示創傷後異常症病童亟需及早治療）。也正因如此，經歷同樣的災難後，有些人會產生創傷後異常症，有的人卻不會。這是因為杏仁核本已處於草木皆兵的警戒狀態，一旦證實兵臨城下，自然會發出最刺耳的警鈴。

這一切神經系統的改變可發揮短期的效益，以因應突發的危機，使身體維持高度警覺，隨時準備做任何反應，無畏痛苦，承受艱難的體力負荷，簡而言之，可表現出超高的韌性與承受力。但如果這種改變成為常態，好像汽車永遠維持在高速檔，短期的效益將變成長期的問題。當一個人面臨創傷時，杏仁核與相關部位發生改變，使得引發刺激的門檻大為降低，生活將變得處處是危機，看似不相干的事物也可能導致驚惶失措。

情緒再教育

這類創傷的記憶似乎會對腦部功能形成恆久的影響，使患者無法重新學習正常的反應模式以因應下一次打擊。這時學習與記憶的機轉已遭扭曲——當然又是杏仁核作祟的結果。要克服這種後天習得的恐懼，有賴新皮質發揮功能。

心理學上有個名詞叫**恐懼制約**，意指一事物本身絲毫無可懼之處，但因與心理上某可怕的事物連結在一起而變得可怕。查尼指出，動物經過恐懼制約的實驗後，恐懼的現象可持續達數年之久。腦部學習、保留、執行此一恐懼反應的部位是介於丘腦、杏仁核與前額葉的路徑，恰好是情緒失控時的作用路徑。

一般人經恐懼制約而產生的恐懼會隨著時間消逝，這似乎是一種自然的再學習過程，再次碰到以為可怕的事物時，自然可證明只是杯弓蛇影。譬如說一個小孩曾被一隻牧羊犬追逐，從此怕狗。但後來他搬家了，鄰居剛好養了一隻很友善的牧羊犬，他有機會常和狗玩，漸漸地自然就不再怕狗了。

創傷後異常症的病患則似乎失去這種再學習的能力。查尼指出，這可能是因為患者腦部發生嚴重的改變，以致每當出現與原始打擊僅些微相似的情境，杏仁核便開始動員，更強化恐懼的機轉。也就是說，恐懼的事物永遠不會與較平靜的感覺配對，杏仁核再也學不會較溫和的反應模式。查尼分析，消除恐懼是一種積極學習的過程，創傷後異常症患者這方面的能力顯然已受損，導致情緒記憶的異常持久。

然而，只要給予適當的學習經驗，這類患者還是有復元的希望。頑固的情緒記憶及其引發的思維與反應模式都可隨著時間而改變。查尼指出，這個再學習的過程要靠皮質的作用。根植於杏仁核的原始恐懼不會完全消除，而須仰賴前額葉皮質強力壓制杏仁核的過激反應。

「問題是要多久才能消除制約恐懼？」威斯康辛大學心理學家大衛生提出這個質疑。大衛生是第一個發現左前額葉皮質可抑制痛苦的人，在一項實驗中他讓人們先學會厭惡某種噪音，這是典型恐懼制約的型態，也是創傷後異常症的雛形，大衛生發現左前額葉皮質較活躍的人恢復得較快，顯示皮質對消除後天恐懼的重要性。

情緒路徑的再教育

一項關於猶太大屠殺倖存者的研究，讓我們對創傷後異常症的預後有較樂觀的看法，研究對象有四分之三在事隔半世紀後仍有明顯的症狀，但其中四分之一後來復元了，這似乎與患者的生活方式有關。未復元的人腦部顯示創傷後異常症患者特有的變化，已復元者則沒有，證明創傷後異常症的腦部變化可能是可逆轉的，即使是最嚴重的腦部烙印也可能除去。簡而言之，這證明情緒路徑是可以再教育的。

其中一個復元方式是前面提過的波弟遊戲。透過多次的遊戲，孩子得以安全地重新經歷打擊。這提供了兩條治療的方向：原始記憶可在焦慮程度較低的情境重複一次，透過這個減敏感法使其與較溫和的反應連結在一起。其次，孩子可以在心理上重寫悲劇的結局，譬如說最後將波弟殺死，重拾對悲劇事件的掌控感。

經過嚴重暴力事件的幼兒常會發明類似的遊戲，第一個注意到這種現象的是舊金山的兒童精神治療師雷娜．泰爾（Lenore Terr）。一九七三年，加州某地發生一起綁票案，一群參加夏令營的孩子搭乘巴士要回家，途中被綁票長達二十七小時。

五年後，泰爾發現受害孩童還在玩綁票的遊戲。有的女孩子會用芭比娃娃玩象徵的遊戲，事發當時孩子們緊擁著躲在一起，一個女孩一直感覺有人尿濕在她身上，她玩的遊戲便是不斷地為芭比娃娃洗澡。另一個女孩玩的是芭比流浪記，重點是最後芭比必然安全歸來。又有一個女孩玩的是更詭異的遊戲：芭比掉入洞穴中窒息。

經歷重大打擊的成人可能會發生心靈麻木的現象，抹去事件的相關記憶或感覺，小孩的反應不同。小孩較少變得麻木，泰爾認為這是因為他們會用幻想、遊戲、白日夢，來回憶或重新思索事件的意義。這樣做的用意似乎是避免強烈的記憶過度積壓，到後來一發不可收拾。如果碰到的是看牙醫之類的輕微事件，小孩子可能玩一兩次遊戲就可以了。如果是極可怕的打擊，可能會透過灰暗單調的儀式不斷重溫。

透過藝術我們得以一窺凝固在杏仁核的圖像，因為藝術本身就是無意識心靈的媒介。我們的情緒中樞非常熟悉象徵的意義以及佛洛伊德所謂的原始思考程序，熟諳比喻、故事、神話、藝術的意義。這也是經歷創傷的孩童一個治療的契機，他們不敢言宣的可怕記憶有時可透過藝術來表達。

伊斯提過一個典型的案例，一個五歲的孩子與母親一同被母親的前男友綁架，綁匪將他們帶到旅館，命令男孩躲在毯子裡，之後便將母親毆打致死。事後男孩當然絕口不提他在毯子裡聽到、看到的景象，於是伊斯要他隨便畫一幅畫。

他畫的是一個眼睛奇大的賽車手，伊斯認為這雙眼睛象徵男孩窺視兇手的經驗。幾乎所有經歷重大打擊的孩子都會在藝術作品中呈現這類影射的訊息，因此伊斯每次治療都會先請小病人畫畫。強烈的記憶不僅一再入侵孩子的思維，更隱身在藝術創作後面。除此之外，畫畫本身也有治療的效果，使患者開始重拾對事件的掌控感。

創傷與復元

艾蓮約會時差點被強暴，當時她雖奮勇抵抗成功，事後那個人卻不斷騷擾她，不是三更半夜打電話胡說八道，威脅要對她不利，就是到處跟蹤她，讓她不知所措。她也曾報警，警方卻不理不睬，理由是「對方未採取任何行動」。最後她決定尋求心理治療，這時她已有創傷後異常症的症狀，杜絕任何社交活動，絕少出門。

提出這個案例的是哈佛精神治療師茱蒂絲．賀曼（Judith Lewis Herman），她研究勾勒出創傷後異常症的三個復元步驟：一是恢復安全感，二是回憶創傷的細節，檢討打擊所帶來的痛苦，三是重建正常的生活。這個三部曲反映了情緒中樞的再學習經驗，頗符合生物學的邏輯。

第一步重拾安全感，可解釋為設法安撫過度畏懼敏感的情緒中樞，以便接納新的學習經驗。方法是讓病人了解神經質、噩夢、過度警覺、易慌亂，都是創傷後異常症的症狀，使病人覺得這些症狀並不是那麼可怕。

其次，應協助病患重拾對事件的掌控感，直接消除當時的無力感。以艾蓮為例，她便動員了朋友與家人來保護她，並說服警方採取行動。

病患的不安全感不只是恐懼危險臨頭，而是屬於內在的不安全，由於患者警覺系統變得高度敏感，常會感覺無法控制自己的身體與情緒。

這時可藉由藥物來恢復患者的信心，擺脫莫名的焦慮、失眠、夢魘的桎梏。藥學界希望將來能設計一種藥物，專門針對杏仁核與相關神經路徑的傷害對症下藥。目前的藥物多半只是針對腦部的部分改變，如針對血清促進素的抗抑鬱藥，或抑制交感神經系統的心得安（propranolol）。此外，也可讓患者學習鬆弛法來消除緊張，讓受損的情緒中樞了解生命並不是永不止歇的威脅，讓患者重獲創傷前的安全感。

另一個治療步驟是請患者在安全感下重述事件的經過，在這個過程中患者的記憶開始產生兩方面的改變：記憶的情緒含義及對情緒中樞的影響。患者重述的步調非常奇妙，似乎要模仿經歷同事件但未發生創傷後異常症的人們的腦部發展，患者內心彷彿有一個可以微調的時鐘，一下子讓患者回到鮮明事件當刻，突然又穿插一大段空白，患者通常在幾個星期乃至幾個月內幾乎記不得事件的經過。

這種進出記憶的現象，似乎是為了讓患者在自然回憶的過程中，學習新的情緒反應。賀曼指出，病情較嚴重的患者可能在重述的過程中引發極度的恐懼，這時治療者應該協助他調整到可忍受的步調，以免阻斷情緒學習的機會。

通常治療師會鼓勵患者在重述時力求鮮明，追憶出每一個可怕的細節，不只要詳述患者看到、聽到、聞到、感覺到的東西，還包括他的反應，如恐懼、厭惡、噁心等。目的是將全部的記憶化為語言，喚起記憶中任何被潛入無意識的部分，如此可將感覺納入皮質的控制範圍，使患者的反應變得更可理解。這個情緒的二度學習主要是透過重溫事件經過的方式，不同的是這次是在一個安全的情境與治療師的陪伴之下。這也等於向情緒中樞宣示：與創傷記憶相連結的不一定是無止境的恐懼，也可以是安全感。

前面提到那個目睹母親被殺的五歲孩子，他後來便不再畫畫了，而是與治療師伊斯玩遊戲，並漸漸建立起友誼。經過很長一段時間，他才開始重述事件的經過，剛開始敘述的方式很固定，每一次都一樣。但慢慢地變得比較坦白而自由，敘述時身體也不再那麼僵硬。同時他做噩夢的次數也慢慢減少，伊斯認為這是一種「掌控創傷」的表現。然後他們談話的內容不再只是專注在創傷與恐懼，也會談談小孩新生活的日常事物。到後來小孩終於擺脫事件的陰影，只談日常生活的情形。

另外，賀曼也提到哀悼的重要，這可以是痛惜身體受傷、親人逝去、關係破裂、懊悔沒有採取行動拯救某人，或只是遺憾對人不再能夠信賴。哀悼的儀式具有很重要的意義，顯示患者已有一定能力擺脫創傷，不再永遠活在過去的陰影裡，而能夠開始向前看，甚至能懷抱希望地重建新生活。如此顯示患者終於可以從一再重演的夢魘中醒過來，以後不必每一次聽到救護車的聲音便心驚膽戰，或是夜晚聽到任何聲音都汗毛直豎。

賀曼指出，患者還是可能存有一定的後遺症或偶爾出現以前的症狀，但仍可找出明顯的復元證據。首先是生理的症狀減輕到可忍受的範圍，且可承受回憶創傷事件的感覺。最重要的是創傷記憶不會在無法控制的時刻爆發，患者可自發地去回憶，而且像一般事件一樣隨時把它拋諸腦後。患者可重建新的生活，拾回對人與對世界的信念。

心理治療是情緒的再教育

多數人一生中鮮少發生這類深印腦海的可怕事件，但一般的經驗也可能發生類似的記憶刻印。譬如說童年經常被忽略或得不到父母的照顧、被遺棄、失去親人、被社會排拒之類的經驗，也許還稱不上創傷，卻仍然可能在情緒中樞留下傷痕，導致將來在建立親密關係時，比別人有更多的波折。如果說連重大打擊後遺症都可以復元，你我心靈上的輕微傷痕當然也可以治癒，這也是心理治療的目的。事實上，這正是EQ大展身手的好機會。

要了解心理治療如何重塑扭曲的情緒機轉，或可從杏仁核與前額葉皮質的互動來著手。神經科學家萊杜克斯分析：「人的情緒機轉一旦學會一招，便似乎終身不忘。心理治療的功能便是教導新皮質抑制杏仁核，之後你的原始情緒還是存在的，只是付諸行動的衝動被壓抑了。」

由此可知，即使經過成功的心理治療，扭曲的情緒模式仍無法斬草除根，原來的敏感或恐懼依舊殘留不去。前額葉皮質可修飾或抑制杏仁核的衝動，卻不能完全阻止其反應。也因此我們無法決定**何時**爆發強烈的情緒反應，卻比較能控制爆發時間的**久暫**，後者正是情緒成熟的象徵。

心理治療能夠改變的，主要是情緒被激發後所做的**反應**，情緒被激發的傾向則無法完全改變。賓州大學雷斯特．萊柏斯基（Lester Luborsky）等人的研究可提供這方面的證據，研究對象是數十名因人際問題接受心理治療的人，病人的問題包括渴求被接納或無法建立親密關係、害怕失敗、過度倚賴等。他們分析發現，病人的這些願望或恐懼被激起時，常會做出固定的、對自己不利的反應。譬如說變得吹毛求疵，以致引起對方的憤怒或冷漠對待，或是惟恐被拒而採取退縮的自衛姿態，反而傷害對方的感情。可以想像，病人在這些情況下常萌生強烈的負面感覺，如絕望、悲傷、憤怒、不平、緊張、恐懼、愧疚等。不管病人屬於哪種情緒類型，這些問題多發生在極重要的人際互動上，如配偶、情侶、親子、同事、上下屬之間。

但經過長期的治療，病患會產生兩種改變：對上述問題的情緒反應比較不再痛苦，甚至有平靜或莫名所以的感覺；其次，病人較懂得以明顯的反應得到滿意的人際關係。但他們內心深處的渴望、恐懼或痛苦是不會改變的。到了治療即將結束時，病人的負面情緒反應已減少一半，人際互動中對方的反應符合其希望的機會增加一倍。而這一切的情感渴求其實都源自病人特有的敏感，這一點也是不會改變的。

從腦部的運作來看，我們可以推測，邊緣系統察覺到可怕事件的蛛絲馬跡時仍會傳出訊息，但前額葉皮質與相關區域已學會較健康的反應模式。總之，任何情緒反應模式都可以重塑，即使是童年深印腦海的經驗也不例外。情緒經驗的學習是終身不斷的。

CHAPTER 14

性格不等於命運

到目前為止我們已談了很多後天情緒模式的改變，但對於與生俱來的性格又該如何對待？一個天性多變或極度害羞的人，又該如何改變其制式反應？這些問題都屬於性格的範疇，亦即構成每個人基本性情的感覺基調。性格可定義為一個人典型的情緒反應，可以說每個人都有他最偏好的情緒類別，這是與生俱來的，是促使你的人生朝某一方向推展的天賦條件。每個父母都有這樣的經驗：似乎孩子一生下來就注定是溫和、暴躁等類型。問題是這種先天決定的情緒傾向是否能透過經驗加以改變？生物基因決定的情緒類型終不可改嗎？或者一個本性害羞的孩子也可成為充滿自信的人？

哈佛大學知名發展心理學家傑若米．凱根（Jerome Kagan）對這個問題有極精闢的探討，他提出人類至少有四種基本性格：害羞、大膽、樂觀、憂鬱，各源自腦部不同的活動模式。因情緒路徑的根本差異衍生出無數不同的性格，任舉一種情緒，每個人引發該情緒的速度、情緒維持的久暫與強度都不盡相同。凱根研究的重點是從羞怯到大膽之間的各種性格。

數十年來，許許多多的母親帶著孩子到凱根的兒童發展實驗室參加研究計畫，在這裡凱根與同僚觀察到一群二十一個月大的孩子已表現出害羞的傾向。在玩遊戲時，有些孩子顯得活潑好動，毫不猶豫就與其他人玩在一起。但也有些孩子顯得遲疑退縮，緊跟著母親，安靜地看別人玩。四年後凱根等人再度觀察這些已上幼稚園的孩子，發現外向的孩子沒有人變得害羞，害羞的孩子仍有三分之二很內向。

凱根發現過度敏感與膽小的孩子長大後較害羞，他觀察約有一五到二○%的孩子一生下來就是「行為壓抑型」；在嬰兒期即對任何不熟悉的事物表現出羞怯，對沒吃過的東西較挑食，不願接觸新的動物或地方，在陌生人面前感到不自在。這些孩子在其他方面也較為敏感，譬如說，比較容易愧疚與自責。有些孩子甚至在社交場合完全不知所措，不論是在課堂或遊戲場合認識新朋友總顯得一籌莫展，長大後則成為壁花型的人物，對公開演說或表演抱持異乎尋常的恐懼。

在凱根研究的孩子中，湯姆是典型的害羞型。依二、五、七歲各年齡層的觀察標準，他都屬於最害羞的一群。十三歲接受訪談時，湯姆顯得緊張而僵硬，不斷咬唇絞手，臉上木然無表情，只有談到女友時才綻出短暫不自在的笑。他的回答都很簡短，態度抑制有保留。湯姆自己回想，十二歲以前一直害羞得厲害，每次和玩伴說話都會冒汗。此外，他常有強烈的恐懼感，害怕發生火災、跳水，以及在黑暗中獨處，而且經常在噩夢中被妖怪追趕。十三、四歲時湯姆已不再那麼害羞，和其他孩子在一起仍感到些許焦慮，現在他最擔憂的是課業（雖然他在班上名列前茅）。湯姆的父親是學科學的，他希望將來也走這行，因為比較不須與人接觸，較適合他內向的個性。

相反的，萊夫在每個年齡層都是最外向大膽的孩子，十三歲接受訪談時表現得談笑風生，泰然自若。他坐在椅子上輕鬆地後仰，毫不緊張，語調自信而友善，彷彿大他二十五歲的訪談者是他的同學。童年時期萊夫只有兩次短暫的恐懼，一次是三歲時差點被狗咬而有些怕狗，一次是七歲時聽到墜機的新聞而不敢坐飛機。外向而人緣極佳的萊夫從不認為自己害羞。

害羞型孩子的神經路徑似乎天生就對任何壓力較易產生反應，自出生起，這類孩子面對陌生的環境心跳便比其他嬰兒快。研究人員以儀器追蹤二十一個月大孩子的心跳，發現那些退縮不參加遊戲的孩子心跳焦慮地加速。這種容易焦慮的傾向似乎是長大後易害羞的根本原因，任何新事物或環境對他們而言，都恍如潛在的危機。一項針對中年婦女的研究發現，童年極害羞的人比外向的人易感到恐懼、憂慮、愧疚，也較易產生與壓力有關的疾病，如偏頭痛、腸胃不適等。

從神經化學看害羞

凱根認為湯姆與萊夫的差異，源自杏仁核神經路徑被激活的難易度，像湯姆這種容易害怕的人，腦部有一種神經化學物質使得此一路徑較易被刺激，因此他們會設法逃避陌生不確定的事物，也因而較易產生焦慮。萊夫的杏仁核被刺激的門檻較高，不易害怕，也就較外向，較喜歡探索新事物，認識新朋友。

一個孩子究竟屬於哪一類型，從嬰兒期便已露出端倪，只要看他是否暴躁難纏，面對陌生事物有多不安就可知道。一般大約有五分之一的嬰兒屬於害羞型，五分之二屬於大膽型，至少在出生時是如此。

凱根提出的一個證據是貓的實驗，他發現有七分之一的家貓表現出與害羞孩童一樣的恐懼，不但沒有傳說中貓的好奇，還會逃避新的事物，畏於探索新領域，只敢攻擊極小的老鼠。觀察這些貓的腦部發現杏仁核異常容易受刺激，尤其是聽到另一隻貓的怒嚎時更明顯。

這些貓的羞怯本性到一個月大時表露無遺，其杏仁核約在這時候成熟到可控制腦部趨避的決策。一個月大的貓腦部成熟度約等於八個月大的嬰兒，而嬰兒會怕生便是始於八、九個月大時，如果母親不在身邊而陌生人趨近時，嬰兒必然會啼哭。凱根推斷，害羞的嬰兒可能遺傳了高度的正腎上腺素，或其他刺激杏仁核的腦部化學物質，使得杏仁核很容易被激活。

另一種實驗是請幼時很害羞的成年男女暴露在刺鼻氣味等壓力下，結果發現他們心跳加速的時間比外向型的人要長，顯示其正腎上腺素一直讓杏仁核維持在被刺激的狀態，並藉由神經通路刺激交感神經。凱根也發現害羞型的孩子交感神經的反應較敏銳，靜止時血壓較高，瞳孔放得較大，尿中正腎上腺素較高。

沉默也是害羞的表徵。凱根等人觀察孩子在自然情境下的反應發現，害羞的孩子在幼稚園上課時，碰到不認識的小朋友或與訪談者說話，他們較少開口。其他孩子找他說話時，他也會保持沉默，大部分時間都靜靜地看別人玩。凱根認為，面對陌生事物或潛在威脅時會保持沉默，可能是前腦、杏仁核及鄰近控制發聲能力的邊緣系統之間，神經通路活動的結果。我們在緊張時叫不出來也是同樣的道理。

這些敏感的孩子較容易產生恐慌之類的焦慮症狀，甚至可能早在小學六年級就開始。一項以七五四名六年級及初中一年級的男女為對象的研究發現，四十四名至少有過一次恐慌症或有若干初步症狀。引發恐慌的事件多是青春期尋常的困擾，如第一次約會或重大考試，多數小孩經歷這些考驗並不會留下什麼嚴重的後遺症。但天性害羞的孩子對新事物格外恐懼，會出現心悸、喘不過氣、窒息的恐慌症狀，同時感覺彷彿有什麼可怕的事要發生在自己身上（如瘋掉或死亡）。研究人員認為，這些症狀也許尚未嚴重到符合精神醫學所謂的恐慌症，卻預示隨著年齡的增長，發生恐慌症的機率比別人大。事實上，很多患有恐慌症的成人都說症狀始於青少年期。

焦慮症的第一次發生與青春期很有關係，青春期性徵較不明顯的女孩鮮少出現焦慮症，青春期性徵明顯的女孩約有八%有恐慌的經驗。而且一旦有過一次恐慌的經驗，便會因恐懼復發而在生活上益形退縮。

無可救藥的樂天型

一九二〇年代我的阿姨珠恩離開堪薩斯的家，前往上海。在那個時代，一個年輕女孩單身前往那樣的地方是很危險的。珠恩在這個商業薈萃、龍蛇雜處的城市認識了一個英國警官，也就是我的姨丈。二次大戰時上海被日軍占領，阿姨與姨丈被捕，監獄就像電影《太陽帝國》（*Empire of the Sun*）描述的那樣。經過五年非人的牢獄生活，出獄後兩人幾乎是一無所有地被遣送回英屬哥倫比亞。

我記得小時候初次見到阿姨時，印象中這個一生極不平凡的老婦人依舊熱情洋溢。她在晚年因中風而部分癱瘓，經過緩慢而艱困的復健終於能走路，但走起來一拐一拐的。我記得那時她已七十多歲了，有一次我和她出去散步，她不知怎麼走偏了，一會兒便聽到她微弱的呼救聲，原來是跌倒爬不起來。我急忙過去扶她，而從頭到尾她都沒有抱怨或咳聲嘆氣，反倒是自我解嘲地笑著說：「我還能走路算是幸運了。」

有些人似乎天生就像我姨媽一樣樂天達觀，有些人則生性陰鬱。這種區別似乎與前額葉左右邊的活動有關，這方面的發現要歸功於大衛生的研究。他發現左邊活動量大於右邊的人生性較樂觀，對人或人生的看法偏向光明面，遇到挫折也能很快站起來。右邊活動量較大的人則易落入負面陰鬱的情緒，容易被困境擊倒，常因無法擺脫煩惱而自苦。

大衛生的一項實驗比較了左邊活動量最大及右邊活動量最大的兩組人，經過性格測試發現，後者表現出明顯的負面傾向，屬於伍迪．艾倫電影中的一種角色類型，常將微不足道的小事誇大成恐怖的大災難，容易緊張及情緒化，認為世界充滿了挫折與潛在的危險。左邊活動量大的人則擁有非常不同的人生觀，樂天達觀，容易與人相處，經常維持愉快的心情，充滿自信與生趣。經過心理測試顯示，這些人發生沮喪或其他情緒障礙的機率都較小。

大衛生也發現，患過抑鬱症的人左邊活動量較一般人小，右邊則較大。剛被診斷出抑鬱症狀的人也是如此。大衛生推斷能夠克服抑鬱的人，是因為學會增加左前額葉的活動量，不過這尚待實驗證明。

大衛生指出他的研究對象約僅占較極端的三〇％的人，但幾乎所有人都可依腦波形式歸類為傾向哪一型。憂鬱型與樂天型的差異表現在很多方面。舉例來說，有項實驗是請參加者觀看兩段短片，一段是有趣的：猩猩洗澡、小狗玩耍之類。一段比較不愉快，如教導護士手術過程一些可怕的細節。結果憂鬱型的人看了有趣的短片只覺得稍微有趣，對另一則短片中傷口流血的畫面卻感到極度恐懼與厭惡。反之，樂天型的人對手術短片只有些微的反應，對有趣的畫面則表現出強烈的快樂。

這樣說來，我們的人生態度偏向樂觀或悲觀似乎是天生注定的。這方面的傾向確實在極幼年期便已顯露，顯示這很可能是與生俱來的。額葉與腦部多數部位一樣，在幾個月大時仍在發展階段，其活動量要到近十個月大時才能準確測量。大衛生發現，即使是這麼小的孩子，仍可依額葉的活動情形預測母親離開時孩子是否會啼哭。準確程度幾近百分之百。在數十名參加實驗的幼兒中，凡是啼哭的都是右邊活動量較大，不哭的則必然左邊較活躍。

即使這一基本性格在出生時或出生不久即已決定，並不表示憂鬱傾向的人一生都要過著晦暗陰鬱的生活。童年時期所受的情緒教養對性格有深遠的影響，可使天賦傾向強化或減弱。兒童腦部具有高度的可塑性，顯示童年的經驗對神經路徑的形塑可產生一生的影響。在這方面提出最有力證據的當屬凱根對害羞孩童的研究。

馴化過度激昂的杏仁核

凱根的研究最讓人振奮的結果是：害羞的小孩長大後不見得都是害羞的，足證性格不等於命運。只要給予適當的教養，過度激昂的杏仁核也可以被馴化，關鍵就在於孩子在成長過程中學到何種情緒模式。對害羞型的孩子而言，一開頭最重要的是父母的對待方式，因為這將決定他們如何處理害羞的天性。有些父母懂得逐步讓孩子訓練膽量，這正是為孩子指出一生的矯正方向。

有些小孩出生即表現出杏仁核過度敏感的一切徵兆，但其中有三分之一的小孩到幼稚園時便不再害羞。觀察這些小孩在家中的情形會發現，孩子是否能走出害羞與父母（尤其是母親）有絕大關係。凱根等人發現，有些父母自認應盡量保護害羞的孩子，有些則認為應教導孩子面對恐懼，以後才能應付人生的大小挑戰。保護型的父母似乎使子女的恐懼更甚，可能是因為子女沒有機會學習克服恐懼。第二種管教方式則有助於使孩子變得更勇敢。

研究人員觀察六個月大的嬰兒在家的情形，發現保護型的母親在嬰兒啼哭或煩躁時會將孩子抱起來，頻率較鍛鍊型的母親高很多。此外，觀察發現保護型的母親在孩子不愉快時抱著的時間比平靜時要長。

到嬰兒滿週歲時可觀察到另一項差異：當孩子做出危險的動作（如將不可吃的東西往

嘴裡送），保護型的母親做限制時較寬容而婉轉。鍛鍊型的母親則是直接下達命令，嚴格要求服從。

何以嚴教反有助於克服恐懼？凱根推斷，當孩子一步步爬向某個吸引他的危險事物時，一旦被母親一句「不准過去」所阻斷，必能得到深刻的教訓。這時孩子突然面對一個輕微的不可預知的情境，經過一而再再而三的鍛鍊，孩子漸漸學會面對人生不可知的挑戰。害羞的孩子需要的正是這種漸進式的訓練。同樣的，當孩子煩躁不安時，如果父母不立刻抱起來撫慰，孩子將漸漸學會自己面對不安。這些孩子到兩歲前再度被帶到凱根的實驗室，結果發現當陌生人對他皺眉頭或是研究人員為孩子量血壓時，孩子已較不會啼哭了。

凱根的結論是：「有些父母特意保護過度敏感的子女不受挫折或焦慮的影響，立意原是好的，結果似乎適得其反，反而增添子女的不安。」換句話說，保護政策使得害羞的孩子在面對陌生情境時，沒有機會學習克服恐懼。從神經學的角度來看，孩子前額葉的路徑錯失了以其他反應替代反射性恐懼的機會，反倒因一再重複而強化恐懼感。

凱根告訴我：「觀察那些到幼稚園時變得較不害羞的孩子，會發現他們的父母都略施壓力鼓勵孩子向外發展。也許由於生理因素的影響，害羞的性格特質較難扭轉，但是沒有什麼性格是無法改變的。」

隨著年齡漸長，有些孩子會因經驗重塑神經路徑而變得較不害羞，至於變化的可能性，可從孩子的社會能力略窺端倪，包括是否合群，是否具同理心，是否能與他人分享，是否能為他人著想，能否培養親密的友誼等。研究發現有些孩子四歲時被分類為害羞型，而在十歲時卻能擺脫害羞，上述社會能力便是他們共同的特徵。

反之，也有些孩子到十歲時依舊害羞，他們的共同特徵是較易因壓力而哭泣或無法承受，不當的情緒表現，易恐懼，脾氣較差，稍遇挫折便會憤怒，不易克制衝動，對別人的批評過度敏感，不易信賴人。當這些孩子在好不容易踏出與人交往的第一步後，也可能因為這些問題而難以推展人際關係。

反之，那些生性害羞但情感表現較強的孩子自然比較順利，因為社交能力使他們在建立友誼時能不斷有所斬獲。雖然這些孩子與新友伴談話時會顯得小心翼翼，但只要跨出第一步，通常便能展現迷人的個性。隨著年齡的增長，無數次的成功經驗將使害羞的孩子愈來愈自信。

這種轉變誠然可喜，顯示與生俱來的性格也可做某種程度的改變。一個生下來就很容易受驚的孩子透過學習，面對陌生事物也可變得較泰然，甚至變得外向。害羞或其他性格也許是與生俱來的，但並不表示我們就必須劃地自限，即使是基因的限制也有迴旋的空間。誠如行為基因專家所說的，基因不是決定行為的唯一因素，環境與成長經驗將左右天性的展現方式。情感能力不是天生注定的，只要有適當的學習便可改善，這是因為人腦是會成長的有機體。

童年是希望之窗

人腦當然不是一生下來就定型了，而是終其一生不斷成長，而成長最快的時期是童年。我們出生時神經細胞比成人後還多，經過裁剪的過程漸捨棄較少使用的神經連結，在最常用到的路徑形成較強的連結。經過這個修枝剪葉的過程，使得腦部傳遞的訊息更清晰精確。這是個不斷快速進行的過程，新的連結可在數小時或數日內完成。可以說經驗（尤其是童年經驗）是腦部的雕刻師。

關於經驗對腦部成長的影響，得過諾貝爾獎的兩個神經科學家梭斯頓．威佐（Thorsten Wiesel）與大衛．胡柏（David Hubel）做了最佳闡釋。他們以貓和猴子為實驗對象，這兩種動物的視神經腱的發展，以出生幾個月為關鍵期（神經腱的功能是傳遞眼睛的訊息給相應的皮質做解釋）。如果在這段時期將一眼蒙住，這隻眼的神經腱就會減少，而張開的那隻眼睛則會增加。這段時期過去後將眼罩拿掉，蒙住的那隻眼睛雖然沒什麼問題，在功能上等於是瞎了，因為該眼通往皮質的路徑太少，無法對眼睛接收的訊息做解讀。

人類視覺功能的關鍵成熟期則是七歲以前，這段時間內，正常使用眼睛可促使眼睛與視覺皮質之間形成複雜的神經路徑，倘若蒙住小孩的眼睛，即使只幾個星期，也會造成視力的損傷。如果蒙住的時間長達數月，事後即使再打開，觀看細物的視力也會受損。

另一個有力的證明是富鼠與窮鼠的實驗。富鼠住在較寬敞的籠子，有梯子輪子等多種遊樂設施。窮鼠住在類似的籠子，但空無一物。幾個月後，富鼠發展出極複雜的神經網絡，比較之下窮鼠的神經路徑顯得稀疏多了。兩者的差異極為顯著，甚至連重量都不同。當然，富鼠走迷宮的本領也比窮鼠高明許多。同樣的結果也顯示在窮猴與富猴的實驗，可以想見人類也不例外。

心理治療其實就是有系統的重新學習情感表現，也是經驗可以改變情感模式與重塑腦部運作的明證。一項針對強迫性精神官能症的治療所做的研究，提供了最有力的說明。我們知道最常見的一種強迫行為是不斷洗手，甚至多達一天數百次，以致患者手部皸裂。正子放射斷層攝影（PET）發現，這類患者前額葉活動量大於常人。

參與研究的患者一半接受標準藥物治療（百憂解），一半接受行為治療。後者是有系統地讓患者面對偏執或強迫情境但不得實際去做，譬如說讓有強迫洗手行為的患者站在洗手台前，但不准洗手。同時讓他們學著質疑促發強迫行為的恐懼感，如不洗手就會得病死亡等。經過幾個月的練習後，強迫行為漸漸消除，效果和服藥並無二致。

比較值得注意的是，PET掃描發現，患者尾狀核（caudate nucleus）的活動量減少程度與藥物治療組相當，可見經驗可改變腦部功能並減輕病徵，效果不下於藥物治療。

治療的契機

在所有動物中，人腦發展到完全成熟所需的時間最長。人腦各部分在童年期的發展速度不一，青春期則是整個腦部進行裁剪的重要階段。攸關情緒功能的部位成熟的速度最緩慢，感覺區在幼年期就已成熟，邊緣系統在青春期以前發展完成，而掌控自我控制、理解力、技巧反應的中樞額葉，卻一直到十七、八歲還在發展。

童年及青春期不斷重複的情緒管理習慣，有助於神經路徑的形塑，也因此童年是養成一生情緒特性的重要時機，這時期養成的習慣會嵌入神經網絡的基本架構，不致因後來的經驗輕易改變。也就是說，童年的經驗會在情緒調節中樞形成恆久的連結，而所謂童年經驗又與父母給予的情緒教育很有關係。

如何自我安慰是一項最基本的情緒能力，而且從嬰兒期就開始學習，在童年期做進一步的修飾。嬰兒的學習對象主要是母親或保母，嬰兒啼哭時母親多半會將他抱起，輕輕搖晃到停止哭泣。學者認為這種生物調和的經驗可教導嬰兒自己如法炮製。十到十八個月是個關鍵期，前額葉皮質與邊緣系統之間的連結快速形成，使其成為痛苦的開關樞紐。嬰兒經過多次的被撫慰經驗學會自我安慰，便可形成較強韌的連結，更懂得如何削減痛苦。

當然，自我安慰的技巧須經多年的學習與磨練，隨著腦部日趨成熟，孩子將學到更複雜的技巧。別忘了，負責調節邊緣系統衝動的額葉，到青春期還在持續發展。另一個童年期逐漸形塑的是迷走神經，迷走神經可調節心跳及其他器官的自主性肌肉運動，同時又可傳遞訊息給杏仁核，促使分泌兒茶酚氨，做出戰或逃的反應。華盛頓大學一育兒研究小組發現，情緒教育較成功的孩子迷走神經的功能較佳。

主持這項研究的心理學家高特曼指出：「父母的確可透過情緒教育改變孩子迷走神經被激活的門檻。譬如說可教導孩子客觀辨識情緒，而不採取批判的態度，遇到困境時學習不同的解決方式，而不一定要動輒打鬥或退縮自衛。」適當的教養下，孩子較能抑制迷走神經的活動，進而避免杏仁核的過激反應，具體的結果是孩子會比較乖。

每一項ＥＱ都有其關鍵的發展期，多占據幼時數年的時間，這是很有道理的。每一個時期都是協助孩子培養情緒習慣的契機，如果錯失良機，長大後便很難彌補。正因為童年時期神經系統經歷大規模的修飾與形塑，早年的創傷長大後仍會留下恆久的傷痕，也因此心理治療總是要花很長的時間才能見效，甚至在治療後，有些情緒模式仍會殘存，只是患者學會了新的觀點與反應模式。

事實上，腦部的可塑性是一輩子都存在的，只不過沒有童年那麼顯著。所有的學習經驗都是腦部的改變，神經連結的強化。觀察強迫性精神官能症患者的復元情形會發現，只要假以持續的努力，情緒習慣是一輩子都具可塑性的，甚至連神經系統都可改變。創傷後異常症者的腦部變化當然是比較顯著的，其實任何情緒經驗若是一再重複或非常強烈，便會導致類似的變化。

最重要的情緒經驗來自親子的互動，有的父母能充分認知嬰兒的情緒需求，教養中時時灌輸同理心的意義。反觀有些父母根本無視孩子的情緒變化，全憑個人喜怒任意打罵。這兩種父母教養出來的子女自是非常不同。事實上，心理治療可以說就是為早年扭曲或忽略的情緒教育補學分。但如果我們能在一開始就悉心培養孩子的ＥＱ，又何必等到以後來補救？

5

情緒識字率

Emotional Literacy

CHAPTER

15

情緒文盲

一件小糾紛有時也會演變成悲劇。艾恩與泰倫是哲斐遜中學的學生，兩人因故與十五歲的卡利鬧翻，之後便常找卡利的麻煩並出言恐嚇。後來悲劇終於爆發了。

原來卡利害怕艾恩與泰倫尋事打他，一天早上帶了把手槍到學校，就在距校警十五呎處的走廊上近距離殺死兩人。

這件可怕的校園殺人案教人不得不深思，我們是否急須加強情緒管理的教育，教導學生如何以和平的方式解決爭端，甚至是如何與人相處。教育界長久以來只知憂心智育成績落後，現在才驚覺情緒識字率（emotional literacy，又譯為情緒素養）的低落同樣不容忽視。學校提升智育水準的努力值得肯定，但對這個新的問題卻未能透過正規課程的設計加以改善。布魯克林一位老師語重心長地說：「我們對孩子讀寫能力的關切，更甚於孩子的生命安危。」

種種跡象顯示出問題的嚴重性，上述的學生殺人事件在美國校園的日益普遍只是其中一端。要知道這絕非偶發事件，美國是世界潮流之所趨，而美國兒童與青少年問題的惡化可由下面的統計數字略窺一斑。

以一九九〇年與之前的二十年相較，美國青少年犯罪率達到最高峰，強暴案增加一倍，殺人案增加四倍（主要因槍殺案增加）。在這二十年裡，青少年自殺率及十四歲以下被殺害人數皆增加三倍。

懷孕的少女不但人數增加，年齡層也下降。以一九九三年為例，十到十四歲少女生育率連續五年上升，有人戲稱為小孩生小孩。非自願懷孕及因同儕壓力而發生性關係的比例也都增加。過去三十年來青少年感染性病的比例更大幅增加三倍之多。

這些數字已夠讓人氣餒了，如果再把焦點放在非裔美人，尤其是貧窮地區，情況更是糟糕，所有統計數字都更高，有的甚至高出三倍以上。舉例來說，白人青少年吸食海洛因與古柯鹼的比例二十年來增加三倍，非裔黑人青少年卻增加了十三倍之多。

青少年最常見的殘疾是心理疾病，三分之一有各種程度的抑鬱症狀，女孩到青春期更呈現加倍成長。少女罹患飲食失調症的人數尤其驚人。

長期來看，今天的孩子將來極少人能擁有幸福穩定的婚姻生活，而且一代不如一代。第九章已說過，在一九七〇與八〇年代離婚率約為五〇％，到九〇年代約有三分之二的夫妻將以離婚收場。

世紀瘟疫：情緒問題

這些可怕的數據就像在礦坑裡死亡的金絲雀，顯示氧氣已不足。除了怵目驚心的數字以外，日常生活其實有很多尚未釀成大災難的小問題，在在顯示這一代孩子的處境。其中有一份資料可做為ＥＱ普遍降低的直接指標，該研究取樣自全美七到十六歲的孩子，比較他們在七〇年代中及八〇年代末的情感狀態。依據老師與家長的評估，情況一直在惡化，而且不是單獨某個問題較嚴重，每一項指標都呈現惡化的趨勢，具體而言可列出下列問題：

- **退縮或社會性問題**。喜歡獨處，保有秘密，常煩躁，沒有精神，不快樂，過度依賴。
- **焦慮與沮喪**。孤單，常懷恐懼與憂慮，要求完美，缺少愛，常覺緊張、悲傷或沮喪。
- **專注與思考的問題**。無法集中注意力或靜坐，常做白日夢，莽撞行事，因緊張而無法專注，課業不佳，無法擺脱不願想的事。

● **打架滋事**。常與問題孩子混在一起，說謊欺騙，好爭論，對人態度不佳，需要別人注意，破壞別人的東西，叛逆，頑固而情緒化，話太多，惡作劇，脾氣壞。

這些問題單獨來看似乎都沒什麼，綜合起來卻代表一個巨大的轉變，顯示一種新的毒素正滲入許多人的童年，代表EQ的普遍低落。這種情感病徵似乎是現代孩童普遍存在的問題。美國人常憂心社會問題比其他國家嚴重，研究卻顯示多數地區不是與美國不相上下，就是更糟糕。舉例來說，一九八〇年代荷蘭、中國大陸、德國的老師與家長評估本國的兒童問題，發現與一九七六年的美國相當。有些國家比美國還不如，例如澳洲、法國、泰國。不過，美國人EQ往下滑落的速度太過驚人，恐怕不久又要迎頭趕上。

這些問題是普遍性的，不論窮人富人任何種族都未能免疫。儘管窮人小孩在各項EQ的指標皆表現最差，過去數十年來其惡化**速度**與中產階級或富人的孩子並無二致。同時，曾接受心理輔導的孩童人數成長了三倍，也許這是個好現象，表示心理輔導愈趨普遍。但**應**接受輔導而未接受輔導的人數也增加了一倍：從一九七六年的九％提高到一九八九年的一八％。

康乃爾大學發展心理學家烏利．布蘭芬布雷諾（Urie Bronfenbrenner）做過全球孩童福祉的比較，他指出：「由於缺乏周全的支撐系統，環境的沉重壓力甚至使得健全的家庭也搖搖欲墜。社會各階層普遍感受到家庭生活的忙碌、緊張與混亂，連高教育水準及高收入的家庭也不例外。在這種情況下，真正受影響的是我們的下一代（尤其是男孩），他們在成長過程中特別容易受到離婚、貧窮、失業等問題的影響。美國家庭與兒童的境況和以前一樣亟待改善……無數的孩童逐漸喪失各種能力與道德意識，我們要負起最大的責任。」

這不是美國特有的現象，而是舉世皆然。各國競相壓低勞工成本，付出的經濟代價卻由家庭來負擔。這個年代多的是經濟困窘的家庭，父母長時間工作，小孩必須自求多福或當電視兒童。愈來愈多的孩子在貧窮中成長，單親家庭漸成常態，許許多多的嬰幼兒被寄放在環境惡劣照顧不周的托兒中心。這一切都表示親子之間賴以建立ＥＱ的無數次情感交流質量俱減，即使是用心的父母也分身乏術。

如果家庭不再能為孩子打好人生的基礎，我們應該怎麼做？的確，ＥＱ的低落將造成更嚴重的問題，但也可從中想出預防孩子步入歧途的措施。

侵略性格

我讀小學時，吉米是學校的惡霸，那時我一年級，他四年級。他會偷錢，偷腳踏車，說沒兩句就動手打人，是個典型的小流氓，稍不順眼或甚至毫無理由就要揍人。每個人對他又厭惡又害怕，都盡可能敬而遠之，從來沒有人跟他玩，好像他走到哪裡便有個無形的保鑣為他開道似的。

像吉米這樣的孩子顯然是有問題的，大家比較容易忽略的是：這種童年時期的侵略表現極可能導致更多的問題。果然，吉米十六歲時便因打架入獄。

很多研究都發現，這種童年的攻擊性格影響了一生，這類孩子的父母管教方式通常是忽略加上沒有原則的嚴懲重罰，也難怪孩子會有些微偏執或好鬥的傾向。

但並不是所有易怒的孩子都會變成小流氓，有些會變得退縮，對真實或想像的嘲弄或不公平待遇做出過度反應。這類孩子有個共同的特點，就是常誤認為別人輕視他或對他充滿敵意。於是不相干的事也會被解釋成威脅，不小心撞他一下便以為在挑釁，進而予以反擊。結果別的孩子自然是退避三舍，使他更形孤立。而這個孤立充滿憤怒的孩子對不公不義的事格外敏感，常視自己為不公平待遇的犧牲者。譬如說，他明明沒做錯事卻誤被老師指責，通常便會義憤填膺地舉證種種被冤屈的前例。這類孩子的另一個特點是在氣憤當頭只能想到一種反應：反擊。

這種認知扭曲可從實驗獲得證實，方式是請一個小惡霸與一個較平和的孩子觀看同一段影片。內容是男孩甲與男孩乙相撞，甲書本掉到地上，旁觀的孩子見狀笑了起來。甲一怒之下要打旁觀的孩子。事後大家討論影片內容，小惡霸必定認為甲出手有理。尤有甚者，當討論到影片中誰較具侵略性時，小惡霸堅稱乙最好鬥，甲的反應最有理。

這種驟下判斷的傾向證明：異常侵略性格的孩子認知確有偏差，他們常無視實際情況，斷然假定別人抱有敵意或在挑釁，進而不假思索地反擊。舉例來說，侵略性格的孩子甲與乙玩西洋棋，乙多走了一步，甲立刻斷言乙在作弊，而不會想到乙可能是不小心弄錯了。由於甲總是傾向於假定別人是惡意的，反應出來的往往也是不假思索的敵意。倉促的誤判導致斷然的反擊，於是甲絕不會想到先問乙是否弄錯次序，而是立刻怒斥對方作弊。幾次類似的經驗下來，習慣成自然，也就無法學會其他可能的溝通方式，譬如禮貌詢問或當作玩笑。

這類孩子其實在情感上較易受傷害，容易為了小事難過憤怒。一怒之下思考受阻，善意的行為誤解為敵意，純熟流暢的習慣性反擊立刻出籠。

這種認知的誤差很早就開始顯現。在幼稚園與小學一年級愛吵愛鬧是常事，尤其是男孩子，但到了二年級則只有侵略性格的少數仍無絲毫自制力。這時期多數孩子已學會以協商解決紛爭，侵略型的孩子反而益發訴諸蠻橫的手段。這可是要付出代價的，專家觀察發現，小孩子首次與侵略型接觸不過二、三個小時，便表示不喜歡他們。

也有專家研究追蹤學齡前到青春期的發展情形，發現小學一年級表現出脫序、不合群、叛逆行為的孩子，幾乎有一半到青春期會犯罪。這雖不表示這些孩子長大後都會犯罪，但犯罪的機率的確高於其他孩子。

這些孩子很早便顯現犯罪的傾向。一項研究以蒙特婁某幼稚園五歲學童為對象，依各人的敵視與鬧事程度分等級，發現最高級者五至八年後犯罪的機率最大。他們在十四歲以前無故毆打他人、偷竊商店、打架時使用武器、偷汽車零件、酒醉等的機率為其他小孩的三倍。

少年犯罪的一個先兆是小學一、二年級時特別好鬥而難管教。衝動的性格使他們在學業上表現不佳，在別人和自己眼中很容易列入愚笨之列，又因常被編入放牛班，更彷彿證實其智力不及別人。事實上，這類孩子雖有較高比率的活動過度或學習障礙，但並不是普遍現象。有些孩子在家中已養成霸王性格，入學後很容易被老師宣布放棄。可以想像這些孩子必然經常干犯校規，以致影響學習的時間與效果，成績自然不佳，到三年級時多已顯著落後。走向犯罪之路的男孩一般ＩＱ都較低，但真正的主因還是衝動的性格。研究發現，要預測一個十歲的孩子以後是否會犯罪，衝動性格比ＩＱ更準確。

到四、五年級時，這些孩子已被視為難管教或壞學生，不但成績一塌糊塗，也因同輩的排拒而幾乎交不到朋友。孤立無伴的結果是與其他的邊緣分子臭味相投。四到九年級經常成群結黨，違法亂紀，逃學、飲酒、吸毒等行為增加五倍，尤以七、八年級時成長最驚人。到初中時期又會加入一批新成員，這些人可能是被他們的叛逆作風吸引，而且通常是家中無人聞問，小學時便開始獨自在外遊蕩。到中學時期，這些邊緣分子通常開始退學或休學，漸漸走向犯罪之路，犯的多是偷竊販毒等罪行。

男女孩變壞的方向很不一樣。一項針對四年級壞女孩的研究發現，中學畢業以前懷孕的比率高達四〇％（這裡所謂的壞女孩是指不服從老師或校規，但並不被同儕排拒），為同校女生平均懷孕率的三倍。換句話說，壞女孩的問題不是暴力傾向，而是懷孕率奇高。

當然，導致少年犯罪的原因不是單一的，其他因素包括：生長在高犯罪率的地區、家庭壓力大、貧窮等。但所有這些因素加起來也未必就一定使人走上犯罪之路。假定其他因素不變，侵略型孩童的心理問題是導致犯罪的一大原因。對這方面素有研究的心理學家傑洛德．派特森（Gerald Patterson）便說：「一個五歲孩子的反社會行為，往往預示了一個犯罪少年的行為模式。」

惡霸學校

侵略型孩童一生多事，這往往肇因於心態的不當。一項研究比較了少年犯與侵略型中學生的心態，發現兩者十分雷同：與人相處不睦時立刻斷然認定對方有敵意，不會另行求證或思索較平和的解決方法。此外，他們從未想到暴力手段（通常是打架）的後果。他們心中自有一套合理化的說詞，如盛怒之下動手是人情之常，別人挑釁時如果退縮會被嘲笑膽小，痛毆一頓又不會造成什麼重傷等。

適時的幫助可改變上述心態，避免孩子踏出錯誤的第一步，一些實驗性的輔導計畫都證實成效斐然。譬如說，杜克大學的一項計畫是以易怒鬧事的小學生為對象，訓練時間為六到十二週，每週二次，每次四十分鐘。學習內容主要是心態的改變；讓孩子知道他們常把別人無意的言行誤解為敵意，讓孩子學習試試別人的觀點，想想看同樣的境況別的孩子是如何看待與因應的。此外，還有憤怒控制的學習，實際演練使其發怒的情境，如被嘲弄。其中一個很重要的技巧是隨時注意自己的感受，譬如說自覺滿臉脹紅或肌肉緊繃時便可有所警覺，告訴自己要冷靜下來想一想。

杜克大學心理學家約翰．洛克曼（John Lochman）參與該計畫的設計，他告訴我：「學員會討論最近遇到的事，譬如說有人在走廊上碰了他一下，而他認為對方是故意的，接著大家討論應如何因應。有個小孩說他會瞪著對方，教他別再撞到他，然後便走開。如此他不但處於主導地位，同時也維持住自尊，而又不必打架。」

這樣的練習頗受歡迎，很多好鬥的孩子本身也不喜歡自己的脾氣，很願意學習自制的方法，如走開不理或從一數到十。當然，在氣憤當頭很難維持冷靜，因此他們會讓孩子在模擬實況中學習，如坐公車時其他孩子故意嘲笑他。於是孩子們有機會練習不失尊嚴的友善反應，而不一定要大打出手、哭泣或很沒面子地逃離現場。

三年後，洛克曼比較這些孩子與同樣好鬥但未受訓練的孩子。他發現受過訓的孩子在學校較少鬧事，較喜歡自己，較少飲酒或吸毒。而且受訓時間愈長，到青春期時性格愈溫和。

向沮喪說不

十六歲的黛娜一向和人處得還不錯，但現在她突然不知如何與別的女孩相處，更糟糕的是她抓不住男友，即使發生關係了也一樣。她覺得又倦又煩，漸漸的沒有食慾，也不想做任何事。這種了無生趣的感覺強烈到讓她無所遁逃，她甚至想到自殺。

導致黛娜沮喪的近因是最近和男友分手。她實在不知道和男孩子出去如何能不立刻發生親密關係，有時明明不喜歡也還是發生了。想要斷的時候又不知道如何做了結。她往往只想進一步彼此認識，結果卻總是上床。

她最近剛轉學，和女孩子接觸時感覺害羞而不自在。她從不主動說話，有人找她說話才開口。她不知如何讓別人認識她，甚至打過招呼後就不知該說什麼了。

黛娜參加了哥倫比亞大學為沮喪青少年開辦的實驗治療班，治療重點是幫助她學習人際關係的處理：如何開展新的友誼，與人相處如何能更自在，如何設定男女的界線，如何維持親密關係，如何充分表達情感等。事實上她是在補修最基本的EQ學分，結果成效確實可觀，現在的她已經走出沮喪了。

年輕人特別容易因人際關係的問題陷入沮喪，對他們而言，友情、愛情與親情同樣艱難。陷入沮喪的孩子往往不能或不願與人討論問題。他們似乎無法準確說明自己的感受，只能表現出煩躁、不安、不耐或憤怒，尤其是對待父母。父母因而無法提供孩子最需要的情感支持與導引，親子關係愈來愈遠，終日爭執不斷。

重新檢視青少年沮喪的原因，我們發現最嚴重的問題是兩種情感能力的不足：人際能力低落與不能忍受挫折。導致沮喪的部分原因誠然是先天性的，但也有些是源自後天的悲觀思考習慣，使得孩子面對人生的小挫折（成績不佳、親子爭執、被人排拒等），很容易便沮喪起來。不管沮喪的成因為何，種種證據顯示，沮喪的傾向在青少年間愈來愈普遍。

憂鬱的年代

有人說二十世紀是焦慮的年代，那麼二十一世紀應該是憂鬱的年代。來自全球各地的資料顯示，沮喪似乎已成為現代流行病，愈是現代化的地區愈是盛行。自二十世紀以降，罹患嚴重抑鬱的人一代比一代多。這裡所說的不只是憂鬱而已，而是嚴重的了無生趣、自憐加上難以承受的絕望。而且初次遭抑鬱侵襲的年齡層愈來愈低，兒童抑鬱症在以前根本是聞所未聞（至少未被發現），現在卻儼然成為現代文明病的一種。

罹患抑鬱症的機率隨著年齡而增加，但增加幅度最大的是年輕人。據統計，在很多國家，一九五五年以後出生的人，一生罹患一次重大抑鬱的機率是祖父輩的三倍以上。以美國為例，一九〇五年以前出生的人一生罹患一次重大抑鬱症的機率是一％，一九五五年以後出生的人在二十四歲以前罹患抑鬱症的比率卻高達六％。再比較一九四五年與五四年間出生的及一九〇五年與一四年間出生的人，前者在三十四歲以前罹患重大抑鬱症的機率比後者高十倍。而且初次罹患的年齡有逐代下降的趨勢。

一項以全球三萬九千多人為對象的研究發現，波多黎各、加拿大、義大利、德國、法國、台灣、黎巴嫩、紐西蘭等國都有類似的趨勢。在貝魯特，抑鬱案例的增加與政治局勢密切相關，在內戰時期增加的速度最驚人。在德國，一九一四年以前出生的人三十五歲以前罹患抑鬱症的比率是四％，一九四四年以前的十年間出生的則增加為一四％。抑鬱症的增加是全球一致的趨勢，尤其在政治動盪時期成年的人罹患抑鬱症的機率更高。

前面說過初次罹患抑鬱症的年齡逐代下降，這似乎也是舉世皆然。就這個問題我就教幾位專家，他們提出幾種看法。

美國心理衛生學會主席佛德瑞克・古德溫（Frederick Goodwin）認為原因可能是：「核心家庭的嚴重腐蝕，離婚率倍數成長，父母陪伴子女的時間縮減，居所遷移頻繁，親族之間的關係也不再密切。失去了這些自我認同的穩定基礎，是人們容易抑鬱的主因。」

匹茲堡大學醫學院精神醫學主席大衛・卡佛（David Kupfer）抱持另一套看法：「二次大戰後社會普遍工業化，可以說家已不再像家了。父母愈來愈漠視孩子成長過程的需求。這不是導致抑鬱的直接原因，卻有間接促成的效果。早期的壓力可能影響神經的發展，許多年後在沉重的壓力下便可能落入抑鬱的陷阱。」

賓州大學心理學家沙里曼提出另一個視角：「過去三、四十年，個人主義抬頭，宗教信仰式微，親族與社區間的互助精神蕩然，人遇上挫折與失敗時再也找不到支撐的力量。一旦你以為失敗了就再也爬不起來，甚至因而否定生命，自然很容易因短暫的挫折沉溺於絕望的深淵。但如果能有寬遠的視野，譬如說相信上帝與來生，那麼失業對個人而言不過是一時的挫折。」

無論原因為何，年輕人的抑鬱已是亟待重視的問題。在美國，兒童與青少年在一生中罹患抑鬱症的機率有很明確的數字，但關於實際的患病人數，各方的估計有很大的出入。有些流行病學研究運用很精確的計算標準，也就是官方訂定的抑鬱症診斷症狀，發現十到十三歲的男女孩每年罹患嚴重抑鬱的比率高達八到九%，但有的研究卻只有這個數字的一半，有的甚至說只有二%。研究指出，青春期的女孩患病比率幾乎倍增，十四到十六歲之間的女孩患一次病的比率高達一六%。但青春期的男孩患病比率維持不變。

留白的青春

研究發現，即使是輕微的孩童抑鬱也可能預示未來罹患更嚴重的抑鬱，這個驚人的發現告訴我們，孩童抑鬱不僅要治療，也不能輕忽**預防**。過去我們總以為孩童抑鬱沒有長期的影響，長大後自然就好了，現在證明這個假設禁不起考驗。當然，每個孩子偶爾都會有悲傷的時候，不論是童年、青少年或成年，每個階段都會有大大小小的挫折、失落與悲喜。需要預防的當然不是這類生命中避免不了的波折，而是一種嚴重許多的憂鬱，當悲傷惡化到使孩子抱持絕望、煩躁、退縮的黑色人生觀。

根據匹茲堡西方精神醫學學會與診所的心理學家瑪莉亞·考維茲（Maria Kovacs）蒐

集的資料，因抑鬱接受治療的孩童中有四分之三後來有更嚴重的復發情形。考維茲研究的對象包括年僅八歲便被診斷出抑鬱症的孩童，每隔幾年再評估其病情，甚至追蹤有些病患到二十四歲。

罹患嚴重抑鬱的孩童平均患病時間十一個月，但有六分之一長達一年半。輕微抑鬱有五歲初發的案例，一般而言病情較輕但為時較長，平均約四年。考維茲發現，輕微抑鬱的病童惡化為嚴重抑鬱的機率較大，又稱為雙重抑鬱。而雙重抑鬱症者未來復發的機會又較別人大。抑鬱病童進入青少年及青年期後平均每三年有一年會罹患抑鬱或躁鬱。

抑鬱對病童的影響不只是疾病的痛苦而已。考維茲告訴我：「孩子的社交技巧多習自同儕的相處，譬如當你想要某樣東西而得不到時，你會參考其他孩子的作法。而抑鬱的孩子在學校常受忽略，也不太受同輩的歡迎。」

這些孩子因常感沉鬱憂傷，不會主動交朋友，甚至別人採取主動時也會逃避，在別的孩子眼中這是拒絕的訊號，以致在遊戲場上處處被排拒或忽視。這種人際經驗的空白，使這些孩子錯失在正常遊戲中學習的機會，走出抑鬱陰影後，往往要格外努力，才能在情感與社交技能上追上一般孩子的腳步。研究人員比較抑鬱病童與一般孩子，發現前者社交能力與人緣都較差，朋友較少，與其他孩子的關係較不和諧。

抑鬱對孩子的另一個影響是課業。抑鬱會減弱記憶力，使人在課堂上較難專注，學過的東西也不易保存。一個了無生趣的孩子很難有精力應付課業上的挑戰，更遑論達到行雲流水的學習經驗。考維茲研究發現，孩子抑鬱的時間愈長，成績下滑得愈是厲害。事實上，病童的平均分數與其患病時間恰成反比，在患病期間持續穩定滑落，成績的低落自是加深病情的嚴重，正如考維茲所說的：「試想你已經覺得很沮喪了，偏偏成績滿江紅，又沒有半個朋友。」

抑鬱型思考

孩童抑鬱的主要病徵是無助與絕望感，而這種感受乃是源於對人生的挫敗採取悲觀的解釋，這一點與成人抑鬱的問題毫無二致。當然，我們**早已**知道抑鬱的人是悲觀的。但直到晚近人們才發現，憂鬱型的孩子尚未罹患抑鬱症**以前**就已抱持悲觀心態了。這個發現對於抑鬱的預防提供一線希望。

支撐此一發現的一種研究是關於孩子的自信，探討的是孩子是否自信有能力改善現況。研究方式是請孩子就如下的問題自我評分：「在家中碰到問題時，我比別的孩子更能協助解決問題」－「只要我努力就能有好成績」，對這類問題都答否的孩子等於是充滿了無力感，而這正是抑鬱孩童的特徵。

有一項研究對這個現象提出極有力的證據，研究的是五、六年級學生收到成績單後數天內的反應。我們知道成績單是童年時期最重要的一個悲與喜的來源，專家指出，觀察孩子收到分數比預期差的成績單的反應，可顯示很重要的意義。有些人認為成績差是因為個人的缺陷（因為我太笨），有些則認為是源自可改變的因素（只要我數學用功點就會拉高分數），結果發現前者會比後者易覺得沮喪。

另外，研究人員研究一群被同學排拒的三、四、五年級學生，追蹤觀察他們翌年到新班級時是否仍被排擠，結果發現孩子是否覺得沮喪與其對被排擠理由的解釋有很大的關係，認為是源於自身缺陷的同學覺得較沮喪。樂觀心態者即使仍被排擠，卻因相信事情終有轉機而不覺得特別沮喪。美國小學升七年級時壓力特別大，研究發現悲觀心態者面對學校的課業，或家裡任何額外的壓力，都會變得沮喪。

另外一項為期五年的研究以三年級開始罹患抑鬱症的學童為對象。他們發現幼童可能罹患抑鬱症的最明顯預兆，是悲觀加上重大打擊，如父母離婚或親人去世，可能是因為這時父母較無法提供精神撫慰，孩子很容易陷入痛苦與不安。小學階段，孩子對順逆境的解釋會隨著年齡有很大的轉變，大約在三到五年級間漸漸將成敗歸諸自身的特質，如「我成績好是因為比別人聰明」，或「我太無趣所以沒有朋友」。這時期養成悲觀想法的人便可能因挫折而陷入抑鬱。更糟糕的是抑鬱本身會強化悲觀的想法，孩子走出抑鬱後，往往情感上已留下疤痕，堅信自己課業不可能進步，人緣不可能好，也不可能逃脫憂鬱的本質。正是這些信念使孩子未來很可能再度陷入抑鬱。

攔截沮喪

但孩子的前景也不盡是黯淡的，種種證據顯示，教導孩子採取較樂觀的心態，有助於預防抑鬱症（註）。一項以奧瑞崗某中學學生為對象的研究發現，四分之一的學生患有心理學家所謂的輕度抑鬱，亦即尚未超過一般不快樂的界線。其中有些人可能在數週或數月後會惡化成抑鬱症。

他們為這七十五名輕度抑鬱的孩子特闢放學後的課程，教他們質疑與抑鬱有觀的思考模式，學習結交朋友，改善親子關係，參與較有興趣的社交活動。八週以後，發現五五％的人已完全恢復，而未參與課程的學生則僅有四分之一走出抑鬱。一年後，比較組的學生有四分之一惡化為嚴重抑鬱，參與課程的只有一四％。顯見實驗課程雖短，似乎已能使學童罹患抑鬱的機率減半。

另一種每週一次的特別課程則是開給十到十三歲與父母不和而有抑鬱症狀的孩子，教導他們學習基本的ＥＱ，包括爭端的處理，三思而後行，以及最重要的，為自己的悲觀想法提出質疑。譬如說，考試考壞了不要一味地認為是自己不夠聰明，而應更加用功。

參與設計這項課程的心理學家沙里曼指出：「我們讓孩子學習，焦慮、悲傷、憤怒等情緒並非毫無來由地落到你身上，而你，只要改變想法就可改變情緒。」而當一個人質疑令人沮喪的想法時，沉鬱的氣壓便很難積聚成烏雲，誠如沙里曼所說的：「這種立即生效的振奮劑可以積久成習。」

這個為期十二週的課程同樣使罹患抑鬱症的機率減半，且成效維持兩年之久。課程結束一年後，只有八％的人被測試為輕度到重度抑鬱，未參加的比較組則多達二九％。兩年後約二〇％的人顯示輕度以上的抑鬱，比較組則多達四四％。

孩子在進入青春期時學習這些情感技能效果特別顯著。沙里曼指出：「這類孩子在面對青少年常感困擾的被排擠問題時，似乎較懂得如何處理。他們似乎是在年屆青春期、這個抑鬱極易侵襲的重要關卡學到訣竅的，而且隨著年齡的增長逐漸成為固有的行為模式，顯示他們在日常生活中不斷練習與運用。」

上述課程深受其他孩童抑鬱專家的認可。考維茲說：「要真正解決抑鬱這樣的精神疾病，一定要在孩子生病以前防患未然，或可稱為心理學的疫苗接種。」

飲食失調

我在六〇年代末期讀臨床心理學研究所時，認識兩個罹患飲食失調症的女人，不過我是到多年後才知道的。其中一個是哈佛數學系的高材生，是我大學時代的朋友，她雖骨瘦如柴卻一點都吃不下東西，說是看到食物就想吐。另一個是麻省理工學院的圖書館員，身材高大，嗜吃冰淇淋蛋糕等甜點，有一次她很不好意思地向我透露，暴飲暴食後她會偷偷跑到浴室去吐。照我們今天的認識，前者罹患了神經性厭食症，後者是貪食症。

但當年還沒有這些病名，醫界才剛開始討論這類問題，這方面的先驅希爾達・布魯齊（Hilda Bruch）在一九六九年發表了一系列相關專文。她對那些飢餓致死的婦女深感困惑，指出其中一個原因可能是無法對身體的強烈慾望做適當的辨識與回應，而最重要的當然是對食物的飢渴。自此關於飲食失調的各種臨床專文才陸續問世，各派理論五花八門，有的說是因為年輕女孩追求達不到的女性美標準，有的說是因為控制慾強烈的母親使女兒陷入愧疚的羅網。

這類假設多數患了一大弊病：都是在治療期間觀察推論而得的。從科學的觀點來看，比較理想的方式是以數年的時間研究一大群人，看看哪些人最後罹患飲食失調症。在明確的比較下當可找出導致疾病的真正原因，譬如說，我們可以知道一個有控制型父母的女孩是否較易罹病。

後來果然有人做了這樣的研究，對象是明尼亞波利某富裕的市郊中學九百多名七到十年級的女學生，結果發現導致飲食失調的一個重要原因是情感能力不足，尤其是無法分辨不同的負面情緒並加以控制。研究發現六十一名學生已出現嚴重的厭食或貪食的症狀。症狀愈是嚴重，面對挫折與困難時愈是出現強烈的負面感受，同時卻又愈無法辨識自己的真正感受。這時候如再加上對自己的身材極度不滿意，結果便是厭食症或貪食症。研究發現，過度控制型的父母並不是致病主因。布魯齊早已提出警告，根據後見之明很難做出準確的推斷，舉個例子，父母發現子女有飲食失調現象後，很可能因急於幫助孩子而採取嚴格控制手段。此外，一般人以為對性的畏懼、青春期的提早到來、自我評價太低是飲食失調症的原因，經研究證明並非屬實。

透過這項前瞻式的研究，我們發現飲食失調症的第一個原因是：社會上普遍以過度瘦削為女性美的標準。事實上，女孩在進入青春期以前便很在意自己的體重。一位小兒科醫師便曾指出，他的一個六歲大的小病人一聽到母親要教她游泳便哭了出來，原因是她太胖了，穿泳衣不好看，而實際上她的體重很符合標準。一項針對二七一位少女所做的研究顯示，半數的女孩自認太胖，雖然絕大多數都在正常範圍。不過，前述明尼亞波利中學的研究告訴我們，過度在意體重尚不足以解釋女孩何以罹患飲食失調症。

有些肥胖的人無法分辨恐懼、憤怒與飢餓，把所有感受都視為飢餓，也因此每次心情不好就大吃大喝。飲食失調症者似乎也有類似的問題。明尼蘇達大學心理學家葛洛莉・里昂（Gloria Leon）觀察發現：「這類女孩似乎對自己的感受與身體的訊號很遲鈍，這是預測她們未來兩年內是否會罹患飲食失調症的最準確訊號。多數小孩都會慢慢學會分辨自己究竟是覺得無聊、生氣、沮喪或飢餓，而這是最基本的EQ，這類患者似乎正是缺乏這種能力。她們可能與男友吵架，卻說不出自己究竟是生氣、焦慮或沮喪，只感覺到一場莫名的情感風暴而不知所措。於是她們學會藉由吃東西來紓解心情，甚至變成無可自拔的習慣。」

女孩一旦養成這種習慣而又一心想要保持身材，便可能發展成飲食失調症。里昂指出：「剛開始可能是暴飲暴食，繼之為了維持瘦削而嘔吐或吃瀉藥或不斷運動。有些女孩則是什麼都不吃，這樣她會感覺對紛紛擾擾的情感困境有些許控制能力。」

由於對自身的感受分辨不清，再加上缺乏人際應對能力，這些女孩與朋友或家人的關係出現問題時，往往不知如何改善關係或紓解煩惱，反而發展出厭食症、貪食症或暴飲暴食的惡習。里昂認為有效的治療應包括情感技巧的再教育。

孤單的孩子易輟學

小學四年級的賓朋友很少，好友傑森告訴他今天中午不陪他玩了，因為他要和查德一起玩。賓受不了這個打擊，垂頭哭了起來。哭完了，他走到傑森與查德一起吃飯的桌前，對傑森吼道：「我恨死你了！」

「為什麼？」傑森一頭霧水。

「因為你騙人，你自己說這個禮拜都要陪我玩的，你說謊。」

說完賓便回到自己的位子，靜靜地哭泣。傑森與查德走過去要和他說話，但賓把耳朵蒙住不聽，甚至還跑出教室躲在大垃圾桶後面。一群旁觀的女孩嘗試做調人，去跟賓說傑森還是願意和他玩。但賓就是不聽，叫大家都別理他。他寧可獨自舔傷口，暗自哭泣。

這的確是很傷心的一刻，多數人在童年或青春期都曾經歷這種孤單被拒的感受。賓比較特別的一點是，無法接受傑森修補友誼的努力，也因此使自己的痛苦更加延長。人緣差的孩子往往像他這樣無法掌握重要的人際訊息，第八章說過，易被排拒的孩子多半拙於判讀情感或社交的訊號，即使能夠正確讀出也不知如何回應。

這類不受歡迎的孩子輟學的比例特別高，據統計，他們與有朋友的孩子比較輟學率高出二至八倍。一項研究發現，人緣差的小學生在中學畢業以前輟學的比率是二五％，整體比率則僅有八％。這也是可以理解的，想想看每週在一個沒有人喜歡你的地方待上三十個小時，那是什麼滋味？

被排拒的孩子通常具備兩種性格特質：一是易怒及誤解別人懷有敵意；一是害羞易焦慮。另外還有一種孩子不受歡迎，就是搞不清狀況，抓不住重點，拙劣的應對方式總是讓別人不自在。

這類孩子最搞不清楚的是情感訊息的傳遞。有一項研究請小學生在各種臉部表情中找出厭惡、憤怒等情緒，發現人緣差的孩子弄錯的機率最大。另外，研究人員請幼稚園孩子說出如何結交朋友及避免爭吵，人緣差的孩子不是想出極不可行的辦法，就是以模糊不清的方式求助成人。例如有兩個孩子同時爭一個玩具時，他的辦法是「打他」。研究人員又請青少年扮成悲傷、憤怒、惡意的樣子，人緣最差的扮演得最不成功。也許正因為這樣，這些孩子漸漸相信自己無力結交朋友，也果真因社交能力的不足屢屢碰壁。他們不懂得嘗試新方式，只是一再重複已證明無效的招式，甚至每下愈況。

人緣差的孩子常讓人覺得無趣，自己也不知道如何讓別人感受好一些。觀察孩子遊戲的情形會發現，人緣差的孩子輸的時候較會作弊、鬧脾氣或退出，贏的時候較會誇耀。當然，每個孩子都想贏，但不論輸贏，多數孩子都懂得適度收斂情緒，不致損及玩伴間的關係。

很多孩子都會有短暫被排拒的經驗，這不是什麼嚴重的問題。但有些孩子卻是因情感判讀與反應能力太差而經常被排除在外，而且這種痛苦的邊緣人地位常會一直跟隨他們，甚至到成年後都可能無法擺脫。成人的情感與社交技巧原本就是孩提時在遊戲與親密友誼中慢慢冶煉，邊緣型的孩子少了這個學習機會，自是比別人不利。

可以想見，這些孩子比較容易焦慮、煩憂、沮喪與孤單。事實上，一個人到十八歲時是否會有心理方面的問題，可以從小學三年級受歡迎的程度準確預測，而且準確度高於老師的評分、成績、ＩＱ、乃至心理測驗的結果。成人也是一樣，獨居無友悵感孤單的人罹病與早夭的機率都較大。

心理分析家哈利．沙利文（Harry Stack Sullivan）指出，我們多是在結交第一個同性死黨時，學習到親密關係的處理，包括爭執的和解與內心感受的分享。而被排拒的孩子在小學這個關鍵階段中，結交死黨的機會只有一般孩子的一半，往往錯失情感成長的重要機會。當所有的人都排拒你，只要有一個朋友就能改變一切（即使只是個普通朋友）。

友誼也要訓練

但人緣差也是可以改變的。伊利諾大學心理學家史帝芬．艾許（Steven Asher）設計了一系列友誼訓練課程，成效斐然。首先他找出在班上最不受歡迎的三、四年級學生，教他們如何表現友善與趣味，讓遊戲更好玩。為了避免給這些孩子貼上不受歡迎的標籤，他告訴孩子，老師想要學習如何玩遊戲，請他們當「顧問」。

艾許觀察受歡迎的孩子怎麼做，以此做為教材。譬如說，當你不同意遊戲規則時，可提出建議與妥協方式（而非吵架），遊戲時要與別人交談，傾聽觀察別人怎麼做，別人有好表現時要讚美，多微笑與主動提供幫助或建議。訓練課程不僅是口頭上的教導，還有實際的演練。這短短的訓練成效可觀，一年後，這些原本人緣最差的孩子，在班上受歡迎的程度已穩居中間位置。雖然沒有能訓練出超級社交明星，但也沒有一個再被排擠。

艾莫瑞大學心理學家諾威基的研究也得到類似的結果，他教導的重點是加強對他人感受的判讀與回應能力。譬如說，他會請小孩子練習表達悲傷、快樂等情緒，並將過程錄下來，事後檢討改進。最後請他們將學到的技巧應用到結交新朋友上。

這項計畫對改善人緣有五〇到六〇％的成功率，小學三、四年級受訓的效果似乎比高年級好，對社交能力差的孩子比對侵略性格的孩子有效。不過這些差異應該都可透過課程的調整來改善，最重要的是證明了人緣極差的孩子，也可透過基本訓練而獲得友誼。

酗酒與吸毒

美國有些校園流行所謂的**喝到昏**（drinking to black），意指豪飲啤酒到不省人事，方法之一是在噴水管的一端接上漏斗，如此一瓶啤酒大約可在十秒內飲盡。而且這絕非單一現象，一項調查顯示五分之二的男性大專生每次豪飲的酒量在七瓶以上，一一％的人自稱是豪飲派，實際上就是酒鬼的意思。半數大專男生與近四〇％的女生每個月至少酗酒兩次。

在美國，年輕人吸毒的人數在八〇年代逐漸減少，酗酒人數卻呈穩定成長，且年齡層愈來愈低。一九九三年一項調查顯示，三五％的大專女生自稱飲酒是為了買醉，比一九七七年的一〇％增加甚多。整體而言，約三分之一的大專生喝酒是為了買醉。酗酒同時造成另一個校園問題，據統計，校園強暴案有九〇％發生在強暴者或被強暴者飲酒的情況下。與飲酒有關的意外更是十五到二十四歲年輕人死亡的主因。

對青少年而言，嘗試吸毒與飲酒或許是一種成長的象徵，但這危險的第一步卻可能造成長遠的傷害。嘗試以後雖不見得會上癮，但多數上癮者的確是在青少年時期開始嘗試的。據統計，中學畢業生有九〇％試過飲酒，但只有一四％變成酒鬼。嘗試過古柯鹼的數百萬美國人中，上癮的不到五％。究竟什麼樣的人會上癮？

當然，居住在高犯罪率的地區是最易上癮的，這種地方很容易買到毒品，毒販收入之高更是引人歆羨。有些是因自身當小盤而染上毒癮，有些則是因毒品容易取得，加上同儕間互相效法，而最後一項因素使毒品在任何地區都可能氾濫，甚至連富家子弟都不例外。不過這並未解答我們的問題，因為初試毒品的人同樣是抗拒不了誘惑或效法同儕，但哪些人最容易上癮？

目前的一種科學理論認為，上癮者是將毒品或酒精當作藥物，用以紓解焦慮、憤怒、沮喪等感受。他們在初次嘗試後便彷彿找到長期困擾的解答。一項研究追蹤數百名七、八年級學生長達兩年，發現有嚴重情緒困擾的人最可能上癮。也因此很多人好奇嘗試後並未上癮，少數人卻幾乎是一試定終生，他們往往長期困擾於某一問題，而在毒品或酒精中找到立即的出路。

匹茲堡西方精神醫學學會與診所的心理學家萊夫·塔特（Ralph Tarter）指出：「對生理上較易上癮的人而言，初次嘗試的第一口能產生常人無法體會的振奮效果。很多正在戒毒的人告訴我，『我第一次吸毒時，也是我第一次感覺像個正常人。』這帶給他們生理上的穩定感，至少可維持短暫的時間。」當然，這是與魔鬼打交道，用短暫的快樂換來生命的流失。

至於上癮的種類，則似乎與特定的情感模式有關。以酗酒為例便可找出兩種典型的模式，一種人在童年時期常易緊張焦慮，通常在青少年時期發現酒精可安撫焦慮。這種人大半是男性，父親也是同類型的酒鬼。至於生理上的特徵，則是伽馬氨基丁酸（GABA）分泌不足，這是調節焦慮的一種神經傳導物質，太少時便會覺得緊張。一項研究顯示，酒鬼的兒子GABA值較低而易感焦慮，飲酒後GABA值會提高而緩和焦慮。除了酒精以外，這類人也可能對鎮靜劑上癮。

一項神經心理學的研究，便是以十二歲時即顯示出焦慮症狀的酒鬼之子為對象（症狀包括面對壓力時心跳加速、易衝動等），發現這些人的額葉功能較差，以致比一般人難以緩和焦慮與克制衝動。此外，前額葉又與操作記憶有關，幫助我們在做決定以前思前顧後。功能不足的結果是在喝酒時不會想到酗酒的種種後果，因而更容易上癮。

渴求平靜似乎是先天易染酒癮者的一個特徵。一項研究以一千三百名酒徒的親戚為對象，發現酒徒之子中長期高度焦慮的人最易上癮。研究人員認為，這些人是以酒精做為焦慮症狀的自我治療劑。

另一種導致酗酒的情感模式是嚴重不安、衝動與無聊，表現在嬰兒期是煩躁難纏，到小學期則是坐立不安、過度好動、易鬧事。有些孩子更因此交上壞朋友，甚至混流氓，或表現出反社會人格違常（antisocial personality disorder）。這類人（主要為男性）最主要的情緒困擾是不安，最大的弱點是衝動與無聊，無聊時最常有的反應是衝動尋求刺激。

這種人可能缺少兩種神經傳導物質：5-基色胺（serotonin）與單胺氧化酶（MAO），成人後便藉由酒精來紓解不安。他們因無法忍耐單調而任意尋求刺激，再加上本性衝動，除了酒精以外的各種藥物也都可能照單全收。

一個人可能因沮喪而酗酒，但喝酒後只有短時間的振奮，繼而將陷入更深的沮喪，因此酗酒的人所要紓解的多半不是沮喪而是焦慮。經常不快樂的人比常人易對古柯鹼等毒品上癮，因為這些可直接消除沮喪感。一項研究顯示，在某醫院因古柯鹼毒癮接受治療的病患中，一半以上在上癮前被診斷出嚴重沮喪，且程度愈嚴重者毒癮愈深。

經常憤怒則是另一種型態。一項針對四百名海洛因及其他鴉片製劑的毒癮患者所做的研究發現，他們最顯著的情緒特徵是非常易怒，且終生不知如何控制憤怒。有些患者自稱服用鴉片後終於感到正常而平靜。

易染酒癮或毒癮也許有先天的因素，但還是可能透過藥物以外的方式戒除人們將酒或毒當作心理藥劑的想法，美國盛行數十年的匿名戒酒會就是有名的例子。只要患者學會控制情緒，能緩和焦慮、走出沮喪、平息怒氣，便可根本戒除吸毒或飲酒的動機。目前很多治療計畫都增列基本情感技巧的再教育，但更理想的方式是早在上癮以前先做訓練。

戰鬥不如止戈

過去十年來，社會上先後對未成年懷孕、輟學、吸毒，以及晚近的暴力問題宣戰。可惜這些常常都是為時已晚的補救措施，所指出的問題都已嚴重氾濫，在青少年的生活中早已根深柢固。這些措施只是危機的補救，就好像發病後趕快派出救護車，而非在未發病之前先行接種疫苗。今後我們不應再重複無止境的戰役，而應著重預防措施，教導孩子如何在未來的生命中避開這些不幸的歧途。

當然，孩子的成長環境是無法選擇的，不幸的也許碰到家庭破碎，父母虐待，或是極度貧苦，生長的環境犯罪充斥，毒品氾濫。貧窮本身對孩子便是一大打擊，研究發現貧苦子弟五歲時便顯得比其他人易於恐懼、焦慮、憂傷、發脾氣、破壞東西，而且會持續到青春期。貧窮也會腐蝕家庭生活的品質，父母較少表達感情，母親較常陷入沮喪（通常是單親無業），較常訴諸打罵威脅的管教方式。

但ＥＱ的重要性遠超過家庭與經濟因素，有些孩子面對種種人生挑戰時一蹶不振，有的人卻充滿韌性，其中的關鍵便是ＥＱ。專家曾就數百名家庭貧窮、父母虐待、父或母罹患嚴重精神疾病的孩子做長期研究，發現那些歷經最艱難的困境而不屈不撓的孩子，具有一些共同的特徵，包括吸引友誼的迷人性格、自信、樂觀、毅力、能迅速走出陰霾、個性隨和等。

不過大多數孩子並沒有這些優勢條件，這些多半是幸運者的天賦本能。但正如十四章所說的，性格也是可以改善的。當然，首先我們可以從政治經濟面著手，解決貧窮等問題。只可惜社會福利並不是很受重視，我們倒是可以從其他方面幫助孩子提升因應困境的能力。

就以情緒方面的異常為例，據統計約有半數的美國人一生中曾罹患相關疾病。一項研究抽樣具代表性的八〇九八位美國人，發現四八％一生中至少發生一次精神方面的問題，最嚴重的一四％一次出現三種以上的問題，占任何時候所有精神病患的六〇％，也是重症病患的九〇％。病發後自是需要妥善的照護，但可能的話，最理想的方式是一開始就避免疾病的發生。當然，並不是所有精神疾病都可預防，不過總是有一些是可防患未然的。從事上述研究的密西根大學社會學家隆納德．凱斯勒（Ronald Kessler）告訴我：「我們必須及早提出對策。舉例來說，有一個女孩子在小學六年級時有社會恐懼感，中學開始飲酒。接受我們研究時已近三十歲，仍然容易恐懼，酗酒，吸毒，更因為生活混亂無目的而陷入抑鬱。值得探討的是，我們能及早做些什麼預防她走到今天這個地步？」

面對今天青少年輟學、暴力等等問題，我們同樣要這樣自問。針對特定問題設計的課程近十年蓬勃發展，儼然成為教育體系內獨樹一幟的迷你工業。其中很多都是口號動人而又被廣泛採用，結果卻效果不彰。有些甚至有變相助長歪風之嫌，特別是吸毒與青少年性行為。

資訊不足

兒童性虐待的問題最足以彰顯這一點。據統計，一九九三年以來美國發生二十萬件查有實據的案例，且每年增加案件約一〇%。多數專家認為十七歲以前遭性虐待的女孩約占二〇至三〇%，男孩則約占上述比例的一半，但因性虐待定義的差異及其他原因，各種統計出入甚大。探討起來，並沒有哪一型的孩子特別容易受害，但受害者普遍覺得未受到保護，自身無力抵抗，以及因不幸的遭遇而異於尋常孩子。

很多學校確已提供預防性虐待的課程，內容主要鎖定在基本知識的加強，諸如教導孩子分辨不當的觸摸方式，如何提高警覺，以及發生事情後應立即告訴大人。然而，一項針對全美二千位兒童的調查顯示，這種課程根本毫無幫助，甚至還造成反效果。上過課的人一旦遭遇性騷擾，報告的機率僅及未上課者的**一半**。

反之，涵蓋情緒與社會能力訓練的完整課程效果較佳，受過訓練的孩子較懂得要求獨處、反擊、威脅要告訴大人及事後報告。事後報告最具有預防的作用，因為很多性騷擾者會持續加害數百名兒童。專家研究四十餘歲的性騷擾者發現，加害者平均自青少年時期即每個月選擇一個作案對象。一位巴士司機及一位中學電腦老師，兩人每年共騷擾近三百名兒童，但沒有任何人報告過，直到其中一位被騷擾的男孩子開始對他的妹妹騷擾時，整個案子才曝光。

參加完整訓練的孩子報案的機率比基本課程組高出三倍。完整的課程係根據孩子的年齡分梯次施以適當的訓練，列為健康與性教育的一部分。此外，學校也請家長配合教導，結果發現家長高度配合的孩子最能抵抗性騷擾的威脅。

社會與情感能力也很重要，光是教導孩子辨別不恰當的觸摸方式還不夠，孩子應有足夠的自覺，在對方尚未採取任何行動以前便**警覺**到氣氛不對勁。這需要的不只是自覺，還要能相信自己的感覺並有表達的勇氣，即使大人一再保證沒問題也不會受騙。最後，孩子必須懂得如何預防不幸發生，包括逃跑或威脅要告訴大人等。所以說，完整的課程應教導孩子認知自己的安全界線，勇敢站起來保護自己。

最有效的訓練方式是灌輸基本觀念，再輔以完整的情感與社會技巧訓練，讓孩子學會如何解決人際紛爭，培養自信，發生事情時不會自怨自艾，相信師長能提供很好的協助。如此一旦發生不幸，孩子才比較可能說出來。

預防之鑰

在格蘭特基金會（W. T. Grant Foundation）贊助的一項五年計畫中，研究人員分析了各項預防課程成功的關鍵，並列出孩子們應具備的主要技能（全部列在附錄四），內容恰與EQ的主要成分不謀而合。

這些技能包括高度自覺，情感的認知、表達與管理，克制衝動與延遲滿足，壓力與焦慮的處理等。克制衝動的關鍵是認知感覺與行動不同，學習成熟的情感決策模式，即先控制住行為的衝動，思索其他可能的行動及其後果。人際能力也很重要，包括社會法則與情感線索的解讀，傾聽的藝術，如何抗拒負面的影響，從別人的觀點思考，了解適合特定情境的行為等。

這些其實正是人生最重要的社會與情感技能，對本章所討論的各種問題多能提供起碼的解答，對多種青少年問題具有一定的預防效果。

當然，任何問題都有複雜的根源，涵蓋遺傳、家庭、經濟、社區、文化等多重因素。單一措施或只加強某項情感能力都是不足的。但我們知道情感能力的低落確實讓孩子的路走得較不平順，在進行其他補救措施的同時，自不可忽略這方面的教育。

註釋

註　成人抑鬱除了心理治療與預防教育外尚可選擇藥物治療，但小孩不同，因為小孩服用藥物後的新陳代謝作用與成人不同。舉例來說，有些抗抑鬱藥物對成人沮喪相當有效，但研究發現對孩童的作用並沒有比安慰劑高明。較新的藥物，如百憂解，對孩童的效果尚未證實。另一種成人最常用也最安全的去鬱散（desipramine），目前正因可能導致兒童死亡被有關單位調查中。

CHAPTER

16

情緒教育

國家的希望在年輕人的教育。

——荷蘭文學家伊拉斯謨斯

下面要為你介紹的是一種奇特的點名儀式，十五名小學五年級的學生盤坐在地上，圍成一圈。老師喊到名字時，學生不是傳統式地空喊一聲「有」，而是報數表達他當日的心情。一分代表心情低落，十分表示情緒昂揚。

這一天大家的心情都很不錯：

「傑西卡。」

「十分：因為是週末心情特佳。」

「派崔克。」

「九分：有點興奮有點緊張。」

「妮可。」

「十分：覺得平靜而快樂。」

這是紐沃（Nueva）學習中心自我科學班的上課情形，這所私立學校設計的課程堪為ＥＱ教育的典範。

自我科學班學習的主題是個人及人際互動中發生的感覺。要探討這個主題，老師與學生都必須專注在孩子的情感生活上，而這正是絕大多數學校長期忽略的課題。老師以孩子生活中的實際問題為題材，舉凡被排擠的痛苦、嫉妒、可能引發打鬥的紛爭等都是討論的主題。該校主任暨課程設計人凱倫．麥孔（Karen Stone McCown）指出：「孩子的學習行為與其感覺息息相關，ＥＱ對學習效果的影響絕不亞於數學或閱讀的教導。」[1]

現在情緒教育的觀念已逐漸在全美傳播開來，自我科學班則是這方面的先驅。相關課程名目繁多，舉凡「社會發展」「人生技能」「社會與情感課程」，應有盡有，也有的採用嘉納的多元智能觀念，名之為「個人智能」。其共同的主旨是將社會與ＥＱ的提升視為正規教育的一部分，是每個小孩都必須學習的技能，而不是專為問題兒童設計的補救措施。

這類提升ＥＱ的基礎教育，可遠溯自一九六〇年代的情感教育運動（affectiveeducation movement），其理論基礎是：心理性或誘導性的教育要能成功，最好讓孩子親身體驗所學的內容。新的情緒識字教育更是青出於藍，不僅要以**情感為教育**的著力點，更進一步以情感為教育的內容。

這類課程能廣為傳播，比較直接的推動力，源自以學校為主的各類青少年問題預防計畫，包括抽菸、吸毒、懷孕、輟學，以及最近的暴力問題。上一章提到格蘭特研究結果發現，如果教導的內容能涵蓋基本的情感與社會能力，如衝動的克制、憤怒的處理、各種難題的解決方式，這類預防計畫效果好很多。這樣的觀念衍生出新一代的青少年問題預防計畫。

青少年的很多問題，如好鬥或沮喪，往往是情感與社會技巧不足的表現，據此設計的預防課程對孩子有莫大的幫助。問題是這類課程常常是心理學家的研究實驗，下一步應該做的是將這些精心設計的課程加以推廣，成為一般教師都能教導而莘莘學子廣為受惠的普遍教育。

這項普遍教育應該在青少年開始接觸愛滋病、吸毒等問題時，提供正確的相關資訊，但最重要的課題是加強孩子們碰到任何問題時的最佳防衛武器：EQ。

新的教育方向視情緒與生活為教學主題，而不是平時聽任學生自生自滅，發生問題時則丟給輔導老師或訓導處。

乍看之下情緒教育班會給人平淡無奇的印象，似乎不可能解決各種五花八門的青少年問題。但平凡正是教育的本質，家庭教育也是一樣，必須長時間經常性地灌輸孩子平凡但重要的道理。情緒教育的根植有賴學習經驗的不斷累積，直到在腦中形成明朗的路徑，讓孩子習慣成自然，在面臨威脅、挫折或傷害時都可收放自如。情緒識字班的課程看似平凡瑣碎，卻可培養出健全的人格。而這正是當今社會最迫切需要的。

合作訓練

下面再舉自我科學班上課的情形，讀者不妨與自己上課的經驗做一比較。

一群小學五年級的學生在玩一種叫合作拼圖的遊戲，遊戲規則是所有人都不能講話或做手勢。

老師喬安·瓦果（Jo-An Vargo）將全班分成三組，每組各自在一張桌上拼圖。三位熟悉遊戲方式的同學擔任觀察員，記錄每個同學的表現，諸如誰是領導者，誰是小丑，誰又是搗蛋鬼。

遊戲開始沒多久，其中一組便顯示效率超強，短短幾分鐘便完成拼圖。第二組（共四人）則是各自為政，拼自己那個角落的圖案，但一直無法拼起來。於是他們開始採取集體合作，終於完成整張圖。

這時候第三組還未拼好，只有一小塊接近完成，但形狀又有點似是而非。這一組的三人西恩、菲利、雷蒙顯然仍未找到另外兩組的合作方式，個個顯得心浮氣躁，愈是氣急敗壞愈是拼不好。

這時候雷蒙突然拿起兩塊拼圖遮住眼睛當面具，另兩人看了吃吃地笑，緊張的氣氛才稍顯緩和。這個小插曲後來成了課程的討論重點。

老師瓦果決定給他們一點鼓勵：「另外兩組的同學要不要給他們一點暗示？」

一位同學走了過去，指著兩塊突出的拼圖說：「這兩塊要移開。」只見雷蒙專注地皺起眉頭，突然恍然大悟似的，不久便完成第一個部分，終於大功告成，頓時全場掌聲響起。

一項爭議

正當大家在思考這個遊戲的意義時，發生了一場激烈的爭辯。身材高大、一頭濃黑平頭的雷蒙，與該組的觀察員塔克因打手勢的規則爭辯不休。塔克一頭金髮梳得齊整，寬大的藍色運動衫繡著「責任至上」的字樣，多少顯示出他執法的公正性。

「你**也**可以拿一片拼圖給隊友，那**不**算打手勢。」塔克以斬釘截鐵的口氣對雷蒙說。

「問題這**就是**打手勢，」雷蒙的語氣也很強硬。

瓦果發現雙方聲音愈來愈大，口氣不太友善，走過去查看。她知道這種偶發的激烈爭執是很重要的時刻，剛學會的道理馬上可得到印證，同時也最適宜灌輸新的觀念。任何好老師都知道，這時候的機會教育最能讓學生永誌不忘。

「塔克，我無意批評你，我知道你很合作，但你不妨用較溫和的方式表達你的看法。」塔克果然從善如流，以較友善的語氣對雷蒙說：「你可以把一片拼圖擺在你認為適當的地方，不需打手勢就可達到協助隊友的目的。這只是從旁協助而不是打手勢。」

雷蒙仍然怒氣沖沖：「可是有的人不過做這個動作」，雷蒙做出搔頭的動作，「馬上被制止不准打手勢。」

雷蒙發怒的原因顯然不只是針對遊戲規則的爭議，他嘴上不說，眼睛卻不斷瞄向塔克手上的評分表，上面將雷蒙的名字列在破壞秩序的一項。

這一切都看在瓦果眼中，她嘗試對塔克說：「他可能覺得你用了一個負面的形容詞**破壞秩序**。你真正的意思是什麼？」

「我並沒有什麼**惡**意，」塔克的口氣軟化許多。

雷蒙仍然不服氣，但態度也改善了些：「你不覺得這樣說有點牽強？」

瓦果提出不同的觀點：「塔克的意思是，事情進展不順利時，破壞秩序有時反而有提振士氣的作用。」

雷蒙立刻提出反駁，但已較能就事論事。「如果大家正專心做事，而我卻這樣——」他做出滑稽的表情，眼睛瞪大，兩頰鼓起：「這才叫**破壞秩序**。」

瓦果改採較感性的教育，對塔克說：「你的用意本是好的，但卻給對方不同的訊息，雷蒙希望你能傾聽他的感覺。他覺得將**破壞秩序**這樣負面的字眼加諸他身上很不公平。」

接著她又對雷蒙說：「我很高興你能明確向塔克表達你的感受，而且你沒有做人身攻擊。讓人說成在**破壞秩序**當然很不愉快。你拿兩片拼圖當面具似乎是想讓氣氛輕鬆一些，塔克可能不了解你的用意，我說的對不對？」

雷蒙與塔克都點頭稱是。其他同學協力清理桌子，這一場教室裡的風波就此落幕。瓦果問雷蒙：「你覺得怎樣？心裡還不舒服嗎？」

「不會了，」雷蒙自覺有人了解他的心聲，態度緩和許多。塔克也微笑點頭。兩人這才發現其他同學都走光了，一齊轉身跑了出去。

一場打不起來的架

另一個班級的同學陸續坐定後，瓦果開始分析剛剛的意外。雷蒙與塔克從激烈爭執到平心靜氣的過程，恰好印證平常課堂上教導的衝突解決模式。瓦果指出，衝突的發生「通常始於溝通不良、錯誤的假定及驟下斷言，不友善的表達方式讓人很難接收到你的真正訊息。」

他們要讓自我科學班的學生知道，重要的不是完全避免衝突，而是適時解決分歧與不滿，以免惡化為正面衝突，而塔克與雷蒙的紛爭正可提供絕佳典範。舉例來說，兩人都努力表達自己的意見，這種不消極沉默也不過度侵略的坦誠態度，是該校自三年級起即不斷強調的。剛開始兩人都不看對方，經過初步溝通後便逐漸表現出積極傾聽的態度，面對面互相凝視，並以身體語言表示接受到對方所欲傳達的訊息。

該校老師不僅口頭教導坦誠表達及積極傾聽的技巧，更實際引導學生演練，進而成為面對衝突時可立刻派上用場的行為習慣。

情緒管理的技巧之所以特別困難，是因為人們通常在心情低落時格外需要這些技巧，而這時候卻又最難接收新資訊或學習新的反應模式。適時的引導當然很有幫助。瓦果指出：「不管是小學生或成人，都要經過學習才會懂得觀察自己的情緒變化。譬如說生氣時心跳加速，兩手冒汗，坐立不安。這時你必須一方面努力聽清楚對方的話，一方面勉力克制自己不要咆哮怒責或建立一道防衛牆把自己圍起來。」

我們都知道五年級的孩子性格浮躁，塔克與雷蒙能夠捨棄互相叫罵指責的慣見伎倆，清晰地表達意見，殊屬難能可貴。換作其他孩子可能早已出口成髒，動手打人或是逕行離開拒絕溝通。他們兩人卻能避免一場一觸即發的爭鬥，反而藉以學習到解決衝突的道理。

一般孩子可就未必如此冷靜，甚至為了芝麻小事動輒拳腳相向。

孩子的煩惱

自我科學班的同學並不是每天情緒都很高昂，有時候報出的分數只有一、二分，這時往往有人會關切地詢問。被詢問者絕對有不回答的自由，但如果他願意分享心事，大家便有機會討論解決問題的方法。

各年級的困擾略有不同，低年級的普遍煩惱包括恐懼、被嘲弄、被排擠等。五、六年級又有另外的困擾，諸如乏人追求、被排擠、朋友太幼稚或是屬於少年人的進退兩難（如被高年級欺負、朋友慫恿抽菸等）。

這些對小孩子而言是天大的問題，通常都是在校園邊緣私相流傳；在午餐中、校車上或朋友談心時，更多的孩子根本無人可傾訴，只能留待晚上自己輾轉困擾。而在自我科學班，這些都成為當日的話題。

自我科學班的宗旨原是啟發孩子對自我與人際關係的認識，這一類的討論正提供了最佳素材。當然，學校有一定的課程設計，但老師可做彈性調整，利用學生提出的問題進行機會教育，前面提到的塔克與雷蒙的紛爭就是最佳典範。

EQ初階

自我科學班的課程設計使用近二十年，已證明是教導EQ的模範。班主任麥孔告訴我，有些課程內容極具深度：「譬如說，我們會告訴學生憤怒常是表面的反應，必須深入探究真正的感覺是受傷害、嫉妒或其他。讓孩子知道你絕對可以選擇做何種情緒反應，而且你愈懂得做選擇，人生便愈豐富。」

細看自我科學班的課程內容，幾乎與EQ的內涵完全相符，基本的情緒技巧更是為孩子壯大情緒心防的最佳武器（請參考附錄五）。他們的教學內容非常豐富，包括自我意識的增強，認識各種情緒及其表達方式，分析思維、感覺與行為的關係；探討做決定時根據的是思維或感覺；將這些學習心得應用在關於抽菸、吸毒及性關係的決定上。此外，還教導同學認清自己的優缺點，對自我抱持正面但務實的期許。

另一個教學重點是情緒的管理，去了解情緒背後真正的因素（如憤怒是因為覺得受傷害），學習如何紓解焦慮、憤怒、悲傷等情緒。另一個重點是學習為自己的行為與決定負責，貫徹對自己或別人的承諾。

同理心是很重要的社會能力，亦即要了解與尊重別人的感受與觀點。人際關係是教學重點，學習傾聽與發問的技巧，注意別人的言行與你的反應及判斷有多少落差，學習不卑不亢的態度，學習與人合作解決衝突與協調的藝術。

自我科學班是不計分的，人生的歷程就是期末考。不過到八年級末，當學生將離開學校時，會有一次口試。最近一次口試的問題包括：「假設你的朋友被迫嘗試吸毒，或有人常愛作弄他，你如何協助他解決問題？」「試舉出紓解壓力、憤怒或恐懼的方式。」

極重視情緒能力的亞里斯多德如果今天還活著，必然對這樣的教育方式大表讚賞。

落後地區的情緒教育

一定有人會質疑：像自我科學班這樣的課程，能夠在最需要情緒教育的落後地區的公立學校實行嗎？或者只能在師生資質俱優的私立學校生根？我們不妨看看紐哈芬特洛普（Troup）中學的例子，該校不論在地理位置、社會、經濟各方面都與紐沃學習中心有天壤之別。

特洛普的學習風氣非常興盛，該校設有專為五到八年級設計的高級科學課程，是紐哈芬地區僅有的兩所科學重點中學之一。在這裡，學生可透過衛星連線向休斯頓的太空人詢問有關外太空的物理問題，也可設計程式讓電腦播放音樂。儘管軟硬體設備優良，由於白人紛紛遷往紐哈芬郊區私立學校，這裡的學生約九五％是黑人及拉丁美裔。

距此僅數街之遙的耶魯校區彷彿另一個世界，特洛普是個逐漸衰敗的勞工集結區，在一九五〇年代鄰近工廠雇用了近兩萬名員工。今天工作機會遽減到二千多個，當地居民的經濟前景自是黯淡可期。於是紐哈芬和新英格蘭許多工業城市一樣，逐漸淪落為貧窮、毒品與暴力的淵藪。

有鑑於問題的嚴重性，一群耶魯的心理學家與教育專家於一九八〇年代設計了社會能力課程，內容與紐沃學習中心的自我科學班大同小異。不同的是，特洛普的課程較直接觸及學生的實際問題。譬如說八年級的性教育班便教導學生如何避免感染愛滋病，這可不只是紙上談兵。紐哈芬婦女感染愛滋病的比例全美第一，特洛普有些學生的母親便是病患，甚至有的學生本身也已感染。儘管課程內容豐富，特洛普的學生仍飽受現實生活的磨難，很多學生甚至因家庭不健全以致有些日子無法上課。

與紐哈芬所有學校一樣，這裡最醒目的標誌是一個黃色杏仁形狀的交通號誌，上面寫著「毒品絕跡區」。站在校門口的瑪莉．考林斯（Mary Ellen Collins）負責學校各種問題的處理，包括社會能力班的教學問題。任何老師在教學時遇到瓶頸，考林斯會到課堂上去示範。

考林斯告訴我：「我在這裡教書已二十年了，看看這些孩子面對的生活問題，光是教導書本的知識絕對不夠。就拿那些本身或家人患有愛滋病的學生來說吧，他們也許不會在討論愛滋病的課堂上提出來，但如果學生知道老師願意了解他們的情緒問題，也就比較可能坦誠地說出來。」

在一棟舊教室的三樓，我看到喬伊絲．安德魯斯（Joyce Andrews）正在帶五年級的社會能力班（每週三次）。她和其他五年級的老師一樣都經過暑期特別訓練，不過從她流暢自如的教學風格看來，她本身就具備情緒教育的能力。

今天上課的主題是情緒教育中很重要的一環：辨識情緒。老師前一日便請同學從雜誌中找出人像圖片，說明人像臉部表現出何種情緒，並解釋判斷的依據。老師收完作業後，在黑板上列出各種情緒：難過、憂慮、興奮、快樂等，與全班同學（當天到校的僅十八位）一起討論。每當老師發出問題時，同學們個個踴躍地爭相舉手搶答。

老師在黑板上寫下**挫折**二字，同時問大家：「誰有過挫折的感覺？」所有人都舉起手。「挫折感是什麼感覺？」

回答聲此起彼落：「很累」「困惑」「頭腦不清楚」「焦慮」。

接著老師又寫下**火大**一詞，「我倒是有過這種感覺。你們說，一個老師什麼時候會覺得火大？」

「同學都在說話時，」一個女孩微笑著說。

安德魯斯老師緊接著發給大家一張講義，上面有很多男女生的臉，各表現出六種基本情緒：快樂、悲傷、憤怒、驚訝、害怕、厭惡，底下並註明臉部表情的分析。下面是一個例子：

害怕——

- **嘴巴微張下垂。**
- **眼睛張大，內側眼角上揚。**
- **眉毛上揚聚攏。**
- **額頭中央有皺紋。**

學生一邊看一邊按照文字敘述模仿圖片的表情。這個課程直接沿襲自艾克曼的臉部表情研究結果，多數大專院校入門心理學都有教導，但列入小學課程則極為少見。也許有人認為表情是人的本能，沒什麼好教的，但別忘了，情緒的誤判正是EQ普遍低落的一個重要因素。很多學校的小惡霸動輒打架就是因為誤以為別人懷有敵意，一些患有飲食失調症的女孩也是因為不懂得分辨憤怒、焦慮與飢餓的差異。

隱性情緒教育

情緒教育當然會加重老師的教學負擔，要增加新的課程不免會遭遇阻力。因此現在一個新的作法是將情緒教育融入既有的課程，如國文、健康教育、自然、社會等。以紐哈芬地區為例，生命技能課在某些年級是獨立開課，有些年級則是將社會能力課融入國文或健康教育，甚至是數學課，尤其是關於讀書技巧的教導，包括如何集中注意力，自我激勵，克制做其他事的衝動等。

有些情緒教育不但不另行開課，甚至絲毫不占據課堂上的時間，而是完全融入學校生活的一部分。心理學家艾瑞克．謝普斯（Eric Schaps）等人創設的兒童發展計畫，就是其中典範，目前已在全美多所學校試辦，其中很多地區與紐哈芬一樣貧窮。

該計畫預先設計一套教材納入既有課程中，譬如說，一年級的國文課會讀到一則青蛙與蟾蜍的故事。青蛙急於與正在冬眠的蟾蜍朋友玩，惡作劇要讓牠早點醒來。同學們便以此為素材討論友誼及被作弄的感受，進而擴大討論其他相關問題，如自我意識，關心朋友的需求，被作弄的滋味，如何與朋友分享心事等。年級愈高設計的故事愈複雜，討論的問題也愈深入，包括同理心、嘗試別人的觀點、關懷別人等。

另外還有一個方法可將情緒教育融入學校生活，就是對違紀同學的處罰方式提供意見。專家認為這不但有助於培養孩子克制衝動、表達感受與解決衝突的能力，也可讓孩子了解，除了懲罰以外，還有更好的管教方式。譬如說老師看到三個一年級學生爭先恐後要進福利社，便可建議他們猜拳決定先後。這時學生立即學到的教訓是：這類芝麻小事也可用公正客觀的方式解決；較深刻的啟示是：任何紛爭都可協調解決。這類互不相讓的爭執是低年級中極常見的現象，甚至是有些人終身難改的惡習，孩子如果能從小接受正確的觀念自是受益匪淺。比起一般老師一句命令式的「不准爭吵！」豈不是有意義得多。

情緒發展階段

「愛麗絲與林恩不肯和我玩。」

這是西雅圖某小學三年級學生的痛苦自白，係以匿名方式投入教室中的信箱（一個特製的紙盒）。該班老師一向鼓勵同學將任何問題寫出來，好讓大家一起討論解決之道。討論時不會指名道姓，老師特別強調這是所有孩子都可能碰到的問題。大家也確實藉由這樣的公開討論，一改過去以為分歧必導向衝突的單一思考。

泥古不化的課程設計往往跟不上孩童生活的腳步，這個匿名信箱正可使課程的內容更活潑有彈性。孩子在每個成長過程中都懷有不同的心事，成功的情緒教育必須針對其發展階段設計，並隨著孩子心智的成熟，以不同的方式重複同樣的題材。

情緒教育應始於哪個年齡？有人認為出生不久就可開始。哈佛小兒科專家布雷佐敦建議父母可接受訓練，對家中的嬰幼兒進行情緒教育。透過前面提過的從頭開始（Head Start）幼兒計畫，有系統灌輸情緒與社會能力，是很值得鼓勵的。第十二章探討過，孩童的學習能力與這些基本技巧的純熟很有關係。學前幼兒期是奠立根基的關鍵時期，研究顯示，從頭開始計畫如果能妥善應用（這個前提很重要），對孩子一生有深遠而具體的影響，事實也證明這種人較少發生吸毒犯罪的問題，婚姻關係較美滿，賺錢能力較佳等。

但成功的情緒教育必須緊密配合孩子的成長階段。嬰兒一出世便哇哇啼哭，顯示天生具有強烈的感受能力。但人腦要經過很長一段時間才會完全成熟，誠如第十五章所說的，神經系統的成熟階段橫跨整個童年以至青春期初期，屆時孩子的情感能力才算完成發展。因此，嬰兒與五歲孩童相較感受能力自是非常幼稚，後者與青少年相較自又相形見絀。而成人往往對孩子的成熟度有錯誤的預期，忽略了情緒的發展有其生物時序。舉例來說，一個四歲孩子在自吹自擂時可能被父母責備，其實謙遜的意識大約要到五歲才會出現。

情緒發展與其他能力的成熟有很密切的關係，尤其是認知能力及腦部與生理上的成熟。前文提過，同理心與情緒調和的能力大約從嬰兒期便已開始發展。幼稚園則是社交情緒的巔峰期，諸如不安全感、謙遜、嫉妒、羨慕、驕傲、自信等，這些都必須建立在人我的比較能力上。一個五歲的孩子進入學校這個廣大的社會時，同時也進入了一個比較的世界。除了外在環境外，認知能力的成熟也是引發這種比較心理的因素，這時孩子會從人緣、吸引力、運動能力等特質與別人比較。或者當兄姊成績特別優異時，也可能讓弟妹在相形之下懷疑自己愚笨。

精神醫學家兼卡內基公司總裁大衛·漢保（David Hamburg）認為，初入小學及小學升中學是孩子的兩個最重要的調適階段。他指出，在六到十一歲期間，「學校經驗對孩子的深遠影響，將持續到青春期乃至長大後。孩子的在校表現攸關其自我價值感，表現較差的可能產生自我貶抑的心態，進而左右一生的發展。」如何才能從學校經驗中得到最大的收穫，漢保列舉的條件包括：「能夠延遲滿足，懂得待人接物，善於控制情緒及抱持樂觀的心態。」一言以蔽之，就是具備高度的EQ。

到了青春期，生理、腦部發展及思考方式都有很大的轉變，也是發展情緒與社會能力的關鍵階段。漢保觀察二十歲以前的青少年指出：「多數孩子都是在十到十五歲期間第一次接觸到性、飲酒、毒品、吸菸等誘惑。」

進入初高中便等於告別童年，也是情緒發展上極艱難的時期。姑且不論其他個人問題，這時期幾乎所有學生都有自信低落與自我意識高漲的現象，他們的自我觀感又往往是混亂而多變的。最大的挑戰來自社交方面的自信，亦即對自己交朋友的能力充滿懷疑。漢保指出，這個階段成人應特別從旁協助他們渡過交友的難關，培養自信。

漢保發現，對於甫入初中的青少年，接受情緒教育的孩子有顯著的不同：對於同儕的競爭、課業的壓力及抽菸吸毒的誘惑較能夠應付自如。顯然情緒教育帶給他們一定的免疫力，較能夠面對即將到來的壓力與挑戰。

機不可失

心理學及其他專家研究人類情緒成長的軌跡，因而能確知各年齡層適合推展情緒教育的程度，也知道逾齡失教的可能後果及補救方法。

以紐哈芬的課程設計為例，低年級學的是自我意識、人際關係與做決定等基本能力。他們教一年級的學生圍坐成圈，輪流擲一個滾筒，滾筒的每一面寫著**難過**、**興奮**等不同感覺。擲到的人敘述自己有過那種感覺的經驗，如此可學習準確表達情緒，以及在別人有相同感覺時發揮同理心。

到四、五年級時，孩子生活的一大重心是朋友，於是學校教他們維繫友誼的要件：同理心、克制衝動、紓解憤怒等。舉例來說，特洛普學校便為五年級學生開設從臉部表情判讀情緒的課程。在訓練克制衝動時，老師會出示一張顯著的紅綠燈指示標語：

紅燈 一、停下來，平心靜氣思考後再行動。

黃燈 二、說出問題所在及你的感受。

三、訂定一個可行的目標。

四、想出多種解決方案。

五、思考上述方案的後果。

綠燈 六、選擇最佳方案付諸實行。

在很多情況下都可用得上紅綠燈的觀念，譬如當孩子在盛怒下就要大打出手，或是因別人的嘲弄而怒不可抑或痛哭失聲，都可提供一套按部就班的因應步驟。也就是說，除了情緒的管理外，還可指引適當的行動方向。一旦孩子養成這種三思而後行的習慣，將來面對青春期及成長後無數引發衝動的事件，獲益自是匪淺。

到六年級，課程內容多直接與性、毒品、飲酒等誘惑有關。九年級學生實際碰到的問題更形複雜，這時強調的是以別人的觀點來思考。紐哈芬的一位老師舉例說：「假設某學生看到女友和另一位男孩說話，我們會教他站在對方的觀點設想，而非不分青紅皂白大吃飛醋。」

情緒教育的預防功能

效果較彰顯的情緒教育多是針對特殊問題（如青少年暴力）設計的，其中發展最快速的當推衝突解決課程，目前盛行於紐約市數百所公立學校及全美其他學校。課程主旨在如何避免校園衝突惡化為嚴重的打鬥，乃至如哲斐遜中學的殺人事件。

林達．連提瑞（Linda Lantieri）是衝突解決課程的創辦人，她認為該課程的目的絕不僅止於避免打鬥：「我們要告訴學生，除了挨打與打人以外，還有其他解決衝突的方法。讓學生知道暴力是無意義的，教導他們具體的替代技巧，孩子漸漸學會勇敢維護自己的權益而又不必訴諸暴力。這是終身受用的道理，不只對暴力傾向的學生有益。」

他們的一項練習是請學生提出碰到過的衝突情況，自己想出一套實際的解決辦法。另一個練習是假設一個情況：姊姊在做功課，妹妹聽饒舌音樂播得很大聲。姊姊後來受不了，不顧妹妹的抗議便將收音機關掉。老師請學生腦力激盪，想出可以讓姊妹都滿意的解決辦法。

成功的衝突解決課程必須能擴及課堂以外的範圍，如常易發生事端的遊戲場合及自助餐廳。有鑑於此，學校挑選若干小學中高年級的學生，訓練為協調員。發生事端時，學生便可請協調員協助仲裁。協調員也從中學會處理打架口角、種族衝突等校園爭端。

除了仲裁紛爭外，學生更學會根本改變對紛爭的思考角度。曾任協調員的安傑．裴瑞茲（Angel Perez）便說：「這個課程完全改變我的思考方式。我以前總以為，只要有人招惹我，我一定要討回公道。上過課後，我知道不見得一定要以牙還牙，重要的是如何解決問題。」現在已經長大的他更是努力傳播這樣的觀念。

衝突解決課程主旨雖是預防暴力行為，連提瑞認為其功能絕不止於此。因為要防制暴力行為，需要的是全方位的情緒能力，包括認知自己的感覺，如何因應衝動或悲傷等。因此課程的主要訓練內容還是加強基本情緒能力，如辨識各種感受，找出適當的表達方式，同理心的訓練等。連提瑞最感驕傲的是，上過課的學生不僅打架口角的次數減少，彼此也更懂得互相關懷。

心理學家在輔導犯罪青少年時也有類似的發現。第十五章已提過，很多研究顯示這些青少年的發展過程都大同小異，就學初期即表現出衝動易怒的性格，小學畢業後開始遊走社會邊緣，中學時結交同夥步入歧途。到二十餘歲時這些人多半已有前科，且有暴力傾向。

如何協助這些孩子遠離犯罪之途？歸根究柢還是要靠情緒教育。華盛頓大學的馬克．葛林柏格等人設計的師長聯合課程便是其中一例，為了避免將易滋事的孩子貼上標籤，授課對象涵蓋所有學生。

事實上，這項課程也確實對所有學生都有幫助。譬如說，他們會教低年級學習克制衝動，因為無法克制衝動的孩子很難專心學業，成績也就常會落後。另一個課程重點是情緒的認知，他們設計了五十節課，教導低年級認知快樂、憤怒等基本情緒，稍長再討論較複雜的嫉妒、驕傲、愧疚等。此外，還教導學生隨時注意自我及周圍人們的感受，尤其是好鬥型的孩子更要辨清別人是否真的懷有敵意。

最重要的課程當然是憤怒的紓解。孩子們首先學到的一個基本前提是，憤怒乃至任何情緒都沒什麼不好，問題是有些行為反應是不適宜的。這方面他們採用的教學方式，與紐哈芬的紅綠燈模式有些類似。友誼的建立與維持也是教學重點之一，因為友誼是支撐孩子不致誤入歧途的重要力量。

重新思考學校的角色

很多家庭已不再能為孩子打下穩固的人生根基，學校便成為矯正孩子情緒與社會能力不足的重要後盾。這當然不是說學校可以取代一切社會機構，但由於就學率的普及，幾乎所有孩子都會上學（起碼開頭時），學校自然比任何機構更有機會教導孩子人生的基本道理。當學校擔負起提升情緒識字率的任務時，實際已跨越其傳統功能，彌補了家庭教育的不足。但要完成這項重要的任務需要兩個條件配合：老師必須走出傳統的框架，社會必須與學校更密切合作。

學校是否設計有情緒識字率的專門課程並不重要，重要的是老師的教導**方式**，其重要性遠勝於任何其他科目，因為老師的教導風格本身就是情緒能力的活教材。老師對待任何一位學生的態度，對其他二、三十位同學都將造成深遠的影響。

會教導情緒識字課程的老師多少有點自願性質，因為這些老師必須能很自在地與學生討論情緒的問題，而有些人的個性並不適合。而一般的師資培養課程並沒有這方面的訓練，也因此設有情緒識字班的學校多半會提供準教師數週的訓練。

剛開始，很多老師不願接觸這樣陌生的課題，但一經嘗試後多半態度有所轉變。以紐哈芬的教師為例，剛得知自己將接受情緒教育訓練時，三一%的老師不太樂意。經過一年的教學經驗，九〇%以上願意再教一年。

學校的延伸任務

情緒教育改變的不只是師資的受訓方式，也讓我們得以重新為學校的功能定位，回歸原始的教育目的：教導學生人生的基本道理。除了特殊的課程設計以外，更應利用課堂內外的各種機會，協助學生將個人的問題轉化為提升情緒能力的啟示，最好能讓學生在校所學與家庭生活連結在一起。有些學校便另外開班讓家長了解學生在校所學的內容，不只是讓家長配合教導，同時也有協助改善親子關係的用意。

如此一來，孩子從各方面得到的相關訊息是一致的。以紐哈芬的學校為例，社會能力班主任提姆．席瑞福（Tim Shriver）說：「假設學生在餐廳吵架，輔導員會找他們去談一談，採用的正是學生課堂上學到的衝突解決法。學生在遊戲時引發紛爭，老師也是用同一套方法協調。此外，我們也教導家長在家裡用同樣的方法教孩子。」

這種學校、家庭與生活教育的完全一致具有非凡的意義，這使得學校、家庭與社會的距離大為縮短，學生在校所學的情緒教育不致在畢業後全部還給學校，而能在實際生活體驗中一再獲得印證與強化。

這樣的教育文化更帶動了校園與社區彼此關懷的關係。再以紐哈芬為例，當地有很多破碎的家庭，學校特別徵召社區中的愛心人士，輔導家庭不健全的學生，身兼良師益友，彌補孩子在家庭中所欠缺的支撐。

簡而言之，最理想的情緒教育應及早開始，依學生的年齡設計，必須持續進行，且應配合家庭與社會的努力。

要在現有的教學體制中加入情緒教育課程並不難，但畢竟是一項重大改變，阻力是免不了的。很多家長便認為這是屬於家庭教育的範疇，不勞學校費心。老師也可能不樂意犧牲上課時間在這些看似與學業無關的課題，或是不習慣與學生討論個人情緒的問題，更何況他們還要先接受特別的訓練。學生也可能有抗拒的心理，尤其是所教的內容與其實際生活差距太大，或是讓他們感覺隱私被侵犯時。最後還有教學品質的問題，如何防範那些教育商販銷售給我們華而不實的課程設計？

說起來問題林林總總，那又何必費心嘗試？

情緒識字率

席瑞福在報上看到做老師的最痛心的消息；他教過的一個極優秀的學生拉曼被射殺九槍，生命垂危。在席瑞福記憶中：「拉曼是學校的風雲人物，身材高大，擔任足球後衛，臉上常帶微笑，深受同學歡迎。當時拉曼參加我開辦的領導人才社團，練習所謂的四步驟問題解決模式。」

所謂四步驟是：一、說出所遭遇的情況及你的感受；二、思考可能的解決辦法；三、評估各種辦法的可能後果；四、擇一辦法付諸實行。類似前面說的紅綠燈模式，只適用於較年長的孩子。拉曼喜歡進行腦力激盪，設法解決中學生實際遇到的困擾，如交女友的問題及如何避免打鬥等。

但畢業後這些課程似乎對他不再有幫助，他漸漸流落到貧窮、毒品與槍枝氾濫的街上鬼混，現在二十六歲的他彈孔累累，裹緊繃帶躺在病床上。席瑞福趕去醫院，看到他幾乎不能說話，母親與女友在一旁相伴。拉曼看到昔日恩師，招手示意他走近，低語道：「老師，出院後我一定開始採用你教的四步驟。」

拉曼讀中學時，學校尚未開辦社會發展課程，如果他能趕上那些課程，命運是否就會改觀？當然，這是無法求證的，但種種跡象顯示答案很可能是肯定的。

誠如席瑞福所說的：「要印證解決問題的方法當然不能限於課堂上，更要擴及自助餐廳、校外及家裡。」紐哈芬學校老師的證詞很值得參考。一位舊日的女學生告訴老師，如果當年「她沒有在社會發展課上學會為自己的權益說話」，今天的她大概難逃未婚媽媽的命運[13]。另一位學生與母親關係極度惡劣，每次交談必落得惡言相向，後來她學會平心靜氣與三思而行的道理。據她的母親表示，現在她們終於可以像母女一樣正常交談了。在特洛普學校，一個六年級學生在社會發展班寫了一張紙條給老師，說她最好的朋友懷孕了，卻無人可以共商辦法，甚至絕望得想自殺。她感到自己很幸運，因為她知道老師很關心她。

紐哈芬學校某七年級社會發展班的表現也讓我印象深刻，我記得一位老師徵求班上自願同學敘述最近發生的一件和平收場的事件。

一個十二歲圓圓胖胖的女孩自動舉手：「有個女同學和我本來好好的，突然有人說她要和我吵架。還說她放學後會在某個角落等我。」

但她並沒有憤怒地準備硬碰硬，而是嘗試班上教的一個方式——下結論以前先查明真相：「我直接去找那位女同學，問她為什麼要說那些話。她說她根本沒講那些話，所以我們又和好如初了。」

乍看之下，這似乎是再平常不過的故事，值得注意的是，這位敘述的女孩先前因打架被另一所學校退學。以前她都是先開打再問為什麼，或根本問都不問。現在她卻能先按捺住怒氣，冷靜地詢問一個可能的敵人，雖然這只是小事一樁，卻是值得慶幸的改變。

這個情緒識字班的影響之大，可從該校校長給我的統計數字得到印證。該校規定學生打架必勒令休學，絕不寬貸。開辦情緒識字班以來，勒令休學的人數已穩定下降。校長告訴我：「去年有一〇六人，今年到現在已三月了，只有二十六人。」

這些是具體的效益，但對於參加課程的學生究竟有多少實質的意義？從資料看來，這些課程無法使任何人一夕之間改頭換面，但幾年學下來，學校的校風與同學的心態及情緒能力都有顯著的改善。

在這方面有人做過客觀的效果評估，其中最可信的是由獨立的觀察員比較參加與未參加課程的同學行為。另一個方法是追蹤同一位學生參加前後的表現，同樣有一套客觀的評量標準，如打架或被勒令休學的次數。我們集合多項評估發現，這類課程對學生的情感與社會能力、校內外的行為、學習能力等都很有幫助，茲列舉如下（細節請參考附錄六）。

情緒自覺

- 更能察覺與認知自己的情緒
- 更能了解各種感受的前因後果
- 能認知感覺與行為的差距

情緒的管理

- 更能忍受挫折，更懂得紓解憤怒
- 較少與人口角打架或破壞課堂秩序
- 較能適當表達憤怒而不必訴諸打鬥
- 較少被休學或退學
- 較少表現出侵略性或自暴自棄的行為
- 對自我、學校及家庭較具正面觀感
- 較善於紓解壓力
- 較少感到孤單或焦慮

將情緒導向正途

- 更負責
- 較能專注眼前的工作
- 較能克制衝動
- 成就測驗成績改善

同理心：情緒判讀能力

- 較能從別人的觀點看事情
- 較能設身處地為他人著想
- 較懂得傾聽

處理人際關係

- 對人際關係的分析與了解能力增強
- 更懂得解決與協商紛爭
- 較懂得解決人際衝突
- 溝通時更清晰有技巧
- 較外向較有人緣，與同儕關係改善
- 朋友較常邀約

- 較能體貼關心別人
- 較合群
- 更懂得分享、合作與互助
- 與人交往時更懂得互重

其中最值得注意的是**學業**成績與在校表現的改善。這不是單一現象，而是研究中一再印證的事實。現在有太多的小孩子不善紓解情緒，無法專心，難以克制衝動，不負責任，不關心學業，這麼多問題只要任何一項獲得改善，都有助於教育品質的提升。因此我們可以說，情緒識字班是增進教學品質的好幫手。雖說處於時興預算精簡的現在，斥資設立這類情緒識字班絕對是值得的。

除了教育意義之外，這類課程對孩子的人生也有整體的幫助，將來無論是扮演朋友、學生、子女、配偶、員工、老闆、父母、市民等任何角色，都將更為稱職。當然不是每個孩子獲益程度都一樣，但只要有絲毫的幫助都值得一試。誠如席瑞福所說的：「所謂水漲船高，水上的所有船隻都是一樣。受益的不只是問題孩子，而是每一個孩子，這等於是為人生的磨難打一劑預防針。」

人格、道德與民主

有一個傳統的字眼可涵蓋EQ的主要內容：**人格特質**。喬治華盛頓大學社會學家艾米達．艾茲阿尼（Amitai Etzioni）說，人格特質是「道德行為的骨血」。哲學家杜威（John Dewey）認為進行道德教育時，身教比言教重要得多，這也是情緒教育的精髓。

如果說人格發展是民主社會的基石，EQ正可發揮鞏固基石的作用。崇高的人格必建立在自律的精神上，自亞里斯多德以降的哲學家無不認同這一點。另一個重要的人格發展關鍵是自我激勵與導正，無論是課業、工作，乃至按時起床這樣的小事都不例外。前面說過，延遲滿足與克制衝動都是基本的情緒技巧，其實正是過去我們習稱的意志。作家湯瑪斯．李科納（Thomas Lickona）說：「首先我們必須能控制自己（的食慾、情慾等），方可能談及其他。要做到以理性駕馭情緒，維賴意志。」

如果人人都能暫時擺脫個人的慾望與衝動，必然有助於促進社會的和諧，這表示你更能設身處地為人著想，能真正聆聽別人的心聲，揣想對方的觀點。而同理心是同情、關懷與利他主義的先決條件。站在別人的觀點看事情才能打破固有的偏見，學會寬容與接納異己。在多元社會中更是需要這樣的心態，讓大家能互敬共存，創造更有利的公共對話空間。這也正是民主的真諦。

艾茲阿尼指出，要灌輸自律與同理心以培養健全的人格，進而提升公私道德觀念，學校責無旁貸。而且這不能光靠口頭講授，而是要讓孩子在建立情緒與社會技巧時實際演練。從這個觀點來看，健全人格與公私道德觀的培養實脫不了情緒教育的範疇。

結語

本書即將完成前，我注意到報上幾則新聞。一則報導說槍殺已成為美國第一大死因，躍居車禍之上。第二則報導說一九九四年殺人案例增加三%，尤其怵目驚心的是一位犯罪學家的預測，他說未來十年將進入一場犯罪大風暴，原因是十四、五歲青少年的殺人案例不斷增加，而這個年齡層正屬於迷你嬰兒潮的一代。未來十年這些人年屆十八至二十四歲，正是暴力犯罪的巔峰期。第三則報導是關於美國司法部一九八八年到九二年的統計：青少年殺人、暴力犯罪、搶劫、強暴案例大幅提高六八%，暴力犯罪一項更激增八〇%。

從沒有人像這一代的青少年那麼容易取得自動武器，正如他們的父母輩是第一個容易取得毒品的世代。過去青少年的爭執頂多鬧到打架，現在卻很可能擦槍走火。偏偏這一代的年輕人實在很容易引發爭執。

這一方面要歸咎於整個社會不重視兒童基本情緒技巧的教導，包括憤怒的處理、衝突的解決、同理心的培養、衝動的克制等等。童年是腦部成長的重要時期，正是培養健全情緒反應庫的良機。

儘管有些教育界人士相當重視情緒識字率的問題，相關課程仍很稀少，多數老師、校長與家長根本對此一無所知。一些絕佳的課程設計都是在非主流教育體系中才找得到。當然，再好的課程設計（包括本書建議的），都無法解決所有青少年問題。但眼見問題日益惡化，而情緒能力的提升又有如許的效益，我們能不汲汲於將這人生最重要的課題傳授給下一代嗎？如果今天不開始，又更待何日？

附錄

Appendix

一、何謂情緒？

本書既是探討**情緒**，在此有必要就情緒的意義略做澄清。關於情緒一詞的確切定義，心理學家與哲學家已爭辯了一百多年。就字面上的意義而言可參考《牛津英語字典》的解釋：「心靈、感覺或感情的激動或騷動，泛指任何激越或興奮的心理狀態」。本書所指的情緒是指感覺及其特有的思想、生理與心理的狀態及相關的行為傾向。事實上，人類有數百種情緒，其間又有無數的混合變化與細微差別。情緒之複雜實遠超過語言所能及。

是否就像顏色有紅黃藍三原色，也有所謂原始情緒呢？如果有的話又是哪些？這一直是學者專家爭議不休的問題。有專家建議以基本族類來區分，當然還是有反對的聲音。下面列舉主要的分類方式：

- **憤怒**：生氣、微慍、憤恨、急怒、不平、煩躁、敵意，較極端則為恨意與暴力。
- **悲傷**：憂傷、抑鬱、憂鬱、自憐、寂寞、沮喪、絕望，以及病態的嚴重抑鬱。
- **恐懼**：焦慮、驚恐、緊張、關切、慌亂、憂心、警覺、疑慮，以及病態的恐懼症與恐慌症。

- **快樂：**如釋重負、滿足、幸福、愉悅、興味、驕傲、感官的快樂、興奮、狂喜，以及極端的躁狂。
- **愛：**認可、友善、信賴、和善、親密、摯愛、寵愛、癡戀。
- **驚訝：**震驚、訝異、驚喜、嘆為觀止。
- **厭惡：**輕視、輕蔑、譏諷、排拒。
- **羞恥：**愧疚、尷尬、懊悔、恥辱。

當然上述所列難免掛一漏萬。舉例來說，有一種嫉妒是混雜著悲傷與恐懼，應該如何名之？又如希望與信念，勇氣與寬恕，堅定與寬大等美德應如何分類？還有懷疑、自大、懶惰、麻木、無聊等又歸於何類？顯然並沒有明確的答案，關於情緒分類的科學爭辯恐怕還要繼續下去。

關於基本情緒的論戰主要源自舊金山加州大學艾克曼的一項發現：全世界任何一種文化的人都可認出四種表情（恐懼、憤怒、悲傷與快樂），包括未受電影電視污染的沒有文字的人種，證明這四種情緒的一般性。他拿著精確顯示人像表情的照片給各色人種看，甚至遠及一個偏遠高原與世隔絕的石器時代遺族，發現任何人都可辨識上述基本情緒。首先注意到這個現象的大概是達爾文，他認為這可證明進化的力量將這些訊息深印在我們的中樞神經系統。基本上我遵循的是艾克曼等人的方向，以族類或範疇的角度來思索，先區分出憤怒、悲傷、恐懼、快樂、愛、羞恥等大類，據以引伸出繁複的情緒世界。每一族類的核心是基本的情緒，無數的變體層層向外擴散。外圍有一圈是**心情**，一般而言比情緒和緩而持久。舉個例子，人很難整天都在盛怒之中，但卻可能長時間處於暴躁易怒的心情。心情的更外圍是**性情**，具特殊性情或氣質的人（如憂鬱、害羞、樂天等），較易引發特定的情緒與心情。最外圍則是恆常陷溺的情緒**障礙**，如抑鬱症或不斷的焦慮。

二、情緒心靈的特徵

近幾年才開始有人為情緒心靈建立科學模式，試圖解釋人類許多行為是如何被情緒驅動，又為何會突然在一瞬間變得極不理性，以及情緒是否自有一套邏輯。這方面研究最精闢的有兩人：舊金山加大人類互動實驗室的艾克曼，及麻州大學臨床心理學家賽摩・艾普斯坦（Seymour Epstein）。兩人著重的科學證據容或不同，卻共同凸顯出情緒與其他精神層面不同的基本特質。

快速但不精確的反應

我們的情緒反應比理性快得多，確乎是不假思索就可採取行動。正因求快，思考中樞特有的分析與深思功能都付諸闕如。在進化的過程中，這種快捷反應極可能應用在最基本的決策，包括何時應提高警覺？面對其他動物時必須在瞬間決定：是我吃牠還是牠吃我？動物如果必須花很多時間思索這類問題，恐怕無法留下太多後代傳遞牠的慢速基因。

受情緒指揮的行為反應總是特別的成竹在胸，這其實是知覺程序過度簡化的結果，從理性的角度分析往往會覺得莫名其妙。常常在事過境遷或甚至行為反應的中途，我們會疑惑：我這是在幹什麼？顯示理性已經覺醒，只是速度不及情緒。

情緒從被刺激到爆發的時間幾乎是間不容髮，知覺的評估必須在瞬間完成，當然這是根據以千分之一秒計的腦部活動速率做為標準。這種是否要採取行動的評估必須快速到形同自動的地步，甚至在意識尚未察覺以前便須完成。

這種知覺模式為求速度而犧牲了準確，將第一個印象視為全部，只憑一個概觀或只看最醒目的部分，無暇審慎分析便做出反應。這個印象可能只是由鮮明突出的部分構成，禁不起進一步的細節評估。這樣做的優點是可瞬間做情緒判讀（如他在生我的氣，她在撒謊，他很傷心等），迅即判斷對此人的態度應該是小心、信賴或同情。情緒心靈更是偵測危機的雷達，如果我們（或祖先）總要等待理性判斷，結果可能不只是犯錯，而是性命不保。當然，這種印象式的直覺判斷也有其缺點，倉促論斷，誤判誤導在所難免。

艾克曼認為，情緒的這種先發制人、未覺先動的特性是其快速應變的主因，能使我們不須浪費時間思索應如何反應或應否反應，就可立即採取緊急動員。艾克曼研究人臉部的表情發現，極細微的情緒變化可在半秒鐘內閃過臉部。仔細分析，刺激來源發生後約千分之幾秒內臉部肌肉會先產生改變，各情緒特有的生理症狀也會在幾分之一秒內出現。特別是強烈的情緒，如面臨突如其來的威脅時，油然而生的恐懼感更是迅雷不及掩耳。

艾克曼指出，基本上情緒的高潮期只能維持數秒。如果說外在的環境已改變，而原來的情緒仍將繼續控制我們的身體與腦部，將使應變能力大為降低。因此一種情緒要持續下去，原來的刺激必須繼續發生作用，譬如說摯愛的人死去會讓我們傷心許久。當感覺持續長達數小時，通常會變成較緩和的形式，即心情。心情是一種情感的基調，也會影響我們的想法與作法，但不及情緒高潮期那般強烈。

先感後思

由於理性反應所需的時間比情緒略長，碰到較富情緒含義的情境時，我們的第一個衝動常是情緒性的。但另外有一種情緒反應較前面所說的立即式反應要慢一點，先在思想中慢慢醞釀，最後再導出情緒。這條路徑較為曲折刻意，通常我們對醞釀期的思想也都很清楚。這個過程涉及較廣泛的評估工作，也就是說思想（認知）是決定將挑起哪一種情緒的重要因素。譬如說，我們的評估是：這個計程車司機在騙我或是這個小孩太可愛了，繼而做出適當的反應。在這個較慢速的反應模式中，是先有清晰的思想而後產生情緒。比較複雜的情緒，如尷尬或考試將臨的焦慮，都是遵循這套模式。

反之，在快速反應模式中，情緒多是先於思想或同時發生，尤以生死存亡的關鍵時刻為然。快刀斬亂麻的決策模式可讓我們在瞬間進行危機總動員。最強烈的情緒常是不由自主的，法國小說家斯湯達爾（Stendhal）說：「愛情就像來去倏忽的熱病，非意志所能控制。」豈止愛情如此，憤怒、恐懼等也是如此。誠如艾克曼所說的：「**我們確實無法決定陷入何種情緒**」，但這也常常成為人們衝動行事的藉口。

情緒不但有快慢之分，更有召之而來的情緒。最深諳此道的莫過於職業演員，他們可能為了效果逼真刻意喚起悲傷的記憶，繼而使眼淚奪眶而出。事實上，這種透過思想引發情緒的招式人人都會，只是不及演員高明罷了。特定思想通常只能引發特定情緒，這一點很難改變，但我們確實可選擇思想的方向。性幻想可引發性慾，快樂的回憶讓人心生喜悅，憂鬱的思緒引人煩憂，這是千古不變的道理。

不過我們通常無法理性決定「應該」有何種情緒，感覺大抵總是不召自來的，理性能夠控制的是反應的**方向**。除了少數例外情形，我們通常無法決定**何時**要憤怒或悲傷等等。

象徵與真實

情緒運作的邏輯是**聯想式**的，誤將象徵或喚起記憶的事物當作真實。這也是為什麼比喻、象徵、意象及諸種藝術形式（小說、電影、詩歌、戲劇、歌劇等）可直接衝擊情感的道理。偉大的心靈導師（如佛祖與耶穌）也是以感性的語言感動信徒，透過比喻、寓言與故事來說教。事實上，宗教的象徵與儀式正是一種感性的語言，從理性的角度分析殊無意義。

情緒心靈的邏輯可以佛洛伊德的原本思考程序（primary thinking process）來解釋，這是屬於宗教與詩歌，瘋子與孩童，夢與神話的邏輯。約瑟夫．坎培爾（Joseph Campbell）曾說：「夢是私密的神話，神話則是集體的夢。」原本思考是解開《尤里西斯》一類書籍意義的鎖鑰，所謂原本思考程序是由自由聯想決定敘事的順序，事物深具象徵含義，一種感覺可取代或代表他種感覺，整體可凝縮成部分，時間或因果定律都不存在，甚至「不存在」這三個字也是沒有意義的，因為任何事都有可能。心理分析可以說是解讀這種意義替代關係的藝術。

假使情緒遵循的便是這一套邏輯，亦即不同事物可互相替代象徵，那麼事物的客觀定義便不再重要，重要的是我們如何去**看待**。在情感世界裡，客觀事實就像三度空間的圖像，可由部分窺知全部。誠如艾普斯坦所說，理智可在因與果之間建立合乎邏輯的聯繫，情感則是盲目的，凡有雷同者便可試著連連看。情感的機轉其實是很孩子氣的，而且愈是孩子氣愈是激越。試列舉幾項孩子氣的特點：其一是**黑白分明**的思考方式，完全沒有灰色地帶。譬如說某人因一時失言深感丟臉，心裡立刻想到：「我**總是**說錯話。」另一個特徵是**自我中心**的思考模式，譬如某人開車發生意外，事後竟說：「那電線杆不知怎麼衝著我來。」

總括而言這是一種**自我肯定型**的思考模式，凡是與其信念相違背的事實或記憶都盡量壓抑或忽略，而緊緊抓住足以支撐的證據。理性的信念則是試驗性的，凡是出現與事實相違背的新證據，便可推翻舊的，完全依客觀證據做判斷。情感心靈則以其信念為絕對的真理，相違的證據都不足採信。也因此一個情緒激動的人是很難與之論理的，不管你的道理多麼合乎理性，只要與其信念不符他便聽不進去。

將現在當作過去

當一個事件在某些地方與過去的情緒記憶有些類似，情緒心靈便會激發與該記憶相關聯的感覺。也就是說，情緒心靈的反應模式是將現在**當作過去**。問題是我們常忽略了今日已非昔日可比，特別是在快速自動評估的情況下。譬如說有個人小時候經常被打，漸漸地看到別人怒容滿面便會興起強烈的恐懼與厭惡之感，這個反應模式很可能延續到長大之後，即使別人的怒容並非針對他。

如果感覺夠強烈，所引發的反應自是顯而易見。但若是模糊隱微的感覺，我們可能深受其影響而未察覺。我們會以為當下的想法與作法完全是因時制宜，其實或多或少是在模擬過去的經驗。我們的情緒心靈會駕馭理性為其所用，合理化當刻的感覺與反應，忽略情緒記憶的影響。

因狀態而定的真實

情緒心靈的機轉很大程度是因**心情類別**而定。我們感覺很浪漫時的想法與作法便絕不同於感覺憤怒或沮喪時，因每一種感覺各伴隨特定的思想反應甚至記憶，尤以情緒極強烈時為然。

我們可以提出一個最有力的證據：記憶的選擇性。腦部會根據所面臨的情境重整記憶與行為模式的順序，最相關的排在最前面，以備隨時派上用場。而每一種主要情緒都有特定的生理特徵，隨著情緒漸趨濃烈，身體立刻發生一連串改變，並自動發出特定的訊息。

三、恐懼的神經機轉

杏仁核是掌管恐懼的中樞。曾有一位女病人因罕見的腦部疾病杏仁核遭破壞，從此不再感受到恐懼。她無法辨識別人臉上的恐懼表情，自己也做不出這種表情。她的神經科醫師說：「如果有人拿槍抵住她的頭，理智上她知道應該害怕，但就是無法像常人一樣感到恐懼。」

現階段神經科學家對任何一種情緒的神經機轉都無法全盤了解，比較起來對恐懼的掌握是最詳盡的。而由於恐懼在進化史上獨居特殊地位（攸關危急存亡的反應），在探索其他情緒的神經機轉時提供極佳的典範。不過在現代社會，恐懼反而可能造成日常生活的嚴重困擾，導致煩躁不安等種種憂慮，極端者更可能發生恐慌症、異常恐懼症、強迫性精神官能症等。

假想你晚上獨自在家看書，忽然聽到隔壁有怪異的聲音。接下來你的腦部會發生一連串變化，我們可由此窺知恐懼的神經機轉及杏仁核的警示作用。首先腦部會接收到聲波的訊息，轉化為腦部能理解的語言，告知你進入警戒狀態。這一連串變化發生的路徑是耳朵到腦幹再到丘腦。自此路徑分歧為二：羊腸小徑通到杏仁核與鄰近的海馬回，康莊大道通到顳葉的聽覺皮質進行聲音的分析與理解。

人腦的重要記憶庫海馬回很快地將這個聲音與以前聽過的聲音做比對，看看是不是你所熟知的聲音。同時聽覺皮質進行較複雜的工作，分析聲音的來源是貓、風吹窗板或有闖入者，並將這幾項假定傳送給杏仁核與海馬回做進一步比對。

如果結論令你安心，你的警戒狀態不會持續升高。但如果你仍覺得無法確定，杏仁核、海馬回與前額葉皮質之間的另一條路徑會使你陷入不安，更加專注要辨識出聲音的來源。如果進一步分析依舊得不到滿意的答案，杏仁核便會發出警訊，激活下視丘、腦幹與自主神經系統。

在這種驚慌與潛意識焦慮的時刻，杏仁核做為腦部主要警示系統的優點便表露無遺。杏仁核上的幾束神經元各有適合不同神經傳導物質的接收器，構造有點像家庭保全公司的總機，警鈴一響，立刻準備打電話給當地消防隊、警局及鄰居。

不同的訊息傳遞到杏仁核的不同部位。來自丘腦與聽覺、視覺皮質的訊息傳到一側，氣味則透過嗅球傳到另一邊，味覺與內臟的訊息傳到中央部位。這些訊息使杏仁核成了二十四小時的感覺訊息守門員。

神經衝動自杏仁核再分配到幾個重要的部位，一個分支通到下視丘，可分泌釋放親皮質素的賀爾蒙，經由一連串的賀爾蒙作用引發戰或逃的反應。另有分支連接與運動功能有關的紋狀體。其次，杏仁核還可經由延腦傳送訊息給自主神經系統，引發循環系統、肌肉、內臟的活動。

自杏仁核底側的分支連接扣帶回皮質及調節骨骼大肌肉的纖維，貓狗面對入侵者會弓起身體、齜牙咧嘴，便是這個部位作用的結果。作用在人類身上，則是聲帶的肌肉拉緊，發出恐怖的尖叫聲。

另一個分支通往腦幹的藍斑，後者會製造正腎上腺素散布到整個腦部，使腦部活動量大增，感覺通路更加敏感。正腎上腺素充盈皮質、腦幹與邊緣系統，可使腦部進入警戒狀態。這時即使是平常的聲響也會讓你微微顫抖。不過這些改變都是在意識之外發生的，因此你並不會知道自己在害怕。

當你真正開始感到害怕，表示焦慮感已從無意識層突破到意識層，杏仁核會繼續導演一連串的改變：指示腦幹細胞讓你臉上露出害怕的表情，使你變得緊張而易被驚嚇，將正在進行但不重要的肌肉活動僵住，加速心跳，提高血壓，使呼吸變緩（你開始感到害怕時，可能會注意到彷彿突然無法呼吸，這是為了能聽清楚恐懼的來源是什麼）。杏仁核與相關部位在危機時刻會審慎協調廣泛的應變措施，這裡所舉只是其中一部分。

同時杏仁核會與海馬回聯手指揮，促使細胞分泌多巴胺，使注意力集中在恐懼的來源（奇怪的聲音），讓肌肉進入備戰狀態。同時杏仁核會與職司視覺與專注力的部位連線作業，讓眼睛專心注意一切危險事物。另一方面，皮質記憶系統也會搜尋與眼前危機相關的訊息，將不相干的思緒暫時拋到腦後。

一旦這些訊息全部傳遞出去，恐懼便隱然成形：你會感覺到胃部抽緊，心跳加速，肩頸肌肉僵硬，四肢顫抖。全身僵凝成一個專注的姿勢，仔細凝聽任何聲音，腦中飛速盤算著可能的危險與因應之道。這個過程，從驚訝到不確定到不安到恐懼，完全濃縮在一兩秒之內。

四、青少年問題防範計畫的要點

格蘭特集團評估發現成功的計畫必具備下列要素：

情緒技巧的教育

- 情緒的辨識
- 情緒的表達
- 評量情緒的強度
- 情緒的管理
- 延遲滿足
- 克制衝動
- 減輕壓力
- 分辨情緒與行動的差距

認知技巧的教育

- 自說自話——碰到問題時先在心中與自己對話
- 解讀社會訊息——認知個人行為不能免於社會的影響，從整個社會的觀點來檢視自己
- 按部就班地解決問題——如設定下列步驟：克制衝動，訂定目標，思考可採取哪些行動，預期行動的可能後果

- 了解別人的觀點
- 了解哪些行為是可接受的
- 抱持正面的人生觀
- 自覺——如培養務實的自我期許

行為教育

- 非語言行為——透過眼神接觸、臉部表情、音調、手勢等來溝通
- 語言行為——提出問題時要明確，面對批評做適當的回應，避免受負面的影響，用心傾聽，協助別人，結交益友

五、自我科學班的課程內容

- **自覺：**自我觀察並認知有哪些感覺；學習形容感覺的詞彙；認識思想、感覺與反應之間的關係
- **決策能力：**檢討自己的行為及其後果；檢討你的決定是以思想或感覺為基

礎；運用這個檢討過程來拒絕性或吸毒等誘惑

- **情感的管理：**傾聽內在的自我對話，留意是否有自我貶抑等負面訊息；了解感覺背後的真正原因（譬如憤怒的背後可能是因為受傷害）；找出紓解恐懼、焦慮、憤怒和悲傷的方法
- **壓力的處理：**學習運動、導引想像、鬆弛法等
- **同理心：**了解別人的感覺並設身處地為人著想；理解每個人會有不同的感受
- **溝通能力：**談論感情問題時更懂得傾聽與發問；能區別某甲的真正言行與你對某甲言行的反應或判斷是不同的；清楚表達意見而不輕易責怪他人
- **坦誠：**了解人際關係中坦誠與互信的重要；懂得選擇適當時機談論個人的感情
- **領悟力：**找出自己情緒反應的規則；看看別人是否表現出類似的規則
- **接納自己：**以做自己為榮；認知自己的優缺點；培養自嘲的能力
- **責任感：**學習負責；思索決定與行為的後果；認清自己的感覺與情緒；一旦做出承諾（如發憤讀書）就要貫徹到底
- **勇於表達：**不卑不亢清楚表達你的感覺或立場
- **合群：**互助合作；知道何時該挺身領導，何時該追隨別人的領導
- **衝突的解決：**如何與同儕、父母或老師做理性的爭辯；學習雙贏的協商技巧

六、情緒與社會能力的學習效果

兒童發展計畫

創辦單位：加州奧克蘭發展研究中心

評估範圍為北加州幼稚園至小學六年級，實施成果由獨立人士與其他對照學校做比較。

成果：

- 較負責
- 較勇於表達自我
- 較外向受歡迎
- 較合群肯助人
- 較能了解別人
- 較體貼關心
- 解決人際紛爭時較能採取合群的方法
- 較平和

- 較民主
- 較善於解決糾紛

康莊大道

創辦單位：華盛頓大學康莊大道計畫

評估範圍為西雅圖小學一至五年級，由老師針對一般學生、聾生、特殊教育學生做評分。

成果：

- 社會認知能力獲改善
- 情緒處理與理解力改善
- 較能自制
- 處理認知問題時較善於計畫
- 較能三思而後行
- 處理衝突較有效率
- 同學相處較融洽

特殊需求的學生——在校很多行為獲得改善：

- 較能忍受挫折
- 不卑不亢的社交技巧
- 做事較按部就班
- 與同儕相處較融洽
- 較能與人分享
- 較合群
- 較自制

情緒理解力的改善：

- 認知力較佳
- 表達能力較佳
- 難過與沮喪的情形減少
- 焦慮與退縮的情形減少

西雅圖社會發展計畫

創辦單位：華盛頓大學社會發展研究小組

範圍為西雅圖小學與中學，由獨立小組依客觀標準與其他學校做比較。

成果：

- 對家庭與學校較認同
- 男孩較不具攻擊性，女孩較少自傷行為
- 表現不佳的學生較少勒令休學或退學
- 較少吸毒
- 較少犯罪
- 考試成績較佳

耶魯—紐哈芬社會能力改善計畫

創辦單位：芝加哥伊利諾大學

範圍為紐哈芬公立學校五至八年級，由獨立人士、學生、老師比較對照組後評分。

成果：

- 解決問題的能力獲得改善
- 與同儕較和諧親密
- 較能控制衝動
- 行為獲得改善

- 人際關係較佳
- 較能紓解焦慮
- 較少犯罪
- 較善於解決衝突

創意衝突解決計畫

創辦單位：紐約市全國創意衝突解決計畫中心

以紐約市幼稚園至十二年級為範圍，由老師比較計畫參與前後的情形。

成果：

- 在課堂上較少暴力行為
- 在課堂上較少使用語言暴力
- 氣氛較融洽
- 較能互助合作
- 較能設身處地為人著想
- 溝通能力較佳

社會知覺與問題解決能力改善計畫

創辦單位：羅格斯大學

以紐澤西幼稚園至小學六年級為範圍，參考師生評分與學校紀錄而得。

成果：

- 對別人的感受較敏感
- 對行為的後果較了解
- 較能掌握人際狀況而計畫因應方式
- 自我評價較高
- 較合群
- 同儕較常尋求其協助
- 較善於銜接至中學
- 較少反社會、自傷或脫序的行為，且成效可延續至中學時期
- 較懂得如何增進學習能力
- 自制力、社會知覺與決策力較佳

EQ— 決定一生幸福與成就的永恆力量〔全球暢銷 20 週年・典藏紀念版〕／丹尼爾・高曼 (Daniel Goleman) 著；張美惠譯 . -- 三版 . -- 台北市：時報文化，2016.01；400 面；14.8╳21 公分 . --（NEXT 叢書；228）譯自：Emotional Intelligence: Why It Can Matter More Than IQ
ISBN 978-957-13-6523-7（平裝）
1. 情緒商數　2. 情緒管理
176.5　　104028746

Emotional Intelligence
Why It Can Matter More Than IQ
A Next Book/January 2016

ISBN 978-957-13-6523-7

NEXT 叢書 0228

EQ— 決定一生幸福與成就的永恆力量〔全球暢銷 20 週年・典藏紀念版〕

Emotional Intelligence: Why It Can Matter More Than IQ

作者　丹尼爾・高曼 Daniel Goleman｜**譯者**　張美惠｜**主編**　陳盈華｜**編輯**　林貞嫻｜**校對**　呂佳真｜**美術設計**　莊謹銘｜**執行企劃**　侯承逸｜**董事長**　趙政岷｜**出版者**　時報文化出版企業股份有限公司　108019 台北市和平西路三段 240 號 3 樓　**發行專線**—(02)2306-6842　**讀者服務專線**—0800-231-705・(02)2304-7103　**讀者服務傳真**—(02)2304-6858　**郵撥**—19344724 時報文化出版公司　**信箱**—10899 臺北華江橋郵局第 99 信箱　**時報悅讀網**—http://www.readingtimes.com.tw｜**法律顧問**　理律法律事務所　陳長文律師、李念祖律師｜**印刷**　勁達印刷有限公司｜**三版一刷**　2016 年 1 月 15 日｜**三版十四刷**　2023 年 3 月 14 日｜**定價**　新台幣 360 元｜（缺頁或破損的書，請寄回更換）

時報文化出版公司成立於一九七五年，並於一九九九年股票上櫃公開發行，於二〇〇八年脫離中時集團非屬旺中，以「尊重智慧與創意的文化事業」為信念。